T0157211

Printed in the United States
By Bookmasters

التنمية الاقتصادية

(نظريات وسياسات وموضوعات)

تأليف

الدكتور مدحت القريشي

أستاذ الاقتصاد الصناعي المشارك

جامعة البلقاء التطبيقية

السلط / الأردن

الطبعة الاولى

2007

دار وائل للنشر

رقم الايداع لدى دائرة المكتبة الوطنية: (2007/1/143)

القريشي ، مدحت محمد
التنمية الاقتصادية :نظريات وسياسات وموضوعات / مدحت محمد القريشي.

عمان : دار وائل ، 2007

(308) ص

ر.أ. : (2007/1/143)

لواصفات :التنمية الاقتصادية / أبحاث التنمية
*تم إعداد بيانات الفهرسة والتصنيف الأولية من قبل دائرة المكتبة الوطنية

رقم التصنيف العشري / ديوي : 338.9

ISBN 978-9957-11-695-8 (ردمك)

*التنمية الاقتصادية (نظريات وسياسات وموضوعات)
*الدكتور مدحت القريشي
*الطبعة الأولى2007

دار وائل للنشر والتوزيع

*الأردن – عمان – شارع الجمعية العلمية الملكية – مبنى الجامعة الاردنية الاستثماري رقم (2) الطابق الثاني
هاتف: 00962-6-5338410 – فاكس : 00962-6-5331661 – ص.ب. (1615-الجبيهة)
الأردن – عمان – وسط البلد – مجمع الفحيص التجاري -هاتف: 00962-6-4627627
www.darwael.com
E-Mail: Wael@Darwael.Com

إهـــداء إلـى . . .

روح والدي وروح والدتي

وإلــى

أســرتــي

محتوى الكتاب

مقدمة

ظهرت بعد الحرب العالمية الثانية، مشكلات الفقر والتخلف في العديد من البلدان بشكل أكثر وضوحاً وانتشاراً من السابق، وعندها ظهر ما يعرف باقتصاد التنمية (Development Economics) . ويهتم اقتصاد التنمية بدراسة المشكلات المتعلقة بالتخلف وقصور التنمية في تلك البلدان. ولهذا فان اقتصاد التنمية مصمم لأغراض التنظير حول مشكلات التخلف الاقتصادي في البلدان المتخلفة.

ورغم اهتمام الاقتصاديين الأوائل، ومنذ Adam Smith وحتى Karl Marx و J. Keynes في قضايا النمو والتنمية، لكنهم ركزوا اهتماماتهم على الوضع الستاتيكي (الجامد) ولم يهتموا بالوضع الديناميكي لعمليات التنمية الاقتصادية. كما تركز اهتمام الاقتصاديين على مشكلات الكساد الاقتصادي والاستخدام غير الكامل للموارد الاقتصادية في البلدان المتقدمة، واقتصر اهتمامهم على غرب اوروبا وعلى وضعها الاجتماعي والثقافي.

الا أنه بعد الحرب العالمية الثانية اتجه الفكر الاقتصادي نحو الاهتمام بموضوع اقتصاد التنمية، والذي استخدم أدوات التحليل الكلاسيكي المحدث (Neoclassical) أو الكينزي (Keynesian) في بناء نماذج واستراتيجيات وسياسات عامة تساعد البلدان الفقيرة على تحقيق التنمية. وعليه فان التنمية الاقتصادية (Economic Development) كموضوع مستقل يمثل ظاهرة حديثة نسبياً، كما ان الاهتمام العام والسياسي بالبلدان الفقيرة من العالم هو الآخر ظاهرة حديثة، حيث كانت هذه البلدان، قبل ذلك، مستعمرات، وبالتالي لم يكن هناك اهتمام خاص بها. ومما عزز هذا الاتجاه هو ان البلدان الفقيرة بدأت تدرك تخلفها عن

العالم المتقدم، اضافة إلى تبلور الوعي والادراك لظاهرة الاعتماد المتبادل فيما بين بلدان العالم المختلفة.

وقد تعزز الاهتمام بالنمو والتنمية من قبل البلدان الفقيرة، خصوصاً بعد نيلها الاستقلال السياسي بعد الحرب العالمية الثانية، وأصبحت مهمة التنمية تحتل اهتماماً كبيراً وواسعاً لا من قبل المختصين في العلوم الاقتصادية فحسب بل من قبل كافة الاوساط الرسمية والشعبية وعلى المستويات المحلية والدولية. وهكذا اخذت التنمية الاقتصادية تكتسب أهمية عظمى لكل بلدان العالم وخاصة البلدان المتخلفة اقتصادياً، والتي تشكل نحو ثلاثة أرباع سكان العالم. وتتضمن التنمية الاقتصادية جملة من الأمور تشمل النمو وارتفاع دخل الفرد وكل ما من شأنه ان يحسن من العناصر الأساسية لحياة أفضل، مثل التقدم في التعليم والصحة والتغذية وبيئة أنظف، وتتوافق التنمية مع التغيرات الهيكلية في الاقتصاد. [1]

ويرتبط موضع التنمية الاقتصادية بالعديد من العلوم الاقتصادية من خلال التعرف على الآراء والنظريات المختلفة التي تتصل بحركة المجتمع في عمله وتطوره. كما ترتبط هذه المادة بالنظرية الاقتصادية من خلال التعرف على القوانين الاقتصادية والعلاقة بين المتغيرات المختلفة، اضافة الى ارتباطها بالتخطيط الاقتصادي والسياسة الاقتصادية والعلاقات الاقتصادية الدولية.

ان الحقل المتخصص الجديد لاقتصاد التنمية كان ينتقد بعض جوانب النظرية الاقتصادية الكلاسيكية، ويعتبر ان الاقتصاد التقليدي هو حالة تجريدية الى حد كبير كما ان الاقتصاد الكلاسيكي المحدث يفترض بان العمل السلس لنظام السوق والالية الفعالة للاسعار تنظم كل الاقتصادات بشكل كفء ولا حاجة لتدخل الدولة. لكن هذا المفهوم للاقتصاد نافسه وعارضته كل من المدرسة الكينزية (والتي تؤمن بالحاجة لتدخل الدولة بعملية النمو) وكذلك المدرسة الهيكلية (Structural School) للتنمية (التي تؤكد على خصوصية اقتصادات العالم الثالث والذي يختلف عن اقتصاد العالم المتقدم). ولهذه الأسباب ظهرت مدارس فكرية عديدة في مجال

اقتصاد التنمية والتي تختلف عن المدارس الكلاسيكية والكلاسيكية المحدثة لتعالج المشكلات الخاصة التي تواجهها بلدان العالم الثالث.

والنظرية الاقتصادية تميل ان تأخذ الجانب الاكاديمي كمعطى (given)، مثل وجود الاسواق والنظام المصرفي والتجارة الدولية...الخ، لكن التنمية في الواقع، تهتم بكيفية القيام بخلق مثل هذه المؤسسات التي تعمل على تسهيل عملية التنمية. ويؤكد البعض بانه ليس هناك عامل واحد مسؤول عن حالة التخلف، وليس هناك استراتيجية أو سياسة واحدة يمكن ان تحرك العملية المعقدة للتنمية الاقتصادية. وهناك تفسيرات وحلول مختلفة لمشكلة التنمية يمكن ان تكون مقنعة اذا وضعت في موضعها الصحيح وقد لا تكون مقنعة إذا وضعت في موضوع آخر. فمثلاً ان تحريك المدخرات أمر ضروري للنمو السريع في معظم الحالات ولكنه في بعض الحالات قد تأتي هذه المسألة بالمرتبة الثانية بعد توزيع الدخل اذا كان الفقر المدقع يهدد الاستقرار السياسي. وكذلك ان التعويض عن الاستيراد كأسلوب للتنمية قد حقق الكثير لبعض البلدان لكن ترويج الصادرات قد ساعد آخرين (في حالات فشل التعويض عن الاستيراد) في مواصلة التقدم. كما ان بعض البلدان المخططة مركزياً قد حققت فترات مستدامة للتنمية في ظل نظام للاسعار لا يمت بصلة للاسعار المحددة من قبل قوى السوق.(2)

وقد احتوى الكتاب أحد عشر فصلاً غطت الموضوعات الآتية:

الفصل الأول: التخلف الاقتصادي: تعريفه ومعاييره وسماته.

الفصل الثاني: النظريات المفسرة للتخلف الاقتصادي.

الفصل الثالث: نظريات النمو الاقتصادي.

الفصل الرابع: نظريات التنمية الاقتصادية.

الفصل الخامس: التنمية الاقتصادية: مفهومها وأبعادها ومستلزماتها.

الفصل السادس: عقبات في طريق التنمية.

الفصل السابع: استراتيجيات التنمية الاقتصادية.

الفصل الثامن: تمويل التنمية.

الفصل التاسع: سياسات التنمية الاقتصادية.

الفصل العاشر: توزيع الموارد الاقتصادية.

الفصل الحادي عشر: موضوعات خاصة في التنمية .

أن أصل هذا الكتاب يعود إلى المحاضرات في مادة التنمية الاقتصادية التي القيتها على طلبة الاقتصاد في كلية التخطيط والادارة في جامعة البلقاء التطبيقية لسنوات عديدة، ثم قمت بتطويرها والاضافة اليها، حيث تمت اضافة العديد من الموضوعات ذات الأهمية لهذه المادة ولكي تواكب بعض التطورات الحديثة والجدل المحتدم في هذا المجال. علماً أن مادة التنمية الاقتصادية مادة واسعة ومتشعبة وشاملة للعديد من جوانب الحياة الاقتصادية والاجتماعية والسياسية، ولهذا فمن الصعوبة بمكان تغطية كل الجوانب ذات العلاقة بالتنمية.

والكتاب بذلك هو كتاب منهجي في مادة التنمية الاقتصادية ويستند بالأساس إلى مفردات الخطة الدراسية المعتمدة في الكلية لهذه المادة. وآمل أن يكون هذا الكتاب عوناً لطلبة الاقتصاد في المادة المذكورة، ومفيداً للقارئ العام وان يضيف اضافة متواضعة الى المكتبة العربية في مادة التنمية الاقتصادية.

وأود في هذه المناسبة ان أتوجه بالشكر والتقدير الى الأخ الأستاذ وائل ابو غربية، مدير عام دار وائل للنشر ـ على دعمه واخراجه الكتاب الى حيز الوجود على افضل وجه، وكذلك اشكر الاخ وجيه لافي، مساعد المدير العام للدار على متابعته وجهوده في طبع الكتاب. ولا يفوتني أن اشكر الاخت سهاد النجار التي بذلت الجهود الكبيرة لطباعة الكتاب بالشكل المطلوب.

وأخيراً وليس آخراً اعرب عن شكري وتقديري لأسرتي على تحملها معي عناء إعداد هذا الكتاب.

د. مدحت القريشي
عمان في كانون الاول/ ديسمبر 2007

هوامش:

1- M. Todaro., Economic Development, Seventh Edition, Addison – Wesley, 2000, P. 8 .

2- Malcolm Gillis, Dwight H. Perkins, Michael Roemer and Donald R. Snodgrass., W.W. Norton & Co., NewYork, London, 1983, PP (XVI – XVII) .

الفصل الأول

التخلف الاقتصادي :

مفهومه ، معاييره وسماته

الفصل الأول

1.1 مشكلة التخلف الاقتصادي، فجوة التنمية ومشكلة الفقر

قبل الثورة الصناعية كانت مستويات التطور الاقتصادي بين البلدان المختلفة متقاربة والتفاوت بينها لم يكن كبيراً. إلا أنه منذ الثورة الصناعية، أي منتصف القرن الثامن عشر فان البلدان المتخلفة تراجعت كثيراً بالمقارنة مع البلدان التي سارت في مضمار التصنيع والتقدم وازدادت الفجوة بينها وبين البلدان المتخلفة.

وقد نجم عن الثورة الصناعية ظاهرتان مهمتان هما:

1. التطور السريـع الـذي استطاعت بعض البلـدان (المتقدمة) ان تحققه خلال الفـترات التـي اعقبت تلـك الثورة الصناعية في كافـة المجالات الاقتصادية والتكنولوجية وتراكم رأس المال والمهارات.

2. الاعاقة التي وضعت أمام التطور في البلدان التـي اصبحت في عداد البلدان المتخلفة ولم يمسها التطور الصناعي والرأسمالي، مـما فـرض على هـذه البلدان الاستجابة لمتطلبات التطور في البلدان المتقدمة. وعليه فان عملية التطور في مجموعة البلدان المتقدمة كانت تتم على حساب تخلف مجموعـة البلـدان الاخرى.

ولهذا لم يظهر، حتى وقت قريب نسبياً، الاهتمام الكافي بمشكلة التخلف سـواء مـن الحكومات أو مـن البـاحثين أو مـن قبـل المنظمات الدوليـة. الا ان الاحسـاس بمشكلة التخلف ظهر بشكل واضح منذ الحرب العالمية الثانية وعلى كافة المستويات الدوليـة الاقتصادية والسياسية، وكذلك الامم المتحدة وهيئاتها المختلفة وكذلك على مستوى الباحثين والكتاب.

ويعود الاهتمام بمشكلة التخلف لعوامل عديدة أهمها:

1. تزايد حركات التحرر والاستقلال الوطني وحصول الكثير من البلدان على حريتها واستقلالها السياسي.

2. قيام مجموعة البلدان الاشتراكية، والتي اتبعت الطريق الاشتراكي للتنمية والتخطيط، الأمر الذي أثر ايجابياً في حركة التحرر الوطني في العالم النامي.

3. تزايد الوعي لدى شعوب البلدان المتخلفة نتيجة ارتفاع المستوى الثقافي والتعليمي ووسائل الاتصال بين اجزاء العالم.

4. اضطراد معدلات النمو والتطور في البلدان الرأسمالية المتقدمة.

5. شعور بلدان العالم، ومنها المتقدمة، بان مشكلة التخلف لم تعد مقبولة في العصر الراهن.

6. بروز المنظمات الدولية وخاصة منظمات الأمم المتحدة والوكالات الدولية والتي اصبحت تهتم بمشكلات التخلف. وقد برز هذا الاهتمام باصدار الجمعية العامة للأمم المتحدة قراراً اعتبرت فيه عقد الستينات العقد الأول المخصص للتنمية. وقد عقدت العديد من المؤتمرات الخاصة بالتنمية أبرزها مؤتمر الامم المتحدة للتجارة والتنمية الاونكتاد (UNCTAD) .

ولهذه الأسباب مجتمعة فقد نال موضوع التنمية الاقتصادية والاجتماعية اهتماماً كبيراً على الصعيدين السياسي والاقتصادي، وقد نتج ذلك من الشعور المتزايد في كثير من بلدان العالم بالتخلف الاقتصادي والاجتماعي والذي أخذ يباعد بين مستويات المعيشة فيها وتلك السائدة في البلدان الصناعية المتقدمة ، واصبح علاج الوضع المؤلم الذي يعيش فيه ما يقارب من ثلاثة أرباع سكان العالم من المشكلات الأساسية للانسان الحديث.

وتجدر الاشارة إلى أن معظم البلدان المتخلفة اقتصادياً كانت ترزح تحت وطأة الاستعمار (السياسي والاقتصادي) والذي استمر سنين طويلة يستنزف موارد

تلك البلدان لصالحه وجعلها سوقاً لتصريف منتجاته بالاضافة الى مساهمته في تخلف تنظيماتها الاجتماعية والادارية والفنية.

2.1 تعريف التخلف الاقتصادي وفجوة التخلف

من الصعوبة بمكان اعطاء تعريف متفق عليه للتخلف الاقتصادي (Economic Backwardness) لان مشكلة التخلف مركبة ومعقدة ومتصلة بجوانب عديدة اقتصادية وسياسية واجتماعية. ونظراً لاختلاف وجهات النظر فقد أخذ كل واحد ينظر اليها من زاوية معينة.

فمنهم من يرى ان البلد المتخلف هو البلد الذي لا يمتلك امكانات وآفاق النمو الاقتصادي. ومنهم من يرى ان البلد المتخلف هو البلد الذي يعاني من ندرة رأس المال، الا ان وجود راس المال لوحده لا يؤدي الى تجاوز حالة التخلف. ويرى آخرون ان البلد المتخلف هو الذي يعاني من ندرة الموارد الاقتصادية أو من سوء استخدام الموارد أو الاثنين معاً. لكن هناك دولاً لا تمتلك الموارد لكنها استطاعت تحقيق التنمية والتقدم. ويشير آخرون إلى أن البلد المتخلف هو البلد الذي يسيطر الانتاج الأولي فيه على الناتج القومي، وتنخفض نسبة الصناعة التحويلية في تكوين الناتج المحلي الاجمالي. إلا أن هناك بلداناً زراعية لكنها متقدمة مثل استراليا ونيوزيلندا. ويقول البعض ايضا بان البلد المتخلف هو البلد المتخلف تكنولوجيا، وهذا صحيح لكن التخلف التكنولوجي هو نتيجة من نتائج التخلف. وتجدر الاشارة الى ان كل تعريف يركز على جانب واحد من جوانب التخلف، لكنها في النهاية تشير إلى أن البلدان المتخلفة هي التي تعاني من انخفاض مستويات الدخل والمعيشة للغالبية العظمى من السكان.

وتجدر الاشارة الى ان وصف التخلف استناداً الى جانب واحد يمثل نظره قاصرة وغير متكاملة، كما ان التعريفات السابقة ركزت على نتائج التخلف وليس

على الاسباب. والتخلف طبقاً للفكر الحديث ينظر له على انه ظاهرة متعددة الابعاد - اقتصادية واجتماعية وديمغرافية وسياسية. ويرى (D. Deers) بان التخلف له أبعاد ثلاثة هي الفقر والبطالة وعدم المساواة بين الأفراد. [1]

ونستنتج مما سبق بانه من الصعوبة بمكان اعطاء تعريف محدد للتخلف، كما ان البلدان المتخلفة اقتصادياً تتباين فيما بينها، فبعضها لم يشهد التطور في الماضي وليس لديه تجربة، وبعضها الآخر لا يزال في المراحل الأولى للتطور، وبعضها قطع اشواطاً ملموسة. وهناك اقطار تمتلك موارداً واخرى لا تمتلك أية موارد تذكر. ويرى البعض ان مشكلة التخلف ينبغي ان توصف على اساس مقارن وليس على أساس مطلق، أي مقارنة التخلف بالتقدم.

ولابد من الاشارة في هذا الصدد الى ان البلدان التي يدور حولها النقاش في هذا الكتاب تسمى بعدة أسماء وكلها تهدف الى تبيان الاختلاف في حالاتها ومعدلات التغير فيها عن تلك البلدان التي هي اكثر حداثه وتقدماً وتطوراً. ولهذا فان المصطلحات المستخدمة عادة عند الاشارة الى هذه البلدان هي على شكل أزواج. فالفرق كبير بين الاقتصاد المتخلف (backward) والاقتصاد المتقدم (advanced) أو بين الاقتصاد التقليدي (traditional) والاقتصاد الحديث (modern) . فالاقتصاد المتخلف هو اقتصاد تقليدي في علاقاته الاقتصادية وغير ديناميكي. ومن المصطلحات الاكثر شيوعاً في تصنيف البلدان هي التي تستند على درجة التطور، ولهذا نقول ان الفروقات بين البلدان المتطورة (developed) وغير المتطورة (underdeveloped) والبلدان الاكثر تطوراً (more developed) والبلدان الاقل تطوراً (less developed) أو بالاعتراف بالتغير المستمر وذلك بالقول البلدان المتطورة (developed) والبلدان النامية (developing) . وهنا يشير المصطلح الى درجة من التفاؤل الضمنية في مصطلح البلدان النامية والبلدان الاقل تطوراً، وهما المصطلحان الاكثر استخداماً في الادبيات التنموية. والبلدان المتقدمة غالباً ما تسمى أيضاً بالبلدان الصناعية اعترافاً بالترابط فيما بين التنمية والتصنيع.

والبنك الدولي من ناحيته يستخدم المصطلحات طبقاً لمستوى الدخول حيث يستخدم مصطلح البلدان الفقيرة مقابل البلدان الغنية. ويقسم البلدان النامية حسب

مستوى الدخل الى: البلدان ذات الدخل الواطيء، والبلدان ذات الدخل المتوسط، والبلدان ذات الدخل العالي المصدرة للنفط. اما البلدان الصناعية فيقسمها البنك الدولي حتى وقت قريب الى: اقتصادات السوق (البلدان الغربية الرأسمالية) والبلدان الاشتراكية (المخططة مركزياً).

فجوة التخلف (أو فجوة التنمية) :

ان الفجوة التي تفصل بين البلدان المتخلفة وبين البلدان المتقدمة تسمى فجوة التخلف (أو فجوة التنمية) وتقاس الفجوة باستخدام معايير متعددة أبرزها الدخل، وأن الفروقات في متوسط الدخل الفردي الحقيقي تمثل فجوة الدخل. ومعلوم ان مواقع البلدان على مسار التطور تتغير بتغير هذه الفجوة.

وتتسع الفجوة فيما بين البلدان المختلفة كلما اختلفت معدلات النمو الذي تحققه هذه البلدان، فكلما كانت معدلات النمو المتحققة في البلدان المتخلفة متدنية قياساً بما تحققه البلدان المتقدمة كلما اتسعت فجوة التخلف فيما بينها والعكس صحيح.

وتقاس الفجوة عملياً بين البلدان المتخلفة والبلدان المتقدمة من خلال نسبة معدل دخل الفرد في المجموعة الثانية إلى المجموعة الأولى وذلك بقسمة ناتج الفرد في البلدان المتقدمة على ناتج الفرد في البلدان المتخلفة، ونحصل على حجم الفجوة بعدد المرات التي يزيد متوسط الدخل في البلدان المتقدمة على مثيله في البلدان المتخلفة.

وعلى سبيل المثال بلغت الفجوة للأعوام 1955 و 1980 و 1990 كما يأتي :

$$\text{الفجوة في عام 1955} = \frac{4940}{160} = 31 \text{ مرة}$$

$$\text{والفجوة في عام 1980} = \frac{10610}{260} = 41 \text{ مرة}^{(2)}$$

والفجوة في عام 1999 = $\frac{25730}{410}$ = 62 مرة [3]

وتبين الأرقام أعلاه ان فجوة الدخل تتسع عبر الزمن فيما بين البلدان الغنية والبلدان الفقيرة، فقد مثل مستوى دخل الفرد في البلدان الغنية نحو 31 مرة من مثيله في البلدان الفقيرة في عام 1955 ثم ارتفع الى نحو 41 مرة في عام 1980 ثم اصبح في عام 1999 نحو 62 مرة .

وباستخدام التصنيف الثلاثي الذي تستخدمه الأمم المتحدة وهو بلدان الدخل الواطيء وبلدان الدخل المتوسط وبلدان الدخل العالي فيمكن ملاحظة نمط توزيع الدخول فيما بين سكان العالم على النحو الآتي:

1- ان بلدان الدخل الواطيء تمثل نحو 60% من سكان العالم وتحصل على 6% فقط من اجمالي دخل العالم.
2- ان بلدان الدخل المتوسط تمثل نحو 15% من سكان العالم وتحصل على 17% من اجمالي دخل العالم.
3- ان بلدان الدخل العالي تمثل 25% من سكان العالم وتحصل على 77% من اجمالي دخل العالم. [4]

ومن المؤشرات أعلاه يتضح لنا التباين الكبير والواسع في نمط توزيع الدخول فيما بين البلدان المختلفة، حيث تستأثر الاقلية السكانية بالنصيب الاوفر من الدخل فيما لا تحصل الغالبية العظمى من السكان الا على حصة قليلة جدا من اجمالي الدخل العالمي.

3.1 مقاييس الفقر (أو التنمية)

بغية الوقوف على مستويات الانجاز والتنمية المحرز من قبل بلدان العالم المختلفة لابد من وجود مقاييس معينة. وقد تطورت مقاييس التنمية المستخدمة خلال العقود الخمسة التي اعقبت الحرب العالمية الثانية. ففي البدء كان مقياس الفقر

(أو التنمية) هو الناتج القومي الاجمالي ثم أصبح الناتج القومي للفرد ثم تغير الى مؤشرات الرفاهية الاجتماعية ثم تطور أخيراً الى مؤشر التنمية البشرية المستدامة وهكذا تغيرت المقاييس مع مرور الزمن. ونستعرض في ادناه نبذة مختصرة عن تطور هذه المقاييس.[5]

1. الناتج القومي الاجمالي (GNP) :

في البداية اعتبر بان التنمية انما تعني زيادة مضطردة في الناتج القومي الاجمالي خلال فترة زمنية طويلة. ان هذا المقياس يجب ان يستبعد التغيرات الحاصلة في الاسعار (أي ان يكون الـ GNP بالاسعار الثابتة). ويؤخذ على هذا المقياس انه لا يأخذ نمو السكان بنظر الاعتبار، كما أنه لا يظهر التكلفة التي يتحملها المجتمع من جراء التلوث أو التحضر والتصنيع، ولا يعكس توزيع الدخل بين فئات السكان، اضافة الى صعوبات مفاهيمية في قياس الدخل.

2. الناتج القومي للفرد (GNP Per Capita)

اصبح مقياس التنمية هو حصول زيادة في ناتج الفرد لفترة زمنية طويلة، وهنا يتعين ان يكون معدل نمو الناتج القومي الاجمالي أكبر من معدل زيادة السكان لكي تتحقق زيادة في الناتج القومي للفرد. ومن جهة اخرى يمكن ان يزداد الفقر رغم زيادة الناتج القومي اذا ما ذهب الجزء الاعظم من الدخل الى فئة محدودة من الاغنياء . وقد بينت الدراسات ان عدم المساواة في الدخل قد ازدادت في البلدان المتخلفة اقتصاديا.

3. الحاجات الاساسية (Basic Needs)

بعد الانتقادات التي وجهت الى مقياس دخل الفرد وبسبب خيبة الأمل مع مقاربات النمو وتوزيع الدخل اتجه المفكرون الى استخدام مقياس اشباع الحاجات الاساسية. فقد تم تبني هذا المقياس في المؤتمر العالمي للتشغيل في عام 1976 وقد تبنت الهند هذا المفهوم للتنمية لاول مرة في خطتها الخمسية في 1974 ، أي قبل سنتين من تبني هذا المفهوم من قبل منظمة العمل الدولية (ILO) له . ويؤكد هذا

المفهوم على ضرورة توفير الغذاء والماء والكساء والسكن والخدمات الصحية (أي الحاجات الاساسية للسكان). وبذلك أصبح مقياس الفقر أو التنمية هو مقدار اشباع الحاجات الأساسية للسكان وتحقيق مستوى أعلى من الرفاهية.

4. مؤشرات اجتماعية (Social Indicators) :

تم تبني هذا المقياس ليعكس الخدمات الصحية ومستوى التغذية والتعليم والمياه الصالحة للشرب والسكن والتي تمثل مؤشرات اجتماعية عن حياة الأفراد ومستوى الرفاهية لهم. لكن المشكلة التي يواجهها هذا المؤشر تكمن في تركيب الرقم القياسي للرفاهية ومكوناته والاوزان لكل من هذه المؤشرات الاجتماعية. وقد تبلور مقياسان في هذا المضمار الأول مقياس نوعية الحياة (Physical Quality of Life Index) والتي اعتمدها (Morris) وكذلك مقياس التنمية البشرية (Human Development Index) أو ما يعرف اختصاراً بـ (HDI) والذي طوره برنامج الامم المتحدة الانمائي. وفيما يأتي شرح مختصر لكل من هذين المؤشرين:

أ. مؤشر نوعية الحياة (P.Q.L.I) :

ومن المحاولات المعروفة في هذا المجال هي محاولة (D. Morris) لتطوير مقياس جديد للتنمية وهو مقياس نوعية الحياة المادية (PQLI) ويتكون هذا المقياس من ثلاث مكونات هي وفيات الأطفال، وتوقع الحياة عند السنة الأولى للطفل، والقراءة والكتابة عند العمر 15 سنة. ويقيس هذا المؤشر مقدار الانجاز المتحقق لاشباع الحاجات الأساسية ورفع مستوى الرفاهية للسكان، ويؤخذ متوسط المكونات الثلاث، وكل واحد منها يحمل وزناً متساوياً يبلغ 33%. ويقيس هذا المؤشر انجاز البلد في مجال التنمية من واحد إلى مئة، حيث يمثل الواحد المستوى الادنى وتمثل المئة المستوى الأعلى. وبخصوص توقع الحياة فان الحد الأعلى والمساوي إلى مئة قد اعطي الى عمر 77 سنة والحد الادنى المساوي إلى واحد أعطي الى عمر 28 سنة وضمن هذه الحدود فان توقع الحياة في كل بلد يتم ترتيبه من واحد إلى مئة.

وعلى سبيل المثال فان توقع الحياة البالغ 52 سنة يمثل متوسطاً بين الحد الادنى والحد الاعلى (28-77) سوف يعطى علامة تبلغ 50 . وكذلك بالنسبة لوفيات الأطفال فان الحد الاعلى كان عند 9 اشخاص لكل ألف والحد الادنى 229 شخصاً لكل الف.

أما معدلات القراءة والكتابة فتقاس بالنسبة المئوية من واحد الى مئة، وحالما يتم ترتيب موقع البلد بالنسبة الى توقع الحياة ووفيات الأطفال والقراءة والكتابة على مقياس يتراوح بين واحد ومئة فان الرقم القياسي المركب للبلد المعني يتم قياسه من خلال المكونات الثلاثة، مع اعطاء وزن متساوي لكل منهم.

والانتقادات التي وجهت الى هذا المقياس هي انه مؤشر محدود، وانه يكمل مؤشر الـ (GNP) ولا يستبدله، كما انه لا يقيس النمو الاقتصادي، ولا يفسر الهيكل المتغير للتنظيم الاقتصادي والاجتماعي، ولا يقيس الرفاه الكلي أي لا يعبر عن مدى اشباع الحاجات الأساسية بل يقيس نوعية الحياة، والتي تهم الفقراء. الا انه رغم كل هذه المحددات فان المقياس يمكن ان يستخدم لتوصيف بعض الاقاليم المتخلفة ومجاميع من المجتمع الذين يعانون من الاهمال.

ب. مؤشر التنمية البشرية (HDI) :

ان آخر المحاولات الطموحة لتحليل أوضاع التنمية الاقتصادية والاجتماعية في كل من البلدان النامية والبلدان المتقدمة بشكل منظم وشامل قد جاءت من برنامج الأمم المتحدة الانمائي (UNDP) وذلك من خلال تقاريره السنوية المعروفة بتقارير التنمية البشرية Human Development Reports (HDR) . وتَمثَل الجزء المركزي في هذه التقارير، والذي بدأ في عام 1990 ، في بلورة الرقم القياسي للتنمية البشرية Human Development Index (HDI) . وكما هو الحال مع مقياس (PQLI) السابق ذكره فان مقياس الـ (HDI) يحاول ان يرتب جميع البلدان على مقياس يبدأ بالصفر، وهي المرتبة الأدنى، وينتهي بواحد، وهي المرتبة الأعلى، في مقياس التنمية البشرية .

ويستند هذا المقياس على ثلاثة أهداف من أهـداف التنميـة وهـي طـول فـترة الحياة، وتقاس بتوقع الحياة عند الولادة، والمعرفـة، وتقـاس بمعـدل مـوزون مـن تعلـيم الكبار (ويمثل ثلثين) ومتوسط سنوات الدراسة (ويمثل الثلث الباقي)، ومستوى المعيشـة ويقاس بمعـدل دخـل الفـرد الحقيقـي، المـرجح بمعـدل القـوة الشرائية (Purchasing Power Parity (PPP)) لكل بلد ليعكس تكلفة المعيشـة. وباسـتخدام هـذه المكونـات الثلاثة للتنمية واستخدام معادلة معقـدة الى البيانـات العائـدة لنحـو 175 مـن البلـدان المختلفة فان مقياس (HDI) يعمل على ترتيب كل البلدان إلى ثلاث مجموعات: التنمية البشريـة المتدنيـة (0.0 - 0.50) والتنميـة البشريـة المتوسـطة (0.50 - 0.79) والتنميـة البشرية المرتفعة (0.80 - 1.0) .

وتجدر الاشارة إلى أنه عند كل سنة فان مقياس (HDI) يقيس المستوى النسبي وليس المطلق للتنميـة البشريـة، وان تركيـزه عـلى أهـداف التنميـة ولـيس عـلى وسـائل التنمية (means) (كما هو الحال مـع مقيـاس النـاتج المحـلي الاجـمالي للفـرد لوحـده). وعليه فان مقياس التنمية البشرية قد ساهم مساهمة كبيرة في تحسين مفهومنا لمحتوى التنمية، وانه يبين لنا أي من البلـدان قـد نجحـت ومـا هـو مسـتوى انجاز المجموعـات المختلفة والاقاليم المختلفة ضمن بلدان العالم المختلفة. ومن خلال الجمع بـين البيانـات الاقتصادية والاجتماعية فان مقياس (HDI) يسمح للبلدان بان تستخدم مقياسـاً أوسـع لقياس انجازاتها في مجـال التنميـة بشـكل نسـبي وبالتـالي تعمـل عـلى تركيـز سياسـاتها الاقتصادية والاجتماعية بشكل مباشر على القضايا التي تستحق الاهتمام الاكبر.

وهكذا فان مقياس التنمية البشرية يأخذ ثـلاث مـؤشرات بنظـر الاعتبـار وهـي توقع الحياة والتعليم ودخل الفرد الحقيقي.

وقد أظهر تقرير التنمية البشرية لعام 1996 بان مقيـاس التنميـة للعـام 1993 اشار الى انه من بين 174 بلداً فـان 57 منهـا كانـت مسـتوياتها مرتفعـة ونحـو 69 بلـداً كانت متوسطة ونحو 48 بلداً كانت في مستوى متدني من التنمية البشرية.

ومن الانتقادات التي وجهت الى مقياس التنمية البشرية هي:

1. ان ثلاث مؤشرات فقط ليست كافية لتبيان مستوى التنمية البشرية، حيث هناك جوانب اخرى مثل وفيات الاطفال والتغذية والتي تعتبر مؤشرات مهمة.
2. ان مقياس التنمية البشرية مقياس نسبي وليس مطلقاً، فاذا تحسنت كل البلدان بنفس المعدل فان البلدان الفقيرة لن يتغير موقعها.
3. ان المقياس يحوِّل الاهتمام بعيداً عن عدم المساواة الكبيرة.
4. يغفل المؤشر بعداً مهماً من أبعاد التنمية وهو الحرية الانسانية.
5. يغفل جوانب اخرى مثل الشعور بالأمن وانعدام التمييز بسبب الجنس أو الدين أو العرق.

واخيراً فان البعض يؤكد بأن ناتج الفرد الحقيقي مضافاً اليه بعض المؤشرات الاجتماعية قد يكون أفضل .

4.1 معايير التخلف

من الصعوبة بمكان تحديد معايير محددة لظاهرة التخلف الاقتصادي نظراً لكون هذه المشكلة معقدة ومركبة وذات جوانب متشابكة. ولهذا فليس هناك اتفاقاً على معيار محدد شامل يضم كل الصفات بالرغم من وجود معايير عديدة مثل:

1. نسبة مساهمة القطاعات الاقتصادية المختلفة في تكوين الناتج المحلي الاجمالي، أي الهيكل الاقتصادي.
2. نسبة الانتاج الصناعي الى اجمالي الانتاج، لكن ارتفاع هذه النسبة ما هو الا نتيجة وليس سبباً للرخاء الاقتصادي ولهذا فان هذا المعيار ليس مقبولاً.
3. حصة رأس المال للفرد، لكن انخفاض حصة راس المال ليس معياراً للتخلف وان راس المال ضروري لكنه ليس كافياً للتقدم.

4. حصة الفرد من الخدمات التعليمية والصحية، وما الى ذلك.

الا ان معيار الدخل هو الاكثر شيوعاً في الاستخدام للدلالة على تقدم أو تخلـف البلد، بحيث ان البلد الذي يكون متوسط دخل الفرد الحقيقي فيها اعلى من حد معـين يعتبر ذلك البلد متقدم في حين ان البلد الذي يكون دخل الفرد فيه اقل مـن ذلـك فانـه يعتبر متخلف.

وبطبيعة الحال فان الحد الفاصل بين التقدم والتخلف خاضع للاخـتلاف تبعـاً للاساس الذي يتم اعتماده، والفترة الزمنية التي تعتمد لاحتساب الدخل. فقد تم تحديـد 300 دولار سنوياً كحد فاصل بين التقدم والتخلف في فترة مـا، وفي فـترة لاحقـة تحـدد ذلك المؤشر بنحو 500 دولار وهكذا.

ولابد من الاشارة إلى ان اعتماد معيار الـدخل يخضع للعديد مـن الاعتراضـات وذلك بسبب العيوب التي يعاني منها، ومن بين هذه العيوب ما يأتي:

1. انه معيار تحكمي ويخضع لاعتبارات غير محددة بشكل دقيق ولا يوجد اتفاق حوله.

2. لا يوجد مفهوم محدد للدخل، اذ تأخذ بعض البلدان بالمفهوم الواسع للـدخل في حين تأخذ بلدان اخرى بالمفهوم الضيق، مـما يجعل مـن الصـعوبة اجـراء المقارنة بين البلدان. الا انه مع تبلور مفاهيم محددة مـن قبـل الأمـم المتحـدة اخذت مفاهيم الدخل تتقارب فيما بين البلدان المختلفة. كما ان معدل الـدخل لوحده قد لا يعبر بالضرورة عن مدى التقدم الاقتصادي اذا كان مصدر الـدخل يمثل نوعاً من الريع (Rent).

3. هناك بعض النشاطات في البلدان المتخلفة لا يـتم احصـاءها وبالتـالي لا تـدخل ضمن مفهوم الدخل مثل بعض النشاطات الزراعية. كما ان النشـاطات المنزليـة للمرأة لا تدخل ضمن احصاءات الدخل القومي.

4. ان تحديد الأسعار يتم بطرق مختلفة لدى البلدان المختلفة مما يجعل المقارنة فيما بينها غير يسيره وان تحديد اسعار الصرف تشبه مشكلة تحديد الاسعار اذ أنها تختلف من بلد لآخر.

5. ان معدل دخل الفرد لا يعكس الدخل الفعلي الذي يستلمه الافراد، كما ان الدخل القومي للفرد قد لا يعبر عن حالة الرفاه الاجتماعي اذا رافقه تكلفة اجتماعية باهظة كالتلوث البيئي أو التأثير السلبي على القيم والعادات الاجتماعية.

ورغم كل هذه العيوب والتحفظات يبقى الدخل معياراً عملياً يعكس الى حد ما حالة التخلف مما يجعله من اكثر المعايير شيوعاً في الاستخدام لتوفر البيانات عنه، كما ان حالة التقدم الاقتصادي عادة يرافقها ارتفاع مستوى الدخل.

واخيراً فان معيار الدخل لا يمكن ان يغني عن استخدام معايير اخرى مكملة لقياس حالة التخلف مثل نسبة مساهمة القطاع الصناعي في الناتج الاجمالي ونسبة المشتغلين في الصناعة في اجمالي العمالة ونسبة المتعلمين من اجمالي عدد السكان ونسبة الاطباء الى السكان وحصة الفرد من راس المال ومن الطاقة ...الخ.

1. 5 سمات (مظاهر) التخلف [6]

تشترك البلدان المتخلفة بالعديد من السمات التي تميز البلدان المتخلفة عن غيرها. ومن هذه السمات ما هو مرتبط بالهيكل الاقتصادي المشوه (distorted) ومنها ما هو ظاهري وحسب. وهناك من يقسم هذه السمات الى مجاميع عديدة تشمل الاقتصادية والديمغرافية والسياسية والثقافية والتكنولوجية... الخ .

ومن أهم السمات التي تندرج ضمن المجموعة الاقتصادية ما يأتي:

1. التخصص بالانتاج الاولي :

تتسم البلدان المتخلفة بانها تتخصص بالمنتجات الاولية (Primary Products) كالزراعة والصناعات الاستخراجية (Extracting Industries) دون ان تمتد عملية الانتاج لتشمل المراحل اللاحقة. ولهذا يسهم القطاع الزراعي في البلدان المتخلفة بالحصة الاكبر في تكوين الناتج القومي الاجمالي، ويستوعب الجزء الاكبر من العاملين . كما تشكل الصادرات الزراعية الجزء الاكبر من حجم الصادرات الاجمالية. ويتسم القطاع الزراعي بالتخلف التكنولوجي وان معظم الانتاج الزراعي يُستهلك ذاتياً.

ويلاحظ ارتفاع نسبة العاملين في القطاعات الاولية في البلدان المتخلفة اقتصادياً بالمقارنة مع البلدان المتقدمة حيث بلغت نسبة العاملين في الزراعة في البلدان الفقيرة في عام 1990 نحو 69 بالمائة من اجمالي العمالة في تلك البلدان بالمقارنة مع 32 بالمائة للبلدان متوسطة الدخل ونحو 5 بالمائة فقط في البلدان الغنية. وبالمقابل فان نسبة العاملين في قطاع الخدمات في البلدان المتخلفة لا تزيد على 16 بالمائة مقابل 41 بالمائة في البلدان متوسطة الدخل ونحو 64 بالمائة في البلدان الغنية (الجدول رقم 1.1)

جدول رقم (1.1) توزيع العمالة على القطاعات المختلفة فيما بين البلدان المختلفة لعام 1990 (نسبة مئوية)

	الزراعة	الصناعة	الخدمات
البلدان الفقيرة	69	15	16
البلدان المتوسطة	32	27	41
البلدان الغنية	5	31	64

المصدر: A.P. Thirwall, op.cit., p 44.

وبخصوص هيمنة القطاعات الأولية على الناتج المحلي الاجمالي في البلـدان المتخلفـة بالمقارنـة مع البلدان المتقدمة، يلاحظ بان الزراعة تمثل نحو 27 بالمائـة مـن النـاتج المحـلي الاجـمالي في عام 1990 في بلدان الدخل الواطيء بالمقارنة مع 10 بالمائة في بلدان الدخل المتوسط ونحـو 2 بالمائة فقط في بلدان الدخل العالي. وبالمقابل فان نسبة الخـدمات في اجـمالي النـاتج المحـلي الاجمالي في بلدان الدخل الواطيء كانت نحـو 43 بالمائـة في عـام 1990 مقابـل 55 بالمائـة في بلدان الدخل المتوسط ونحو 64 بالمائة في بلدان الدخل العالي (الجدول رقم 1. 2)

جدول رقم (1. 2) توزيع الناتج المحلي الاجملي بين النشاطات الاقتصادية لعام 1990(%)

	الزراعة	الصناعة	الصناعة التحويلية	الخدمات
بلدان الدخل الواطيء	27	30	18	43
بلدان الدخل المتوسط	10	36	23	55
بلدان الدخل العالي	2	30	21	64

المصدر: World Development Report 2000/2001 , p 297

ومن هنا فأن هيمنة القطاعات الاولية في البلـدان المتخلفـة اقتصـادياً تعكـس حالـة الاختلال في الهيكل الاقتصادي السائدة في هذه البلـدان. وهنـاك دول معينـة يسـتحوذ قطـاع الصناعة الاستخراجية على الجزء الاعظم من الناتج المحلي الاجمالي ومـن الصـادرات الا انـه لا يُشغِّل الا نسبة ضئيلة من اجمالي العاملين نظراً لتطور هذا القطـاع تكنولوجيـاً لكونـه يعـود للشركات الاجنبية ويتميز بكثافة راس المال، ويصدَّر انتاج هـذه القطاعـات عـادة عـلى شـكل مادة خام وبالتالي لا ينتفع البلد من القيمة المضافة. ولهذا كله يتضح بـان هنـاك علاقـة بـين التخلف الاقتصادي والتخصص بالانتاج الأولي.

2. اختلال هيكل الصادرات:

وبسبب اختلال الهيكل الانتاجي في البلدان المتخلفة تعاني هذه البلدان من ظاهرة اختلال هيكل الصادرات، حيث تتركز عادة في سلعة واحدة أو عدد محدود من السلع الاولية، في حين ان استيراداتها من الخارج تكون متنوعة. ومعلوم ان الاعتماد الكبير على سلعة أو سلعتين في التصدير يؤدي إلى حدوث تقلبات كبيرة في عوائد الصادرات وبالتالي اعتماد عملية التنمية الاقتصادية فيها على موارد متقلبة وغير مستقرة .

ويلاحظ ان حصة المواد الاولية في اجمالي الصادرات العالمية قد اتجهت نحو الانخفاض وذلك بسبب محدودية الانتاج من هذه السلع من ناحية والتوسع في انتاج السلع المصنعة من ناحية اخرى. وبمقارنة الوضع في المجموعات الجغرافية المختلفة ضمن بلدان العالم النامي، ففي منطقة شرق آسيا انخفضت حصة المواد الاولية في اجمالي الصادرات (بحدود الثلثين) بين عامي 1970 و 1992 وفي منطقة جنوب آسيا انخفضت الى النصف لنفس الفترة وفي امريكا اللاتينية والكاريبي انخفضت هذه النسبة بحدود الثلث. اما في منطقة الشرق الاوسط وشمال افريقيا فان هذه النسبة تكاد تكون ثابتة حيث انها لم تنخفض الا بنسبة 2% فقط للفترة المذكورة (الجدول رقم (1. 3) .

جدول رقم (1. 3) يبين نسب السلع الاولية في اجمالي الصادرات حسب المجموعات الجغرافية في البلدان النامية (نسب مئوية)

	1970	1992
شرق آسيا	69	26
جنوب آسيا	53	27
امريكا اللاتينية والكاريبي	88	62
الشرق الأوسط وشمال افريقيا	92	90

المصدر: A.P. Thirwall, op.cit.

ومن هنا فان مجموعتي شرق وجنوب آسيا حققتا تقدماً في مضمار تخفيض نسبة المواد الاولية في اجمالي صادراتها بين عامي 1970 و 1992، كما ان مجموعة امريكا اللاتينية حققت هي الاخرى تقدماً، رغم انه اقل بكثير مما حدث في المجموعتين المذكورتين أعلاه، في حين لم يتحقق أي تقدم يذكر في منطقة الشرق الاوسط وشمال افريقيا في هذا المضمار .

3. ازدواجية الاقتصاد (Dual Economy)

في ظل ارتباط البلدان المتخلفة بالبلدان المتقدمة في اطار التبعية والسيطرة الاستعمارية المباشرة فقد برزت نشاطات معينة استدعت الحاجة في البلدان الرأسمالية الى تحريكها وتطويرها في البلدان المتخلفة والتابعة لها وذلك لخدمة متطلبات النمو والتطور في البلدان المتقدمة من خلال تأمين المواد الخام لها وتصريف منتجاتها في البلدان المتخلفة. وقد أدت هذه العلاقة من الاستغلال الى اعاقة تطور النشاطات الاخرى تحت تأثير المنافسة غير المتكافئة. وهكذا برز قطاع حديث مرتبط بالخارج وموجه للتصدير، الى جانب القطاع التقليدي الواسع مما أدى الى ان يصبح القطاع الحديث عامل اعاقة وليس قوة دافعة للتطور والنمو في البلدان المتخلفة. ذلك لان القطاع الحديث هذا هو قطاع معزول عن بقية القطاعات الاقتصادية الاخرى في البلد، ولا يتفاعل معه ولا يملك أية روابط (خلفية أو امامية) مع القطاعات الاخرى ولا يستخدم الكثير من الايدي العاملة بسبب كثافة رأس المال المستثمر.

والقطاع التقليدي من ناحيته يستخدم التكنولوجيا القديمة والبدائية ويديره السكان المحليون ويتسم بضعف القدرات الانتاجية. وبالمقابل فإن القطاع الحديث يستخدم التكنولوجيا الحديثة ويتميز بالانتاجية المرتفعة وبالتالي الدخل المرتفع، لكنه يقع تحت سيطرة وادارة الشركات الاجنبية. كما أنه لا يوفر فرص عمل كافية للسكان بسبب التكنولوجة المتطورة وكثافة رأس المال، وان معظم الارباح المتحققة تتحول الى الخارج، الامر الذي يجعل هذا القطاع عبارة عن جزيرة معزولة عن

باقي اجزاء الاقتصاد الوطني وبالتالي لا يساعد على توسيع السوق والطلب. والانتاج في القطاع الحديث يصدَّر الى الخارج على شكل مواد خام من اجل التصنيع في الخارج، وبالتالي فان حجم القيمة المضافة المتحققة من هذا القطاع داخل البلد المتخلف تكون ضئيلة. كما ان القطاع التقليدي (المتخلف) هو الآخر لا يساعد على توسيع السوق بسبب صغر حجم المشروعات وانخفاض مستوى الانتاجية فيه.

وهكذا فان حالة الازدواجية في الاقتصادات المتخلفة تؤدي إلى عدم توسيع السوق ولا تساعد على توسيع حجم الادخار والاستثمار الامر الذي يعرقل النمو والتطور في هذه البلدان.

4. تدني حصة الفرد من رأس المال :

تعاني البلدان المتخلفة من النقص الواضح في خزين رأس المال (Capital Stock) والذي ينعكس في ضآلة حصة الفرد من خزين رأس المال وتردي نوعية رأس المال. وان النقص في رأس المال يظهر من خلال انخفاض معدل التكوين الرأسمالي (Capital Formation) أو معدل الاستثمار وذلك على عكس الحال في البلدان المتقدمة. ومعلوم ان انخفاض حصة الفرد العامل من رأس المال المادي والبشري يؤدي إلى انخفاض مستوى الانتاجية وبالتالي الدخل.

ان جميع السمات المذكورة أعلاه هي سمات ذات طابع اقتصادي وهناك سمات اخرى عديدة ترتبط بالعامل الديمغرافي أو السياسي أو الثقافي او التكنولوجي وكما يأتي:

5. الضغوط السكانية :

تعاني العديد من البلدان المتخلفة من الضغوط السكانية، حيث يزداد عدد السكان بمعدلات عالية لا تتناسب مع حجم الموارد الطبيعية والاقتصادية وذلك بسبب ارتفاع معدلات الولادة وانخفاض معدلات الوفيات وارتفاع معدلات الخصوبة. وتجدر الاشارة الى ان الحجم الامثل للسكان هو ذلك الذي يتناسب مع

حجم الموارد المتاحة، وهـو الـذي يصل معـه نـاتج الفرد الى اعـلى مسـتوى لـه في ظل مستوى معين من التكنولوجيا.

وتوضح البيانات الاحصائية بـان معدلات النمو السكاني خلال الفترة 1990- 1995 كانت مرتفعة وبحدود 1.7% في مجموعـة البلدان ذات الـدخل الـواطيء ونحو 1.4% في مجموعة بلدان الدخل المتوسط. أما في مجموعة البلدان ذات الـدخل العالي فان معدل النمو السكاني لم يتجاوز 0.7% خلال الفترة المذكورة.

ولابد من الاشارة إلى أن الضغوط السكانية في البلدان المتخلفـة تـرتبط بـاختلال التركيب العمري للسكان حيث ترتفع نسبة صغار السن وتنخفض نسبة من هم في سـن العمل، في حين نجد في البلدان المتقدمة عكس هذا الاتجاه حيث تـنخفض نسـبة صغار السن وترتفع نسبة من هم في سـن العمـل الى حـوالي نصـف السكان مـما ينعكس في ارتفاع عبء الاعالة للعاملين في البلدان المتخلفة.

ان أبرز آثار الضغوط السكانية تتمثل في الضغط على الموارد المتاحـة وانخفـاض انتاجية العمل ومستوى الدخل وانتشار البطالة بنوعيها السافرة والمقنعة.

6. تخلف السكان:

ان محدودية الامكانات المادية لتوفير الاستثمار البشري اللازم لتطوير قدرات الافراد ومهاراتهم يُبقي السكان بمستوى متدني من القدرة والمهارة والكفاءة الانتاجية. ويعود ذلك الى انتشار الامية وانخفاض مستوى التـدريب وانخفاض المسـتوى الصحي للسكان، وانعدام أو ضعف القدرة على الحركة لعنصر العمل، سواء جغرافياً أو مهنياً، اضافة إلى تأثير نظام القيم والتقاليد السائدة في المجتمع والذي لا يشجع علـى الريادة (entrepreneurship) والمخاطرة .

7. عوامل اخرى متنوعة :

وتشمل جوانب عديدة ومتنوعة منها تخلف وسائل الانتاج وعدم كفاءة نظام الاتصالات وتدني مستوى التكنولوجيا وعدم الاستقرار السياسي وتخلف النظام المصرفي، وارتفاع مستوى الامية وانخفاض مستوى الخدمات.. الخ

وتجدر الاشارة الى ان هذه السمات تؤثر بعضها على البعض الآخر. فان نقص رأس المال مثلاً يؤدي الى اختلال الهيكل الانتاجي والذي يؤدي إلى انخفاض مستوى الانتاج والانتاجية والدخل، وبالتالي انخفاض مستوى الاستثمار وانخفاض مستوى الانتاجية وهلم جرا .

هوامش الفصل الأول

1-   M. Todaro, Economic Development, Seventh Edition, Addison –
     Wesley, 2000, p. 8 .

2-   قـارن : د. محمـد عبـد العزيـز عجميـه و د. ايمـان عطيـه ناصـف، التنميـة
     الاقتصادية، دراسات نظرية وتطبيقية، 2000 ، جامعة الاسكندرية، ص12.

3-   د. فايز ابراهيم الحبيب، التنمية الاقتصادية بين النظرية وواقع الـدول الناميـة،
     جامعة الملك سعود، 1985 ، بالنسبة لارقام سنة 1955 وسنة 1980.

4-   احتسبت هذه الارقام استناداً إلى :

World Development Report, 2000-2001.

5-   A. P. Thirwall., Growth & Development, Sixth Edition, 1999,
     Macmillan Press Ltd.

6-   قارن في ذلك:

M. L. Jhingan , The Economics of Development and Planning – Vrinda
Publications (P) Ltd , 32nd Revised and Enlarged Edition, 1999, pp. 5-19.

7-   قارن :

M. Todaro., op.cit., pp 42-62

A. P. Thirwall, op.cit., pp 43-68

M. L. Jhingan, op.cit., pp 22-30

الفصل الثاني

النظريات المفسرة للتخلف
الاقتصادي

الفصل الثاني

النظريات المفسرة للتخلف الاقتصادي

1.2 مقدمة

تتعدد وتتباين النظريات المفسرة للتخلف الاقتصادي وذلك طبقاً للفلسفة السياسية والخلفيات الفكرية والاجتماعية المختلفة للكتّاب. فمنهم من يعزي أسباب التخلف إلى عوامل جغرافية وطبيعية، ومنهم من يعزيها إلى العوامل الثقافية والاجتماعية والسيكولوجية السائدة في البلدان المتخلفة، وهناك من يعزيها إلى ما يعرف بحلقة الفقر المفرغة (Vicious Circle of Poverty) ، ومنهم من يرى بأن التخلف ما هو إلا مرحلة من مراحل التنمية التي تمر بها بلدان العالم المختلفة. وهناك آخرون يرجعون مشكلة التخلف الى ظاهرة الاستعمار وما نتج عنه من تأثيرات سلبية أفرزتها العلاقات الدولية غير المتكافئة والتي تبلورت فيما سمي بالنظام الاقتصادي الدولي (World Economic Order). وهكذا نجد بأن هناك وجهات نظر متباينة ومختلفة في تفسير حالة التخلف الاقتصادي وسوف تتم مناقشة النظريات المختلفة في تفسير هذه الظاهرة. وتحقيقاً لهذا الهدف سنتناول في هذا الفصل النقاط الآتيه:

1.2 نظرية العوامل الجغرافية والطبيعية .

2.2 نظرية العوامل الثقافية والإجتماعية والنفسية .

3.2 نظرية الحلقة المفرغة للفقر .

4.2 نظرية التخلف كمرحلة من مراحل التطور (نظرية روستو) .

5.2 نظريات التأثيرات السلبية للعلاقات الدولية غير المتكافئة والنظام الاقتصادي الدولي المعاصر .

2.2 نظرية العوامل الجغرافية والطبيعية .

يطرح البعض نظرية العوامل الجغرافية والطبيعية لتفسير حالة التخلف الإقتصادي في البلدان المتخلفة إقتصادياً ، حيث يقولون بأن المناخ الملائم يُهّيء أساساً لتقدم بعض البلدان في حين أن المناخ غير الملائم لا يساعد على العمل والنشاط والتقدم. ويستند أصحاب هذا الرأي على واقع أن معظم البلدان المتقدمة في الوقت الحاضر تقع في مناطق ذات مناخ معتدل في الوقت الذي تقع فيه معظم البلدان المتخلفة في مناطق ذات مناخ استوائي حار. ويرى الاقتصاديان (Buchanan , Alis) بان الكرة الأرضية مقسمة إلى بلدان متقدمة إقتصادياً في المناطق الشمالية والشمالية الغربية والى بلدان أخرى متخلفة وفقيرة تقع في آسيا وأمريكا اللاتينية وإفريقيا . ومعلوم أن المناطق الحارة والاستوائية الرطبة تساعد على انتشار كثير من الأمراض، الأمر الذي يحد من نشاط الفرد. كما أن تعرض المناطق الاستوائية للأمطار الغزيرة والفياضانات المتكررة تؤدي إلى تعرض الأرض للتعريه والانجراف مما يعرقل استخدام الأسمدة الكيميائية. وتنتشر في المناطق الاستوائية الآفات والحشرات التي تُعرّض المحاصيل الزراعية لكثير من الأمراض .

وهناك اعتراضات كثيرة على هذه النظرية، فرغم أن المناخ الملائم يمكن أن يُعد عاملاً مساعداً على النشاط والعمل والتقدم في حين أن عدم توفر المناخ الملائم لا يُعد سبباً كافياً لتفسير حالة التخلف، بل هو سبب يساعد على استمرار هذه الحالة. فهناك بعض البلدان المتخلفة تقع في مناطق معتدلة، كما هو الحال في بلدان حوض البحر الأبيض المتوسط وبالعكس هناك بلدان تقع في مناطق مناخية غير ملائمة لكنها تعتبر متقدمة اقتصادياً كما هو الحال في سيبيريا في روسيا .

وبالاضافة إلى العوامل الجغرافية فإن البعض يعتقد بأن وفرة الموارد والثروات الطبيعية يمكن أن تساعد في تعجيل التقدم الاقتصادي إذا ما تم استغلال الموارد بكفاءة، في حين أن عدم توفر الموارد يمكن أن يكون احد العوامل المعوقه

للتقدم. ويبدو أن هذه النظرية ضعيفة عند النظر إلى الموارد الطبيعية غير المستغلة في عدد من البلدان المتخلفة.

وعليه من الصعب أن نجد أسباب التخلف الاقتصادي في العوامل الطبيعية والجغرافية، إذ أن التخلف في البلدان المتخلفة لم يكن حالة أبديه تتسم بها البلاد دوماً دون غيرها، فهناك عدد من هذه البلدان كانت منبعاً للحضارات العظيمة القديمة مثل مصر والعراق والهند فما الذي خلّفها ؟ [1]

3.2 نظرية العوامل الثقافية والاجتماعية

يربط البعض بين التخلف الاقتصادي وبين التخلف الثقافي والاجتماعي، ذلك لأن تدني المستويات الثقافية والاجتماعية يؤدي إلى عرقلة فرص التنمية والتقدم. حيث أن العادات والتقاليد السائدة في المجتمعات المتخلفة تؤثر على الانفاق الاستهلاكي وعلى التوجه نحو الاستثمار والادخار. وقد يساعد التخلف الثقافي والاجتماعي على التوجه نحو المضاربة وشراء العقارات وممارسة النشاط التجاري ذي الربح والمردود السريعين بدلاً من التوجه نحو الاستثمار في الصناعة والتكنولوجيا. وإضافة إلى ما تقدم فإن العادات والتقاليد لا بد وأن تؤثر على نمط استغلال الوقت والفرص المتاحة للتقدم والعمل وكذلك على مدى توجه المرأه نحو العمل والمشاركة في النشاطات المختلفة الأمر الذي ينعكس على الإنتاج والانتاجية.

وهناك من يؤكد على الدور الذي تلعبه العوامل السايكولوجية (النفسية) في تفسير حالة التخلف الاقتصادي وإدامتها مثل غياب روح المغامرة وانعدام الروح الفردية وضعف الحوافز الاقتصادية وتحقيق الكسب المادي وعدم وجود المنظم (Entrepreneur). لكنه يعلِّق البعض على ذلك بالقول أن مثل هذا الرأي ينطلق من منظور تجريدي بحت حيث يحصر قضية التخلف في مجموعة معينة من المتغيرات التي يتميز بها نمط السلوك الاجتماعي للأفراد في المجتمعات التقليدية [2] .

وعلى كل حال فرغم أهمية العوامل الثقافية والاجتماعية والنفسية في تفسير حالة التخلف إلا أن مثل هذه العوامل هي نتاج لحالة التخلف نظراً للعلاقة القوية والتأثير المتبادل بين التخلف الثقافي والاجتماعي والنفسي وبين التخلف الاقتصادي ولا يمكن أن تشكل سبباً لها.

4.2 نظرية الحلقة المفرغة للفقر.

تعتمد هذه النظرية في تفسير حالة التخلف على استخدام منطق ما يسمى بالسببية الدائرية (Circular Causation) في الربط بين مظاهر التخلف، وبالتالي في تفسير ظاهرة التخلف. فالتخلف بموجب هذه النظرية هو نتيجة للفقر وسبباً له في نفس الوقت. ذلك لأن انخفاض الدخل الفردي يؤدي إلى انخفاض مستوى التغذية، وهذا بدوره يؤدي إلى انخفاض المستوى الصحي ومن ثم انخفاض مستوى الانتاجية، فإنخفاض الدخل وهكذا يلتحم طرفا الحلقة . ان مثل هذه الحلقة تميل إلى إدامة المستوى المتدني للتنمية في البلدان الأقل تطوراً. ويعبر عن هذه الفكرة الاقتصادي (Nurkse) بالقول بأن الحلقة المفرغة للفقر بأنها مجموعة من القوى الدائرية تتجه نحو الفعل ورد الفعل على بعضها البعض الآخر بطريقة تجعل البلد الفقير في حالة فقر دائم[3] ، ويلخصها بالقول بأن البلد فقير لأنه فقير .

وتتأتى الحلقة المفرغة للفقر من حقيقة أن في البلدان المتخلفة اقتصادياً يكون مستوى الانتاجية متدنياً بسبب ندرة رأس المال وعدم اكتمال السوق(market imperfection) والتخلف الاقتصادي وتدني مستوى التطور. وان الحلقات المفرغة للفقر تعمل من جهة الطلب ومن جهة العرض.فمن جهة الطلب فإن المستوى المتدني للدخل الحقيقي يقود إلى مستوى متدني من الطلب والذي يقود بدوره إلى معدل متدني من الاستثمار، ومن ثم ندرة رأس المال وتدني الانتاجية ومن ثم تدني الدخل. وتتوضح هذه الفكرة من خلال الشكل البياني رقم (2. 1) . ومن جانب العرض فإن انخفاض الانتاجية ينعكس في تدني الدخل الحقيقي وأن ذلك

ينعكس في تدني الادخار وهذا يقود الى تدني الاستثمار والى ندرة رأس المال، وأن ندرة رأس المال بدورها تقود الى مستوى متدني من الانتاجية ونعود مرة أخرى إلى تدني الدخل . وهكذا فإن الحلقة المفرغة تتكامل من جانب العرض هذه المرة . ويلاحظ من الشكل البياني بأن تدني الاستثمار وندرة رأس المال يشكلان ظاهرة مشتركة لكلا الحلقتين . ولهذا يعتبر Nurkse بأن الفقر والتخلف الاقتصادي مترادفان [4].

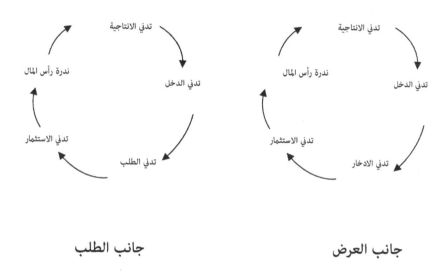

جانب العرض

جانب الطلب

الشكل البياني رقم (2. 1)

والواقع أن نظرية الحلقة المفرغة تعجز عن تقديم تفسير مقنع لظاهرة التخلف لأنها اعتبرت ندرة رأس المال في البلدان النامية متغيراً مستقلاً والتخلف الاقتصادي متغيراً تابعاً، أي أنها تفسر وجود حالة التخلف من خلال ندرة رأس المال، وعليه فإنها تغفل الجانب التاريخي لمشكلة ندرة رأس المال وما ينجم عنها من تخلف. إذ أن السيطرة الاستعمارية تعتبر ضمن هذا التفسير هي المتغير

المستقل وهي المسبب، وأن ندرة رأس المال متغير تابع، وناتج عن السيطرة الاستعمارية.[5] .

وتجدر الاشارة في هذا الصدد الى أن محدودية الفائض الاقتصادي القابل للإستثمار في البلدان التابعة هي نتيجة لتسرب النقد الاجنبي من هذه البلدان الى الخارج لتغطية الاستيرادات من السلع الكمالية التي ضخمها أثر المحاكاة والتباهي المرتبط بالاستهلاك المظهري للطبقة الإقطاعية التي تقتفي أثر البرجوازية المحلية. كما أن عزوف الرأسماليين المحليين عن استثمار أموالهم في مجالات انتاجية داخل البلد جاء نتيجة تفاعل ثلاث متغيرات هي تقلبات الأسعار النسبية للسلع المتبادلة، وطبيعة دالة الانتاج في صادرات البلدان التابعة، وردود الفعل والمواقف من الاستثمارات الأجنبية.

وينتقد البعض مثل هذه النظرية في تفسير التخلف الاقتصادي باعتبارها حاصل جمع لسمات التخلف، ويحلل الاقتصاديون التخلف هنا على أساس مجموعة معينة من المؤشرات التي تعوق عملية التنمية أو تحد منها مثل انخفاض مستوى الدخل الفردي ونقص الادخار، وهذا الاتجاه يعتمد على اجراء المقارنة الشكلية بين هذه المؤشرات في البلدان المتقدمة والبلدان المتخلفة. أن هذا الاتجاه، في نظر البعض، يعاني من طابعه السكوني لأنه ينظر الى التخلف على أنه حالة قائمة ومعزولة. [6]

5.2 نظرية المراحل لـ روستو

أن صاحب هذه النظرية هو الاقتصادي الأمريكي (W.W.Rostow) والذي يؤكد بأن بلدان العالم المختلفة تمر بمراحل عديدة من النمو الاقتصادي، والتي قسمها الى خمسة مراحل هي: مرحلة المجتمع التقليدي، ومرحلة التهيؤ للإنطلاق، ومرحلة الانطلاق، ومرحلة التوجه نحو النضوج الاقتصادي، ومرحلة الاستهلاك الوفير. ومن هنا فان حالة التخلف الاقتصادي للعديد من البلدان، بموجب

هذه النظرية،تعكس مرحلة النمو والتطور التي تمر بها تلك البلدان وأن التخلف هنا يعتبر تأخراً زمنياً فحسب . إن النمو طبقاً لهذه النظرية يتكون من مراحل معينة ذات تتابع زمني بحت وأن كل مرحلة تمهد الطريق أوتوماتيكياً للمرحلة اللاحقة . ويميز روستو بين هذه المراحل على أساس كمي وتكنولوجي فقط .

وفي معرض النقد لهذه النظرية يلاحظ البعض ضحالتها الشديدة في تفسير التخلف. فقد أسقط روستو من تحليله مقولة النظام الاقتصادي والاجتماعي، وأبقى فقط على الرأسمالية. كما أنه لا يأخذ بعين الاعتبار القوى العالمية والمحلية التي تعوق عملية نمو قوى الانتاج. كما انتقد البعض منهج روستو في التحليل على أنه يتسم بالميكانيكية والستاتيكية في الربط بين المتغيرات الاقتصادية.

وعليه فلا يمكن اعتبار نظرية المراحل نظرية مقنعه لتفسير حالة التخلف الاقتصادي، فالبلدان المتخلفة ليست في مجموعها مناطق متأخره على طول الخط بل بعضها عرف في الماضي عهوداً للإزدهار والتطور الاقتصادي والاجتماعي والثقافي، لكن هذه البلدان قد دخلت مرحلة ركود وجمود. ولهذا فإن أسباب التخلف هي تاريخيه في أساسها.

6.2 نظرية التأثيرات السلبية للعلاقات الدولية غير المتكافئه

لقد إنبرى الكثير من الكتاب والاقتصاديين لتفسير حالة التخلف الاقتصادي بالاستناد الى التأثيرات السلبية للعلاقات الدولية غير المتكافأة والتي ظهرت بعد عهد الثورة الصناعية. وقبل فترة الثورة الصناعية لم يعرف وجود حالات متقدمة مقابل حالات متخلفة بشكل واضح وكبير، أما بعد تلك الفترة فقد برزت حالات تتميز بالتقدم الواضح مقابل حالات التخلف . فقد امتلكت بعض البلدان التي شهدت الثورة الصناعية امكانات وقدرات استطاعت من خلالها تحقيق تطور كبير وهذه البلدان هي انجلترا وفرنسا وألمانيا والولايات المتحدة الأمريكية .

ولقد تم فرض العلاقات الدولية غير المتكافأه هذه بأساليب شتى، منها الاستعمار والسيطرة المباشرة على العديد من البلدان الاخرى، ومنها السيطرة غير المباشرة من خلال الشركات متعددة الجنسيات العائدة للبلدان الصناعية الرأسمالية. وقد عانت البلدان المتخلفة من سيطرة البلدان الرأسمالية وبدرجات متفاوتة. وقد برز نوع من التكامل في الاحتياجات بين البلدان المستعمرة (بكسر الميم) وبين البلدان المستعمرة (بفتح الميم) ، فالبلدان المستعمِرة تحتاج الى المواد الخام وتحتاج الى الأسواق لتصريف انتاجها المتنامي في حين أن البلدان المستعمَرة تحتاج الى المنتجات الصناعية والى تصريف موادها الخام . وهكذا نشأ نوع من التخصص (Specialisation) وتقسيم دولي للعمل(International Division of Labour). والذي تم فرضه بالقوة. وهكذا لم يسمح للبلدان المتخلفة من إقامة علاقات اقتصادية وتجارية مع بلدان أخرى، أو إقامة صناعات إنتاجية تنافس الصناعات القائمة في الدول الرأسمالية إلا بموافقتها . وفي هذا الاطار تم اتباع سياسات تجارية يقتصر فيها التعامل (استيراداً وتصديراً) من قبل البلدان التابعة على البلدان المهيمنه. وهكذا تم استغلال البلدان المتخلفة وسلب ثرواتها وفائضها الاقتصادي وتحويله الى البلدان الرأسمالية المستعمرة، وهذا ما دفع العديد من الكتاب أمثال (G.Frank) وسمير أمين وغيرهم الى اعتبار ذلك من أسباب ظهور وإدامة ظاهرة التخلف الاقتصادي، والى حقيقة التبادل غير المتكافىء فيما بين الطرفين[7] .

وبرز دور الاستثمار الأجنبي المباشر كوسيله من وسائل الاستغلال الرأسمالي والنهب الاستعماري في اعاقة تطور البلدان المتخلفة، إذ أنها اتجهت نحو تطوير نشاطات انتاجية معينة تسمح بتصدير بعض المنتجات الأولية الى البلدان المتقدمة لتأمين حاجة صناعات هذه البلدان الى المواد الخام. وكان ذلك يتم في أحيان عديده على حساب التضحية بحاجات سكان هذه البلدان الى بعض المحاصيل الغذائية المهمة للإستهلاك المحلي، كما هو الحال مع أندونيسيا والهند، وما رافقها من مجاعات، إذ أجبر الفلاحون في بعض الأحيان على تسليم نسبة معينة من

محصولهم للسلطات الحكومية ويعاقب من يرفض التسليم [8]. كما أن حصول البلدان المتخلفة على دخول نقدية من هذه الصادرات مكنتها من استيراد منتجات صناعية استهلاكية من البلدان المتقدمة، وقد أدى ذلك الى القضاء على الصناعات الحرفية التي كانت قائمة في البلدان المتخلفة.

وبهذه الطريقة تم استنزاف موارد وثروات البلدان المتخلفة واستغلالها من خلال الحصول على المنتجات الأولية بأسعار منخفضة جداً، إضافة الى حرمان البلدان المتخلفة من فرصة الحصول على القيمة المضافة بتصنيع المواد الخام وتحويلها إلى سلع مصنعه. وهكذا تم تحطيم امكانية الاكتفاء الذاتي وأقتصاد الكفاف ليحل محله اقتصاد التبادل السلعي الذي يعمل بطبيعته لصالح الدول الصناعية الرأسمالية. وبهذا الأُسلوب أوجدت البلدان الرأسمالية اقتصاداتٍ تصديريه في البلدان التابعة لها، واتخذ النمو الاقتصادي فيها مساراً تنازلياً وذلك بسبب وجود ما يعرف بالجيوب (Enclaves) من رأس المال الأجنبي المنتج للسلع الأولية ومجموعة صغيرة من مستهلكي الواردات الكمالية. وقد أدى ذلك الى إنفصام وانفصال شبه تام بين الجيب وبين بقية الاقتصاد الوطني، أي ظهور ما يعرف بـ ازدواجية الاقتصاد (Dual Economy) ، وهذا ما ساهم في إدامة التخلف حسب اعتقاد (C. Furtado). ويؤكد هذا الأخير على أنه رغم تنامي قطاع التصدير للمواد الخام إلا أن النمو الاقتصادي اتخذ مساراً تنازلياً لأن منافع النمو لم تصل الى بقية أجزاء الاقتصاد الوطني بل تتسرب الى الخارج بسبب ارتباط اقتصاد البلدان المتخلفة بالبلدان الرأسمالية. ان مثل هذا الهيكل للعلاقات الاقتصادية في السوق الرأسمالي العالمي يولد ميلاً نحو تنمية الدول المسيطرة (المركز) وميلاً آخر نحو تخلف البلدان المتخلفة التابعة (الأطراف) . ومن هنا يرى أصحاب هذا الفكر بأن العلة الأساسية للتخلف في البلدان المتخلفة هي ما يسمى بالتبعية (Dependence) للعالم الخارجي. والتبعية تعني الحالة المشروطة التي تكون فيها اقتصادات مجموعة معينة من البلدان محكومة بالنمو والتوسع (أو الانكماش) الذي يحدث في

بلدان أخرى. ولهذا فإن النمو الذي يحدث في البلدان التابعة لا يتحقق ذاتياً فيها، وإنما يكون كرد فعل للنمو الحادث في البلدان المتبوعة.

واضافة الى ذلك فقد استخدم البعض ظاهرة هجرة العقول (Brain Drain) كأحد أسباب التخلف الاقتصادي في البلدان النامية. إن هجرة العقول من البلدان الناميه الى البلدان الرأسمالية المتقدمة تمثل عملية نقل معاكس للتكنولوجيا، حيث تقوم البلدان الرأسمالية بسحب قوة العمل الاستراتيجية مما يعمل على فقدان جزء من الدخل والرفاه وفرص التنمية وتوسيع عدم المساواة الدولية فيما بين البلدان المتقدمة والبلدان المتخلفة. وقد تولدت هذه الظاهرة وتعاظمت على مر الزمن حيث سعت البلدان الرأسمالية الى استغلال البلدان النامية من خلال اجتذاب العقول والمتخصصين والماهرين بشتى الطرق وخاصة الاغراءات المالية والدخل العالي، إضافة الى الوسائل السياسيه وذريعة حقوق الانسان. وبذلك فإن البلدان الرأسمالية مثل الولايات المتحدة الأمريكية وبريطانيا وبعض الدول الأوروبية الأخرى تحصل على هؤلاء العقول مجاناً ودون أن تتحمل نفقات التعليم التي حصل عليها المهاجرون من بلدانهم الأصلية.

وبذلك يشير البعض الى ان عملية الاستغلال قد استمرت عبر فترة طويلة من الزمن، ففي الفترة ما قبل الثورة الصناعية فإن الدول الاستعمارية قد سعت الى نقل رأس المال المادي من المستعمرات الى بلدانها، وفي الفترة اللاحقة للثورة الصناعية فإنها بدأت تمتص قوة العمل ذات المستوى العالي بدون دفع تعويضات الى بلدان العقول المهاجرة الأصلية[9].

لهذا فإن هجرة العقول، يعتبرها البعض، تمثل جانباً آخر من الجوانب المسؤولة عن تفسير حالة التخلف في البلدان النامية. إلا أن التخلف الاقتصادي هو سبب من أسباب الهجرة ولكنه في نفس الوقت فإن الهجرة تساهم في الحد من فرص التنمية.

وعليه فإن التخلف هو حصيلة للسيطرة الاستعمارية وما نتج عنها من تداعيات وأثار وعلاقات استغلالية غير متكافئة، الأمر الذي دفع العديد من الكتاب الى تفسير التخلف بنظرية الغبن في العلاقات الاقتصادية الدولية. وفي هذا الاطار يشير البعض الى ما يسمونه بالرؤية الجديدة في تفسير التخلف وهو أنه يمثل ظاهرة تاريخية نشأت في ظروف معينة وتطورت بفعل هذه الظروف وسوف تختفي بتجاوز هذه الظروف . والمدخل الرئيسي عند هؤلاء هو البحث في القوانين التي حكمت نشوء وتطور التخلف من منظور تاريخي واجتماعي [10]. فالتخلف في نظرهم هو عملية تاريخية نشأت بفعل دمج هذه البلدان في السوق الرأسمالي العالمي وتعرضها لعملية استغلال ونهب. وفي الحقيقة فإن هذه الرؤية ما هي إلا بلورة لنظرية التأثيرات السلبية للعلاقات الدولية غير المتكافأه.

وتجدر الاشارة الى أنه مع التسليم بهذه الأطروحة في تفسير ظهور واستمرار حالة التخلف إلا أنه لا يمكن إنكار العوامل الموضوعية الداخليه للبلدان المتخلفة ودورها في استمرار حالة التخلف الى جانب العوامل الخارجية المذكورة أعلاه. فالبنية الاجتماعية والمؤسسية، والتي تشتمل على النظام الاجتماعي والإداري والحكومة المستقرة ووجود المؤسسات التمويلية ونظام قانوني ونظام كفوء للإنتاج وأوضاع اجتماعية مناسبة، كل هذه الأمور لها علاقة وطيده بعملية التنمية أو استمرار حالة التخلف . وأن التقاليد القديمة وبعض المواقف والأفكار السلبية والخرافات وحجم العائلة المناسب كل هذه الأمور لها دورها في إبقاء حالة التخلف في البلد أو إنهائها .

هوامش الفصل الثاني

1. قارن: د. رمزي زكي، فكر الأزمة، دراسة في علم الاقتصاد الرأسمالي والفكر التنموي العربي، مطبوعات مكتبة مدبولي، الطبعة الأولى، أغسطس، 1987 ، ص76 .

2. د. رمزي زكي ، المصدر نفسه ، ص 89 .

3. M.L. Jhingan ., op .cit., p31 .

4. Ibid ., pp31-32 .

5. قارن : د. يحيى النجار ود. آمال شلاش ، التنمية الاقتصادية- نظريات، مشاكل ، مبادىء وسياسات ، وزارة التعليم العالي والبحث العلمي ، جامعة بغداد ، 1991 ، ص66 .

6. قارن : د. رمزي زكي ، مصدر سابق ، ص 77 .

7. B.N. Ghosh ,(ed) , Contemporary Issues in Development Economics, Routledge , London , New York 2001 ., P4 .

8. د . يحيى النجار و د. آمال شلاش ، مصدر سابق ، ص53 .

9. B. N . Ghosh ., op.cit., p XVII .

10. Ibid ., p119 .

الفصل الثالث

نظريات النمو الاقتصادي

Theories of Economic Growth

الفصل الثالث

نظريات النمو الاقتصادي (Theories of Economic Growth)

ان الكتابات بخصوص النمو الاقتصادي قديمة قدم الاقتصاد ذاته، فقد كان الاقتصاديون التقليديون (Classical) في القرنين الثامن عشر والتاسع عشر يكتبون في القوى التي تحدد التقدم للشعوب وذلك مع بداية عملية التصنيع في أوروبا. وقد ظهرت نظريات عديدة ومختلفة في مجال النمو الاقتصادي . وسوف نتعرض في هذا الفصل الى النظريات والمدارس الفكرية التي ركزت على عملية النمو ابتداءً من الاقتصاديين الكلاسيك ثم الكلاسيك المحدثون ثم نظرية النمو الكينزية كما قدمها نموذج (هارود - دومار) وما تلاها من نظريات أخرى. ولتحقيق هذا الهدف سوف نتناول الموضوعات الآتية :

1.3 نظرية النمو الكلاسيكية .

2.3 نظرية النمو الكلاسيكية المحدثة.

3.3 نظرية النمو الكينزية (نموذج هارود - دومار) .

4.3 نظرية النمو الجديدة (الداخلية) .

1.3 نظرية النمو الكلاسيكية .

مقدمة :

كانت نظريات النمو وتوزيع الدخل بين الأجور والأرباح الشغل الشاغل لكل الاقتصاديين الكلاسيك أمثال (Adam Smith) و (Ricardo) و(Malthus) و(Marx) وغيرهم.وقد استند التحليل الكلاسيكي على فرضيات عديدة أهمها الملكية الخاصة والمنافسة التامة وسيادة حالة الاستخدام الكامل (Full Employment) للموارد والحرية الفردية في ممارسة النشاط . واتجه الفكر الكلاسيكي للبحث عن

أسباب النمو طويل الأجل في الدخل القومي معتمداً على أسلوب التحليل الاقتصادي الجزئي (Micro Economic Analysis) . وقبل أن نستعرض الأفكار الأساسية لنظرية النمو الكلاسيكية من المفيد أن نتعرض إلى أفكار أبرز مفكري هذه المدرسة، والوقوف على بعض الاختلافات فيما بينهم رغم أنهم يتفقون على الخطوط العريضة والمشتركة لهذه المدرسة الفكرية .

1.1.3   آدم سميث (Adam Smith) . [1]

تمثل آراء (A. Smith) بداية التفكير الاقتصادي المنظم والمتصل منه بعملية النمو الاقتصادي بصورة خاصة . ويعتبر (Smith) بأن العمل مصدر لثروة الأمة، وتقسيم العمل هو وسيلة لزيادة انتاجية العمل وبالتالي ثروة الأمة. وقد اهتم سميث بتحديد العوامل التي تحقق النمو ، ومن أكبر مساهماته هي فكرة زيادة عوائد الانتاج المستندة الى ظاهرة تقسيم العمل (Division of Labour) والتخصص (Specialization). وتتحقق مزايا عديدة من جراء تقسيم العمل أهمها:

1. زيادة انتاجية العمل الناجمة عن زيادة مهارة العاملين .
2. زيادة الابتكارات الناجمة عن التخصص .
3. تناقص وقت العمل اللازم لإتمام العمليات الانتاجية .

فتقسيم العمل يولد وفورات خارجية (External Economies) وتحسن في مستوى التكنولوجيا والتي ينجم عنها تخفيض في تكاليف الانتاج وزيادة الطاقة الانتاجية. ولهذا فإن التخصص يسهل مهمة تراكم رأس المال واستخدام المكائن .

ويؤكد (Smith) أن نمو الانتاج ومستويات المعيشة يعتمدان على الاستثمار (Investment) وتراكم رأس المال Capital Accumulation ، وأن الاستثمار بدوره يعتمد على الادخار ، الذي ينجم عن الأرباح ، المتولدة من النشاط الصناعي والزراعي ومن تخصص العمل . وأن تقسيم العمل يعتمد على حجم السوق ، ومع تحسن وسائط النقل فإن حجم السوق يزداد ويصبح العمل أكثر تخصصاً وتحل

النقود محل المقايضة وتزداد الانتاجية. ومن جهة أخرى فإن حجم السوق بدوره يعتمد جزئياً على تقسيم العمل الذي يحدد معدل دخل الفرد. كما أن التجارة الخارجية تعتبر في نظر (Smith) أداة مهمة في توسيع السوق، وأن التجارة الحرة تقود الى توزيع كفء في الموارد ، وأن الأسواق التي تنظم نفسها بنفسها هي بمثابة اليد الخفية (Invisible Hand) التي تحوِّل المصالح الخاصة الى منافع اجتماعية. وفي نظر (Smith) فإن ثروة الأمة تزداد من خلال زيادة انتاجية العمل والمتأتيه من زيادة العوائد الناجمة عن تقسيم العمل .

ويعتبر (Smith) أن زيادة العوائد تسود في معظم النشاطات الصناعية . بينما أن انخفاض العوائد يخص النشاطات المعتمدة على الأراضي مثل الزراعة والمناجم ، لأن الأرض عامل ثابت من عوامل الانتاج .

ويعتقد (Smith) بأن التنمية الاقتصادية اذا بدأت تكون تدريجية وتراكمية، لكنه تصور تدهور الرأسمالية بسبب فناء الموارد وثبات عوائد الانتاج، وأن المنافسة فيما بين الرأسماليين سوف تقلل الأرباح ومن ثم تكوين رأس المال وينتهي تقدم المجتمعات . وبهذا يعتقد (Smith) بأن هناك حدوداً للتنمية الاقتصادية ، ولهذا فالركود الاقتصادي أمر حتمي. ذلك لأن انتاج الأرض والعمل يمكن زيادته من حيث القيمة من خلال أما زيادة كمية العمل المنتج أو زيادة طاقة العمل الانتاجية، وأن هذه الأخيرة يمكن أن تحدث أما بزيادة عدد العمال أو بزيادة رأس المال. أما زيادة عدد العمال فلا يمكن أن تحدث بشكل كبير إلا نتيجة لزيادة رأس المال، ولهذا فإن زيادة رأس المال ضرورة حتمية .

ويؤكد (Smith) أن الادخارات عامل مهم في تراكم رأس المال وأن هذا الأخير عامل مهم في النمو الاقتصادي ، ولهذا فإنه يؤكد على أهمية الادخارات وتراكم رأس المال، وأن نموذج (Smith) للتنمية يحركة رأس المال المولد من الأرباح الناجمة عن النشاط الصناعي. وأن الاستثمار يعتمد على معدل الربح فإذا

انخفض معدل الربح ينخفض الاستثمار . وافترض (Smith) أن كل الادخار يتم استثماره ولهذا لا يمكن حصول تراكم رأسمالي وتنمية دون وجود ادخارات .

2.1.3 ديفيد ريكاردو (David Ricardo) [2]

يعتبر ريكاردو من أبرز كتاب المدرسة الكلاسيكية، وقد ارتبط اسمه بالعديد من الآراء والأفكار منها الريع والأجور والتجارة الخارجية .

ويرى (Ricardo) أن الزراعة أهم القطاعات الاقتصادية لأنها تسهم في توفير الغذاء للسكان ، لكنها تخضع لقانون الغلة المتناقصة ، وأنه لم يعطي أهمية تذكر لدور التقدم التكنولوجي في التقليل من أثر ذلك. ولهذا فقد تنبأ بأن الاقتصادات الرأسمالية سوف تنتهي إلى حالة الركود والثبات (Stationary) بسبب تناقص العوائد في الزراعة .

ويعتبر توزيع الدخل العامل الحاسم المحدد لطبيعة النمو الاقتصادي عند (Ricardo)، والذي يحلل عملية النمو من خلال تقسيم المجتمع الى ثلاث مجموعات هي الرأسماليون والعمال الزراعيون وملاك الأراضي. فالرأسماليون دورهم مركزي في عملية التنمية والنمو إذ يوفرون رأس المال الثابت للإنتاج ويدفعون أجور العمال ويوفرون مستلزمات العمل ، ومن خلال اندفاعهم لتحقيق أقصى الربح يعملون على تكوين رأس المال والتوسع فيه وهذا يضمن تحقيق النمو. أما العمال الزراعيون فانهم الأغلبية من السكان ويعتمدون على الأجور ، وأن عددهم يتقرر تبعاً لمستوى الأجور (أجر الكفاف)، لأن زيادة الأجور تؤدي الى زيادة السكان وزيادة عرض العمل مما يخفض الأجور الى مستوى الكفاف. أما ملاك الأراضي فيحصلون على دخولهم عن طريق الريع لقاء استخدام الأراضي المملوكة لهم . فالأراضي الخصبة نادرة وأن زيادة السكان وتكوين رأس المال يؤدي الى ندرة الأراضي الخصبة مما يدفع لاستخدام الأراضي الأقل خصوبة، وهنا ينشأ

الريع (أي يتحول جزء من محصول الأرض الى الملاكين) لأنهم يطلبون ثمناً مقابل أرضهم الأكثر خصوبة .

إن الريع والربح يشكلان الإيراد الصافي والذي يعتبر مصدر عملية التكوين الرأسمالي. والنمو لا يتحقق إلا إذا أستخدم الإيراد الصافي لتوسيع عملية التكوين الرأسمالي. لكن ندرة الأراضي الخصبة تقود الى تحول في الحصص النسبية للمجموعات الثلاث، الأمر الذي يقلل من حصة الأرباح الى الحد الذي يؤدي الى توقف عملية النمو. إضافة الى أن زيادة السكان تؤدي الى ارتفاع الأجور النقدية لأن هذه الزيادة في السكان تؤدي الى ظهور قانون الغلة المتناقصة ونشوء الريع وزيادته، مما يؤدي الى ارتفاع تكاليف الانتاج الزراعي وارتفاع أسعار المنتجات الزراعية الأمر الذي يشجع المطالبة بزيادة الأجور النقدية، ويتم هذا على حساب الأرباح كحصة نسبية من الدخل . وهكذا فإن حصة الأرباح تنخفض مقابل زيادة حصة الريع والأجور في الدخل، الأمر الذي يؤدي الى انتهاء تراكم رأس المال، وأن أي شيء يخفض تراكم رأس المال يؤدي الى تخفيض النمو الاقتصادي.

3.1.3 روبرت مالثوس (Robert Malthus) [3]

إن أفكار وطروحات مالثوس ركزت على جانبين هما نظريته في السكان وتأكيده على أهمية الطلب الفعال بالنسبة للتنمية. ويعتبر مالثوس الاقتصادي الكلاسيكي الوحيد الذي يؤكد على أهمية الطلب في تحديد حجم الإنتاج ، فيما يؤكد الآخرون على العرض استناداً إلى قانون (Say) الذي يقول أن العرض يخلق الطلب .

ويرى مالثوس بأنه على الطلب الفعال أن ينمو بالتناسب مع امكانات الانتاج اذا أريد الحفاظ على مستوى الربحية ، لكنه ليس هناك ما يضمن ذلك . وقد ركز مالثوس على ادخار ملاك الأراضي وعدم التوازن بين عرض المدخرات وبين الاستثمار المخطط للرأسماليين، والذي يمكن أن يقلل الطلب على السلع وأن

انخفاض حجم الاستهلاك يعيق التنمية . وفي حالة زيادة حجم المدخرات لدى ملاك الأراضي عن حاجة الرأسماليين للإقتراض فيقترح مالثوس في حينها فرض ضرائب على ملاك الأراضي .

وبخصوص نظرية مالثوس في السكان فإنه ذكر بان هناك اتجاهاً ثابتاً للسكان أن يزداد بمعدل يفوق معدل نمو الغذاء، حيث يقول بأن السكان ينمو بمتواليه هندسية (1،2،4،8،16) فيما ينمو الغذاء بمتوالية عددية(1،2،3،4) الأمر الذي يؤدي الى زيادة السكان بما يتجاوز معدل زيادة الغذاء مما ينتج عنه مجاعات، وتناقص عوائد الزراعة والذي يجعل دخل الفرد يراوح عند مستوى الكفاف. ويؤكد مالثوس بأن نمو السكان يحبط مساعي النمو الاقتصادي ، وأن نمو الموارد في هذه الحالة يساهم في زيادة السكان وليس في زيادة رأس المال، ذلك لأن أي زيادة في دخل الفرد الناجمة عن التقدم التكنولوجي تقود الى زيادة المواليد والتي تقلل من معدل دخل الفرد وتعيده الى مستوى الكفاف .

ورغم أن تحليلات واستنتاجات مالثوس تقترب من الأوضاع السائدة في بعض مناطق أفريقيا وآسيا إلا أنه بشكل عام فإن التحليلات والنظرة المتشائمة عند مالثوس لم تتحقق على المستوى العالمي بسبب ظهور الوسائل الحديثة للسيطرة على حجم السكان من جهة ولأن انتاج الغذاء قد إزداد بمعدلات أعلى مما توقع مالثوس وأعلى من معدلات نمو السكان وذلك بسبب التقدم التكنولوجي المتحقق في الزراعة والذي عوض عن تناقص العوائد . وأخيراً فإن التقليل من أهمية وحجم التقدم التكنولوجي كان وراء التشاؤم في نظرة الاقتصاديين الكلاسيك .

4.1.3 كارل ماركس (Karl Marx)

كان كارل ماركس الاقتصادي الكلاسيكي الوحيد الذي تنبأ بإنهيار الرأسمالية . ويتفق جميع الاقتصاديين الكلاسيك بأن معدل الربح على رأس المال سوف ينخفض مع نمو الاقتصاد ، لكنهم اختلفوا على سبب انخفاضه. فبينما يرى

آدم سميث بأن انخفاض معدل الربح يعود الى المنافسة فيما بين الرأسماليين فإن ريكاردو يرى بأن مثل هذا الانخفاض يعود إلى تناقص العوائد للأرض، وأن الأرباح تُعتَصرْ من قبل الريع والأجور، الأمر الذي يقود الى حالة الثبات. أما ماركس فيؤكد على أن الاقتصاد لا يمكن أن ينمو الى الأبد، وأن النهاية لا تأتي بسبب حالة الثبات بل بسبب الأزمة التي ترافق حالة فائض الإنتاج (Overproduction) والاضطراب الاجتماعي.

ويرى ماركس بأن الأجور تتحدد بموجب الحد الأدنى لمستوى الكفاف (أي بتكلفه اعادة انتاج طبقة العمال بتعبير ماركس)، وأن فائض القيمة (Surplus Value) الذي يخلقه العامل، يمثل الفرق بين كمية انتاج العامل وبين الحد الأدنى لأجر العامل .

ومع تزايد معدل الكثافة الرأسمالية لتكنولوجيا الانتاج فإن حصة رأس المال الثابت تزداد وينخفض معها معدل الربح (الا إذا إرتفع فائض القيمة). ولم يرى ماركس أية مشكلة كبيرة طالما وجد فائض العمل (Surplus Labour) ليدفع الأجور للأسفل ، لكنه تنبأ بأنه مع حدوث التراكم الرأسمالي فإن ما يسميه بالجيش الاحتياطي للعمال (Reserved Army of Unemployed) سوف يختفي مما يدفع بالأجور الى الأعلى والأرباح الى الأسفل. إن رد فعل الراسماليين على ذلك أما بإبقاء الأجور منخفضة أو بإحلال رأس المال محل العمل. وبسبب الميل الطبيعي للرأسماليين الى تراكم رأس المال، واتجاههم الى إحلاله محل العمل، تنشأ مشكلة تتعلق بعدم قدرة العمال على استهلاك جميع السلع المنتجه، وبالتالي فإن فشل الطلب الفعال يدفع الرأسمالية الى الانهيار من جراء تناقضاتها الداخلية. وهكذا تنتقل السلطة الى الطبقة العاملة عن طريق الثورة العمالية، لأن أعداداً أقل فأقل من الناس ينتفعون من الرأسمالية وأن اعداداً اكبر فاكبر من العمال يرزحون تحت نير الفقر والبطالة وهكذا. تحل الاشتراكية محل الرأسمالية، حيث يستولي العمال على وسائل الانتاج والتوزيع والمبادلة وعلى السلطة .

وفي معرض تقييم البعض لآراء ماركس فإنهم يؤكدون بأن تحليلات ماركس تتضمن نظرة ثاقبة وقيمة لأداء الرأسمالية، إلا أن تنبؤاته بخصوص انهيار النظام الرأسمالي العالمي لم تتحقق وذلك لسببين: الأول أن زيادة الأجور النقدية الناجمة عن اختفاء فائض العمل لا يعني بالضرورة زيادة في الاجور الحقيقية، وأي زيادة في الأجور الحقيقية يمكن أن يعوضها زيادة في الانتاجية ، مما يترك معدل الربح دون تغيير. والثاني أن ماركس قلل من أهمية التقدم التكنولوجي في الصناعة (كما قلل بقية الاقتصاديين الكلاسيك من أهمية التقدم التكنولوجي في الزراعة) والذي يمكن أن يعادل أثر تناقص العوائد، ويؤثر على انتاجية العمل. والجدير بالذكر أن التقدم التكنولوجي يعني أنه ليس هناك تعارضاً بين الأجور الحقيقية وبين معدل الربح ، كلاهما يمكن أن يرتفع .[4]

5.1.3 نظرية النمو الكلاسيكية (Classical Theory of Growth)[5]

رغم الاختلاف في بعض الآراء فيما بين الاقتصاديين الكلاسيك لكن هناك آراء عديدة متفق عليها فيما بينهم بخصوص نظرية النمو الاقتصادي والتي سيتم التطرق اليها في أدناه .

حاول الاقتصاديون الكلاسيك اكتشاف أسباب النمو طويل الأجل في الدخل القومي والعملية التي تمكن النمو من أن يتحقق. ومن أبرز أفكار النظرية الكلاسيكية في مجال النمو الاقتصادي ما يأتي :

1. اعتقد الكلاسيك أن الانتاج هو داله لعدد من العوامل وهي العمل ، ورأس المال، والموارد الطبيعية، والتقدم التكنولوجي. والتغير في الانتاج (النمو) يتحقق عندما يحصل تغير في أحد هذه العوامل أو جميعها. واعتبر الكلاسيك أن الموارد الطبيعية (الأراضي الزراعية) ثابتة وأن بقية العوامل متغيرة. ولهذا فإن عملية الانتاج للأرض الزراعية تخضع لقانون تناقص الغلة. لكن صحة التحليل المذكور هي رهن بإفتراض ثبات الفن الانتاجي ورأس المال المستخدم .

واستناداً الى ما سبق اعتقد الكلاسيك بأن القوى الدافعة للنمو الاقتصادي تتمثل بتقدم الفن الانتاجي وعملية تكوين رأس المال (الاستثمار). وأن تكوين رأس المال يعتمد على الأرباح ، وأن التقدم التكنولوجي لا يتم إلا من خلال تكوين رأس المال . وعليه فإن الأرباح هي مصدر للتراكم الرأسمالي .

2. اعتقد الكلاسيك بوجود علاقة بين النمو السكاني والتراكم الرأسمالي [6] حيث أكدوا بأن تزايد التراكم الرأسمالي يؤدي الى تزايد حجم السكان ، وفي نفس الوقت فإن تزايد حجم السكان من شأنه أن يؤدي الى تخفيض تكوين رأس المال وكما يأتي:

أ. تأثير التراكم الرأسمالي على نمو السكان : إذ يرى الكلاسيك أن النمو السكاني يعتمد على عملية تكوين رأس المال عن طريق تأثير هذه العملية على الرصيد الكلي للأجور وذلك بإتجاه الزيادة ، وبالتالي زيادة معدل الأجر مما يزيد من حجم السكان .

ب. تأثير النمو السكاني على عملية تكوين رأس المال : إذ أن النمو السكاني يقود الى ظاهرة تناقص الغلة في الزراعة (بإفتراض ثبات الفن الانتاجي وثبات الارض) وهذا يعني ارتفاع تكلفة المنتجات الزراعية ومن ثم الأجور، وانخفاض الأرباح والادخارات، وبالتالي انخفاض تكوين رأس المال) .

ولا شك أن مدى تحقق ما جاءت به النظرية الكلاسيكية هو رهن بتحقق افتراضاتها، وهي افتراضات غير واقعية حالياً، كإفتراض وجود المنافسة التامة والاستخدام الكامل .

3. اتجاه الأرباح نحو الإنخفاض : إذ يقولون أن الأرباح لا تزداد بشكل مستمر بل تتجه الى الانخفاض عندما تشتد المنافسة لزيادة التراكم الرأسمالي ، والسبب طبقاً الى آدم سميث هو زيادة الأجور الناجمة عن المنافسة فيما بين الرأسماليين .

4. يعتقد الكلاسيك بأنه عند وجود السوق الحرة فإن اليد الخفية من شأنها أن تعظم الدخل القومي .

5. حالة الثبات : إذ أن كل مفكري النظرية الكلاسيكية يتصورون ظهور حالة الركود والثبات كنهاية لعملية التراكم الرأسمالي، وذلك بسبب ندرة الموارد الطبيعية والمنافسة فيما بين الرأسماليين .

6. الحاجة الى العوامل الاجتماعية والمؤسسية المواتيه للنمو: أكد الكلاسيك على الأهمية الكبيرة للبيئة الاجتماعية والمؤسسية المواتية للنمو، وهذه تشمل نظام إجتماعي إداري وحكومة مستقرة ومؤسسات تمويلية منظمة ونظام شرعي قانوني ونظام كفؤ للإنتاج وأوضاع إجتماعية مناسبة . وهناك حاجة لتحرير الناس من التقاليد القديمة والمواقف والخرافات وتحديد حجم العائلة .

والخلاصة النهائية هي أن الاقتصاديين الكلاسيك اعتبروا أن التراكم الرأسمالي هو السبب الرئيس للنمو، وأن الأرباح هي المصدر الوحيد للإدخار، وأن توسيع السوق هو عامل مساعد في توسيع الاقتصاد، كما أن وجود المؤسسات وكذلك المواقف والاوضاع الاجتماعية الملائمة هما شرطان ضروريان للتنمية الاقتصادية. واعتقدوا بأن النظام الرأسمالي محكوم عليه بالركود ومن أجل أن تحصل عملية النمو الاقتصادي أيدوا سياسة عدم التدخل في النشاط الاقتصادي من قبل الحكومة.

6.1.3 نقد النظرية الكلاسيكية للنمو

وجه البعض عدداً من الانتقادات في معرض تقييمهم للنظرية الكلاسيكية ونجمل أهم هذه الانتقادات بالآتي : [7]

1. الأرباح مصدر للإدخار : اعتبر الاقتصاديون الكلاسيك بأن الأرباح هي مصدر للإدخار وهذا يصح بالنسبة لبريطانيا في المرحلة البدائية للتنمية. لكن التجربة أشارت الى أن هناك مصادر غير الأرباح للإدخار ومنها إدخار الطبقة الوسطى وكذلك ادخار الحكومة والقطاع العام .

2. الادخارات تتوجه كلها للاستثمارات : يقول البعض بأنه ليس صحيحاً أن كل الادخار يتوجه نحو الاستثمار، وكما قال شومبيتر (Schumpeter) فإن الاستثمار يمكن أن يزيد على الإدخار من خلال الإئتمان المصرفي .

3. قوانين غير واقعية : أن النظرة التشاؤميه للأقتصاديين الكلاسيك والتي تؤكد على أن نهاية التطور الرأسمالي هي الركود استندت على قانون تناقص العوائد للأرض وعلى نظرية مالثوس في السكان، وقد قللوا من أهمية وامكانات التطور التكنولوجي في الحد من أثر تناقص العوائد. كما أن السكان لم ينمو بالمعدلات السريعة التي إفترضوها وأن نمو الانتاجية في الزراعة كان أسرع من معدلات نمو السكان. وعليه فإن استنتاج الاقتصاديين الكلاسيك حول الركود كان ضعيفاً.

4. سياسة التجارة الحرة ضعيفة : يشير البعض الى ضعف التحليل الاقتصادي في تأييد أطروحة التجارة الحرة ، وأن مؤسسات المنافسة التامة كانت غير ملائمة لأن المؤسسات أخذت تنمو وتتحول الى احتكارات. وقد واجه التفكير في السوق الحرة تغيراً جذرياً ، فليس هناك بلداً يكون فيه السوق هو السائد، فحتى في الولايات المتحدة الأمريكية فإن اختيارات السوق تُعدل من خلال الاختيار العام ومن خلال السياسات النقدية والمالية .

5. إهمال النظرية للقطاع العام : يؤكد البعض بأن النظرية فشلت في إدراك أهمية الدور الذي يلعبه القطاع العام في تعجيل التراكم الرأسمالي، وخاصة في البلدان النامية حيث لا يوجد المنظمون الصناعيون مما يفرض على الحكومة دوراً نشطاً كوكيل للتنمية في البلدان المذكورة .

6. أهمية محدودة للتكنولوجيا : افترضت النظرية بأن المعرفة الفنية معطاة وثابتة عبر الزمن، وبهذا فإنها فشلت في تصور أهمية التأثير الذي يتركه العلم والتكنولوجيا على التنمية الاقتصادية السريعة للبلدان المتقدمة حالياً .

7. تصورات خاطئة عن الأجور والأرباح: أظهرت التجربة العملية للنمو أن الأجور لم تبق عند مستوى الكفاف كما توقعت النظرية الكلاسيكية، بل كانت هناك زيادة مستمرة في الأجور ودون حصول إنخفاض في معدلات الأرباح.

وخلاصة القول فإن البعض يعتبر بأن النظرية الكلاسيكية تحتوي على الكثير من الأفكار التي تلقي الضوء على أسباب النمو الاقتصادي وعلى مشكلات التنمية لكنها كانت خاطئة حول حتمية الركود وحول سياسة الحرية " ودعه يعمل " (Laissez-Fair) فهناك القليل الذي يمكن أن يؤيد هذه السياسة وخصوصاً في البلدان النامية .

2.3   النظرية الكلاسيكية المحدثه [8]   (Neoclassical Theory)

في الثلث الأخير من القرن التاسع عشر (1870) تغير الموضوع المركزي للإقتصاد من نمو الثروة في الأمد الطويل الى دور التغير الحدي في التوزيع الكفء للموارد. وأصبح مفهوم المنفعة الحدية هو المفهوم الرئيس للإقتصاد الكلاسيكي المحدث والذي طوره كل من (Jevons) و (Menger) و (Walras) وقد عرفت هذه الأفكار بالمدرسة الحدية (Marginalist School). وقد ركز هؤلاء الاقتصاديون على دور الطلب المستند إلى المنفعة الحدية في تحديد قيمة السلع بدلاً من دور العرض المستند إلى نفقة الانتاج، كما زعم الاقتصاديون الكلاسيك. ثم جاء بعد ذلك (Alfred Marshall) والذي جمع كلاً من جانب الطلب وجانب العرض لتحديد التوازن والقيمة، كما أضاف الى أفكار هذه المدرسة العديد من الأفكار المهمة الأخرى لتتحول بعدها الى ما عرف بالنظرية الكلاسيكية المحدثه. حيث قدم (Marshall) أسلوب التوازن الجزئي كأداه للتحليل الاقتصادي، وكذلك استخدم فكرة التوازن في حالتي المنافسة التامة والاحتكار، وكذلك فكرة توزيع الدخل القومي بين الأجور والريع والأرباح والفائدة، إضافة الى إدخال عنصر الزمن في التحليل الاقتصادي وفكرة الوفورات الخارجية .

وكان للاكتشافات في الفنون الانتاجية والموارد الطبيعية في القرن التاسع عشر أثر كبير على الفكر الاقتصادي والذي ظهرت ملامحه بما يأتي :

1. تَحققْ معدل نمو مرتفع .
2. تَحققْ امكانات للنمو المستمر بإستخدام الفن الانتاجي المتقدم .
3. ارتفاع الأجور فوق مستوى الكفاف .
4. استمرار ارتفاع معدلات الأرباح.
5. ان الريع لم يمثل حصة متزايدة من الدخل القومي .
6. تضاؤل فرص الركود الاقتصادي .

ان معظم هذه الحقائق تتعارض مع ما توقعته المدرسة الكلاسيكية ، لذلك بدأت تظهر الأفكار الكلاسيكية المحدثه والتي تؤكد على :

1. الارتباط التقليدي بين توزيع الدخل وحجم الادخار في الاقتصاد أخذ يتلاشى .
2. أن حجم السكان لا يتغير مع التغير في الدخل الفردي .
3. ان التقدم التكنولوجي يزيد من مستوى تكوين رأس المال .
4. ان حجم السكان وحجم رأس المال ومستوى الفن الانتاجي، والتي تؤثر في معدل النمو، تتحدد بواسطة قوى ينظر لها أنها خارج مجال علم الاقتصاد .
5. التركيز على مشكلات الأجل القصير على عكس النظرية الكلاسيكية التي تركز على الأجل الطويل .
6. واستناداً الى ما سبق فإن نمط التنمية هو الذي يتحقق من خلال توزيع أكثر كفاءه لموارد معينة .

وتبرز عملية تكوين رأس المال (Capital Formation) في النظرية الكلاسيكية المحدثه كأحد أهم ما جاءت به هذه النظرية من حيث علاقة ذلك بالنمو الاقتصادي، حيث تم افتراض امكانية الإحلال (Substitution) بين رأس المال والعمل، وهذا يعني امكانية تكوين رأس المال دون أن تكون هناك ضرورة لزيادة العمل، وبذلك تحررت نظرية تكوين رأس المال من نظرية السكان .

وترى هذه النظرية ان تكوين رأس المال يعتمد على الادخار، وأن الادخار يتحدد من خلال سعر الفائدة ومستوى الدخل، في حين يتحدد الاستثمار بسعر الفائدة (بعلاقة عكسية) وبالانتاجية الحدية لرأس المال (Marginal Productivity of Capital). ومن العوامل الاخرى المشجعة لتوسيع الانتاج هي السكان والتكنولوجيا والتجارة الدولية. وأن التنمية عملية مستمرة تدريجية ومتناغمة وتراكمية .

وبخصوص النمو الاقتصادي فإن النظرية تتضمن ثلاثة أفكار رئيسية وهي:

1. في الأمد الطويل يتحدد معدل نمو الانتاج بمعدل نمو قوة العمل في الوحدات الكفوءة، أي بمعدل نمو قوة العمل زائداً معدل نمو انتاجية العمل، والمحدده خارج النموذج (exogenous) مثل معدل النمو الطبيعي عند (Harrod) ، وان معدل النمو مستقل عن معدل الادخار ومعدل الاستثمار. ويعود ذلك الى أن المعدل الأعلى للإدخار أو الاستثمار يتم تعويضه من قبل معدل   أعلى   لنسبة   رأس   المال   للناتج (K / Y) أو معدل أوطأ لانتاجيه رأس المال (V / K) ، وذلك بسبب الفرضية الكلاسيكية المحدثة الخاصة بتناقص عوائد رأس المال .

2. أن مستوى دخل الفرد يعتمد على معدل الادخار والاستثمار، ذلك لأن معدل دخل الفرد يتغير إيجابياً مع معدل الإدخار والاستثمار وسلبياً مع معدل نمو السكان.

3. عند وجود تفضيلات معطاة للإدخار (بالنسبة للإستهلاك) والتكنولوجيا (دالة الانتاج) لدى بلدان العالم، سوف تكون هناك علاقة سالبه لدى البلدان المذكورة فيما بين K/L و V/K بحيث أن البلدان الفقيرة التي تملك كميات قليلة من رأس المال للفرد تنمو أسرع من البلدان الغنية التي تملك كميات كبيرة من رأس المال للفرد، الأمر الذي يقود الى تلاقي (convergence) بين معدلات دخل الفرد ومستويات المعيشة فيما بين بلدان العالم المختلفة .

1.2.3 نظرية شومبيتر في النمو الاقتصادي [9] (Joseph Schompeter)

يعتبر شومبيتر من أبرز الكتاب في حقل النمو الاقتصادي والذي ضمَّن نظريته في النمو الاقتصادي في كتابه (نظرية في التنمية الاقتصادية في المانيا في عام 1911) والتنمية في نظر شومبيتر هي تغير تلقائي وغير مستمر في قنوات التدفق الدائري، والتي تغير من حالة التوازن التي كانت سائدة ، وأن هذه التنمية تحصل بشكل قفزات دون انسجام وهي فترات ازدهار يعقبها فترات كساد . ان اتجاه النمو عند شومبيتر ليس مستمراً بل يصل سريعاً الى حدوده وأن هذه الحدود هي عندما تكون بيئة الاستثمار الابتكاري غير مواتيه وذلك لسببين: الأول توسع الائتمان حتى يصل الى حدوده . والثاني هو مع توسع الانتاج يحدث فائض في السوق مما يخفض الأسعار والدخول النقديه مما يزيد من مخاطر الابتكار .

وقد أعطى شومبيتر دوراً مهماً للعوامل التنظيمية والفنية في عملية النمو الاقتصادي ، وركز على المنظم (Entrepreneur) واعتبره من أهم عناصر النمو: فالانتاج لديه داله للعمل ورأس المال والموارد الطبيعية والتنظيم والفن الانتاجي، ويمثل عنصر التنظيم مركز الصداره في التنمية فالمنظم هو المبتكر والمجدد (Innovator). والمبتكر عند شومبيتر ليس الرأسمالي بل المنظم الذي هو ليس رجلاً عادياً في قدراته الاداريه بل هو الشخص الذي يقدم شيئاً جديداً . والابتكار يتضمن عدة أشياء منها:

(1) تقديم منتج جديد.

(2) تقديم طريقه جديدة للإنتاج.

(3) الدخول الى سوق جديد .

(4) الحصول على مصدر جديد للمواد الخام .

(5) إقامة تنظيم جديد للصناعة يمثل حالة ابتكار .

ويؤكد شومبيتر بأن تقديم منتج جديد واجراء التحسينات المستمره في المنتجات القائمة هي التي تقود الى التنمية. والمنظم المبتكر يتحرك بدافع الرغبة لإيجاد مملكة تجارية خاصة به ولكي يثبت تفوقه وأنه يحصل على متعة الانجاز. ولكي يقوم المنظم بوظائفه فإنه يتطلب شيئين : الأول وجود المعرفه الفنيه لديه ليتمكن من انتاج منتجات جديدة والثاني القدره على التصرف بشأن عوامل الانتاج بواسطة الإئتمان .

وتتضمن عملية النمو لدى شومبيتر ثلاثة عناصر، هي الابتكار والمنظم والإئتمان المصرفي. فالبيئة الاجتماعية الملائمة لظهور المنظمين هي التي تزداد فيها حصة الأرباح على حصة الأجور في الدخل . وفي مجال تمويل الاستثمار أعطى شومبيتر أهمية كبيره للجهاز المصرفي ، حيث أن الاستثمار في الابتكار يمول من الجهاز المصرفي وليس من الادخارات، وهنا يختلف شومبيتر عن الكلاسيك المحدثين حيث أن هؤلاء يفترضون أن عرض النقد معطى، أي أنهم يعتقدون بأن النقد لا يلعب دوراً مستقلاً في المتغيرات العينية في الاقتصاد على عكس شومبيتر .

وقد ميّز شومبيتر بين نوعين من الإستثمار :

الأول الاستثمار التلقائي (autonomous) والذي يتحدد بعوامل مستقلة عن النشاط الاقتصادي.

والثاني الاستثمار التابع (induced) والذي يعتبر داله لحجم النشاط الاقتصادي. فالاستثمار التابع أو المحفز يتحدد بالربح والفائدة وحجم رأس المال القائم، وفي هذا يقترب شومبيتر من التحليل الكلاسيكي المحدث الذي يعتبر أن حجم الاستثمار يتحدد على أساس الموازنة بين الإيراد الحدي لإنتاجية رأس المال، والفائده على رأس المال . أما الاستثمار التلقائي فيعتبره شومبيتر المحدد الأساسي لعملية النمو في الأجل الطويل، ولا يرتبط بالتغيرات في النشاط الإقتصادي وإنما يتحدد بعملية الإبتكار والتجديد .

وبخصوص دور الأرباح عند شومبيتر فإنه يؤكد بأن المنظم يقوم بعملية الابتكار ليحصل على الأرباح، وهنا فإن مفهوم الأرباح هو تفوق حجم الفائض

(surplus) على التكاليف. وفي ظل التوازن التنافسي فإن سعر المنتج يساوي تكلفته الإنتاجية وليس هناك أرباح . وتنشأ الأرباح بسبب التغيرات الديناميكية الناجمة عن الإبتكار .

أما بخصوص آراء شومبيتر حول نهاية الرأسمالية فإنه يؤكد بأنه يمكن للرأسمالية أن تحافظ على نفسها طالما أن المنظمين يتصرفون كالفرسان والرواد. لكن هذه المواصفات يقوم بتدميرها النظام الرأسمالي نفسه والذي يستند على الموقف العقلاني. ولهذا فإن نهاية الرأسمالية في نظر شومبيتر يتم على يد ثلاثة قوى :

(1) إنهيار الوظيفة التنظيمية

(2) تحلل العائلة البرجوازيه .

(3) تحطم الإطار المؤسسي للمجتمع الرأسمالي .

ففي المراحل الأولية للرأسمالية فإن القوة الدافعة جاءت من المنظمين الذين جازفوا بالابتكار ولكنه في المراحل اللاحقة يتقلص دور الابتكار وأن التقدم التكنولوجي يصبح من شغل المتخصصين المدربين وأن سادة الأعمال الجدد هم المدراء والموظفون البيروقراطيون . وأخيراً فإن شومبيتر يؤكد بأن المنظم هو الذي يميل الى تحطيم الإطار المؤسسي للمجتمع الرأسمالي .

2.2.3 نقد لنظرية شومبيتر [10]

رغم أن بعض الكتاب يعربون عن إعجابهم بتحليلات شومبيتر للعملية الرأسماليه إلا أن القليل من الكتّاب يقبلون باستنتاجاته. ومن أهم الانتقادات الموجهه الى نظريته هي :

1. ان كل عملية النمو في نظرية شومبيتر تستند على المبتكر الذي يعتبره شخصاً مثالياً ، في حين أن وظيفة الإبتكار في الوقت الحاضر هي من مهام الصناعات ذاتها. ولهذا فإن نموذج شومبيتر يعتبر غير ملائم للواقع الحالي ، حيث تغير

المنظم، كما أن الصناعات الآن تقوم بالانفاق على البحوث والتطوير والتي لا تتضمن الكثير من المخاطر .

2. طبقاً لشومبيتر فإن التنمية الاقتصادية هي نتيجه لعملية دورية، في حين أن مثل هذه التقلبات ليست ضرورية للتنمية بل كما يقول (Nurkse) أن التنمية تعود الى التغيرات المستمرة.

3. في الوقت الذي يؤكد فيه شومبيتر على أن الابتكارات تمثل العامل الرئيسي للتنمية الاقتصادية إلا أن التنمية لا تعتمد فقط على الابتكارات بل تعتمد أيضاً على التغيرات الاقتصادية والاجتماعية .

4. يعطي شومبيتر أهمية كبيرة في نظريته الى الائتمان المصرفي ولكنه في الأمد الطويل وعندما تزداد الحاجه الى رأس المال بشكل كبير فإن الائتمان المصرفي لا يكفي بل هناك حاجه الى مصادر أخرى مثل إصدار الأسهم والقروض من أسواق رأس المال .

وفيما يخص مدى ملائمة تحليلات شومبيتر للبلدان النامية فإنها محدودة لأسباب عديدة أهمها :

1. أن نظرية شومبيتر تتلائم مع نظام اقتصادي - اجتماعي معين والذي كان سائداً في حينها في أوروبا الغربيه وأمريكا، أما في البلدان النامية فإن النظام الاقتصادي والاجتماعي يختلف تماماً، وأن متطلبات التنمية من البنى التحتية الاقتصادية والاجتماعية ليست متوفرة .

2. في البلدان النامية لا توجد الأعداد المطلوبة من المنظمين والذين تعتمد عليهم نظرية النمو عند شومبيتر .

3. من أجل البدء بعملية التنمية وجعلها مستدامه فإن البلدان النامية لا تحتاج الى الابتكار فقط بل تحتاج الى تشكيله من عوامل عديده مثل الهياكل التنظيمية والتطبيقات الادارية والعمل الماهر والقيم الملائمة والدوافع والمحفزات .

4. التأكيد التام لدى شومبيتر على الائتمان المصرفي يقلل من دور الادخارات والاستثمارات الحقيقية، كما يقلل من شأن وأهمية التمويل بالعجز السائد في البلدان النامية .

3.3   نظرية النمو الكينزيه (نموذج هارود – دومار)

لقد كان النمو الاقتصادي سريعاً ومنتظماً قبل الثلاثينات من القرن العشرين ولم تتخله أية مشكلات حتى جاء الركود الاقتصادي والذي سمي بالكساد العظيم خلال الفترة (1930-1939) والفترة التي تلت الحرب العالمية الثانية. لذلك بدأ الاهتمام بمسألة النمو الاقتصادي وذلك بسبب الثورة الكينزية في نظرية الدخل من جهه وبروز مشكلة الفقر بشكل واسع من جهة أخرى .

فقد انتقد كينز (Keynes) النظرية الكلاسيكية وقانون (Say)، وأكد بأن مستوى الطلب يمكن أن يحدث عند أي مستوى من الاستخدام والدخل وليس بالضروره عند مستوى الاستخدام الكامل. وتجدر الإشارة إلى ان مستوى الاستخدام عند كينز يتحدد من خلال الطلب الكلي، وأن المشكلات التي يمر بها النظام الرأسمالي لا تكمن في جانب العرض من السلع والخدمات بل تكمن في جانب الطلب الفعال Effective Demand . واعتبر كينز أن قصور الطلب هو جوهر المشكلة الرأسمالية، وأن الاستثمار هو داله لسعر الفائدة وأن الادخار هو داله للدخل. وأكد كينز بأن دالة الانتاج تعتمد على حجم العمل المستخدم (على اعتبار أن الاقتصاد يحتوي على طاقات انتاجية غير مستغلة) .

والنموذج الكينزي الأصلي يركز على القصور في الطلب ، ويؤشر إحتمال حصول توازن اقتصادي عند مستوى أقل من مستوى الاستخدام الكامل. وقد ركز كينز إهتمامه على الاستقرار الاقتصادي أكثر من اهتمامه بالنمو، وتعامل نموذجه مع تحديد مستوى الدخل في المدى القصير جداً. وبموجب التحليل الكينزي فإن

توازن الدخل والانتاج (في الاقتصاد المغلق) هو عندما يتساوى الاستثمار المخطط مع الادخار المخطط .

نموذج هارود - دومار (نموذج ما بعد كينز) [11]

يعتبر نموذج (Harrod - Domar) توسعه ديناميكية لتحليلات التوازن الكينزيه (الستاتيكيه)، ويستند هذا النموذج على تجربة البلدان المتقدمة، ويبحث في متطلبات النمو المستقر في هذه البلدان . وقد توصل النموذج الى استنتاج مفاده أن للإستثمار دوراً رئيسياً في عملية النمو. وقد طرح (Harrod) السؤال التالي: إذا كان التغير في الدخل يحفز الاستثمار (المعجل) فما هو معدل نمو الدخل لكي يتساوى الادخار والاستثمار المخططين لكي يتم تأمين التوازن المتحرك في اقتصاد ينمو مع الزمن؟. وبعبارة أخرى هل يمكن للإقتصاد أن ينمو بمعدل مستقر الى الأبد ؟ .

ومن جهة أخرى بحث دومار (Domar) الظروف التي يمكن أن تجعل الاقتصاد الذي ينمو أن يحافظ على حالة الاستخدام الكامل؟

وقد ركز نموذج (هارود – دومار) على النظرية الديناميكية وعلى العلاقة بين الادخارات والاستثمارات والناتج . ويوضح النموذج العلاقة بين النمو والبطالة في المجتمعات الرأسمالية ، إلا أن هذا النموذج قد إتخذ بشكل مكثف في البلدان النامية كوسيلة مبسطة للنظر في العلاقة بين النمو ومتطلبات رأس المال . ويؤكد النموذج بأنه للحفاظ على مستوى توازن الدخل الذي يضمن الاستخدام الكامل من سنة لأخرى، من الضروري أن ينمو الدخل الحقيقي والانتاج بنفس المعدل الذي بموجبه تتوسع الطاقة الانتاجية لخزين رأس المال . ويستند النموذج على عدد من الافتراضات أهمها: (1) ابتداءً هناك توازن الاستخدام الكامل. (2) الاقتصاد مغلق. (3) أن الميل المتوسط للإدخار يساوي الميل الحدي للإدخار. (4) أن الميل الحدي للإدخار يبقى ثابتاً. (5) وأن معدل رأس المال الناتج (K/Y) يبقى ثابتاً. (6) أن

المستوى العام للأسعار يبقى ثابتاً. (7) ان الأسعار تبقى ثابتة وكذلك أسعار الفائدة. ان هذه الفرضيات ليست ضرورية للحل ولكنها لتبسيط التحليل .

والافتراض الأساسي للنموذج هو أن الانتاج يعتمد على كمية رأس المال (K) المستثمر في الوحدة الإنتاجية، وأن معدل النمو في الناتج ($\Delta Y/Y$) يعتمد على الميل الحدي للإدخار(Marginal Propensity to Save MPS) ورمزها $\left(\dfrac{\Delta S}{\Delta Y}\right)$ وكذلك معامل رأس المال/ الناتج (Capital Output Ratio) ورمزها (K/Y). وبإفتراض تساوي الميل الحدي للإدخار مع الميل المتوسط للإدخار، أي :

$$\frac{\Delta S}{\Delta Y} = \frac{S}{Y} = s$$

حيث أن (s) هي معدل الادخار .

وفي حالة التوازن فإن الإدخار يساوي الاستثمار أي : S= I

وبذلك فإن : i= I/Y

حيث(i) هي معدل الاستثمار . وأن الاستثمار (I) هو التغير الذي يحصل في خزين رأس المال أي أن : $I = \Delta K$

والمعامل الحدي لرأس المال/الناتج (Incremental Capital Output Ratio) يساوي (k) أي أن:

$$\frac{\Delta K}{\Delta Y} = k \equiv \frac{I}{\Delta Y}$$

ومن المعادلة الأخيرة نحصل على:

$$\Delta Y = \frac{I}{K}$$

وبقسمة طرفي المعادلة على Y نحصل على :

$$\frac{\Delta Y}{Y} = \frac{I/Y}{K}$$

وعليه فإن معدل النمو في الناتج يساوي معدل الاستثمار (أو معدل الإدخار) مقسوماً على المعامل الحدي لرأس المال / الناتج .

ويمكن إعادة صياغة المعادلة بالشكل التالي :

$$g = \frac{s}{k}$$

حيث أن g = تمثل معدل نمو الناتج

s= معدل الإدخار

k= المعامل الحدي لرأس المال / الناتج

وهذه هي المعادلة الأساسية التي توصل إليها النموذج والتي تقول أن معدل نمو الناتج يساوي معدل الادخار مقسوم على المعامل الحدي لرأس المال / الناتج. ومن المعادلة المذكورة فإن معدل الإدخار يساوي حاصل ضرب المعامل الحدي لرأس المال / الناتج ومعدل نمو الناتج ، إذا كان على النمو أن يكون مستقراً . ومن هنا فإن معدل النمو يمكن أن يزداد أما من خلال رفع نسبة الادخارات في الدخل القومي ، أو بتخفيض معامل رأس المال/ الناتج (اي زيادة الكفاءه الانتاجية لرأس المال) .

ومن جملة الانتقادات التي وجهت الى النموذج هي أن بعض الاستنتاجات تعتمد على الفرضيات التي جاء بها النموذج ، والتي تجعله غير واقعي وكما يأتي:

1. أن فرضية ثبات الميل الحدي للإدخار ($\Delta S / \Delta Y$) ومعدل رأس المال الناتج (k/y) غير واقعية، حيث يمكن أن يتغيرا في الأمد الطويل الأمر الذي يؤدي الى تغير متطلبات النمو المستقر .

2. كما أن فرضية ثبات نسب استخدام كل من رأس المال والعمل غير مقبولة وذلك بسبب امكانية الاحلال فيما بينهما وتأثيرات التقدم التقني .

3. أن النموذج لم يهتم بإحتمال تغير مستوى الأسعار أو أسعار الفائدة .

4. أن فرضية المساواة فيما بين معامل رأس المال الناتج (K/Y) والمعامل الحدي لرأس المال الناتج ($\Delta K / \Delta Y$) غير واقعية، وخصوصاً اذا دخل رأس المال مرحلة تناقص العوائد .

ومن حيث ملائمة النموذج للبلدان النامية فيعتبر النموذج غير ملائم للأسباب الآتية :

1. اختلاف الظروف فيما بين البلدان النامية والبلدان المتقدمة، حيث أن النموذج يهدف الى منع البلد المتقدم من الدخول في حالة ركود طويل الأمد ولا يهدف لتطبيق برامج التصنيع في البلدان النامية .
2. ان مثل هذه النماذج تتصف بإرتفاع معدل الإدخار ومعدل رأس المال الناتج بينما أن الوضع يختلف في البلدان النامية حيث تتمثل هذه المعدلات بالانخفاض.
3. أن النموذج يبدأ من حالة توازن الاستخدام الكامل في حين أن هذا غير موجود في البلدان النامية .
4. النموذج بفترض عدم تدخل الحكومة في النشاط الاقتصادي وهذا لا ينطبق على البلدان النامية .
5. النموذج يفترض اقتصاداً مغلقاً في حين أن الاقتصاد النامي يكون عادة مفتوحاً.
6. يفترض النموذج ثبات الأسعار في حين أن الاسعار تتغير في البلدان النامية .
7. وحيث أن الفرضيات التي يستند عليها النموذج غير واقعية فإن استخدامات النموذج محدودة التطبيق في البلدان النامية .

وأخيراً من الضروري الإشارة هنا الى أن إحدى خصائص النموذج الأساسية، والذي تعرض بسببها الى انتقادات في السنوات الأخيرة من قبل نظرية النمو الجديدة (New Growth Theory) هي تأكيده بأن الاستثمار لا يؤثر بالنسبة للنمو طويل الأمد . لأن أي زيادة في معدل الإدخار أو الاستثمار يتم تعويضها من خلال الزيادة في معامل رأس المال الناتج (k/y) ، تاركاً معدل النمو طويل الأمد دون تغيير . ان هذه الفكرة تعتمد على انخفاض انتاجية رأس المال عند حصول

زيادة في معامل رأس المال الناتج . لكن هذه الفكرة ترفضها نظرية النمو الجديدة، التي تقول بأنه إذا كانت هناك آليات تمنع الانخفاض في انتاجية رأس المال عند تزايد الاستثمارات فإن هذه الاستثمارات تؤثر في النمو طويل الأمد وبالتالي فإن النمو يصبح داخلياً . وسوف ننتقل الى هذه النظرية في أدناه .

4.2 نظرية النمو الجديدة (الداخلية) [12]

(New Growth Theory (Endogenous))

مقدمة :

ان الأداء الضعيف للنظريات الكلاسيكية المحدثة (النيوكلاسيكية) في القاء الضوء على مصادر النمو طويل الأمد قد قاد الى عدم الرضا عن تلك النظريات، والتي تؤكد على أنه هناك خاصيه في الاقتصادات المختلفة تجعلها تنمو لفترات طويلة. وفي غياب الصدمات الخارجية أو التغير التكنولوجي فإن كل هذه الاقتصادات سوف تصل الى توقف النمو (Zero Growth) ، وعليه فليس هناك غرابة بأن هذه النظرية فشلت في اعطاء تفسير مقنع للنمو التاريخي المستمر في الاقتصادات المختلفة في العالم .

ان أي زيادة في الناتج القومي الإجمالي التي لا يمكن ارجاعها الى التكيفات قصيرة الأمد في خزين رأس المال أو العمل إنما تعود الى مجموعة ثالثة من العوامل تُعرف بمتبقي سولو (Solow Residual). والنظرية الكلاسيكية المحدثة ترجع معظم النمو الاقتصادي الى عمليات خارجية مستقلة للتقدم التكنولوجي. وقد ازدادت المعارضه لنماذج الكلاسيكية المحدثة في نهاية الثمانينات وبداية التسعينات، ولم تفلح هذه النظريه في تفسير التباعد أو الاختلافات (Divergence) الكبيره في الأداء الاقتصادي فيما بين البلدان المختلفة، الأمر الذي دفع الى ظهور نظرية جديدة هي نظرية النمو الجديدة (الداخلية) .

ان نظرية النمو الجديدة توفر إطاراً نظرياً لتحليل النمو الداخلي، النمو المستمر للناتج الذي يتحدد من قبل النظام الخاص بعملية الانتاج. ان الدوافع الأساسية لنظرية النمو الجديدة هي تفسير الاختلافات الحاصلة في معدلات النمو فيما بين البلدان المختلفة وكذلك تفسير الجزء الأعظم من النمو المتحقق. وبإختصار فإن منظري النمو الداخلي يحاولون تفسير العوامل المحددة لمعدل نمو الناتج المحلي والذي لم يتم تفسيره والذي يتحدد خارجياً في معادلة النمو لدى (Solow) والذي يعرف بمتبقي (Solow)، وبإفتراضهم بأن الاستثمارات الخاصة والعامة في رأس المال البشري والتي تولد وفورات خارجية وتحسن في الانتاجية، تعوض التوجه الطبيعي لتناقص العوائد .

ومنذ منتصف الثمانينات ظهرت كتابات عديدة تفسر الفروقات بين معدلات النمو في الانتاج ومستوى دخل الفرد فيما بين البلدان المختلفة مدفوعة بما سمي بالنظرية الجديدة (أو الداخلية) للنمو. فالدراسات التي ظهرت مثل دراسة (Baumal) عام 1986 ، لم تجد أي أثر للالتقاء (Convergence) لمعدلات دخول الأفراد فيما بين بلدان العالم المختلفة (المتقدمة والنامية) كما تنبأت به النظرية الكلاسيكية المحدثه والمستندة الى فرضية تناقص عوائد رأس المال، والتي تقود الى نموأسرع في البلدان الفقيرة مما تحققه البلدان الغنية المتقدمة . وعليه فإن ظاهرة عدم إلتقاء معدلات دخول الأفراد فيما بين بلدان العالم المختلفة هي التي ألهمت تطوير النظرية الجديدة ، والتي تلغي الفرضية المتعلقة بتناقص عوائد رأس المال. وقد تبين بأنه في فرضية ثبات العوائد أو تزايد العوائد لا يحدث تقارب في معدلات دخول الأفراد فيما بين البلدان . وفي حالة عدم وجود حالة تناقص العوائد على رأس المال فإن الاستثمار يكون مهماً جداً للنمو طويل الأمد ، وأن مثل هذا النمو يكون داخلياً .

وقد ابتدأ هذه النماذج الاقتصاديان (R.Lucus) في1988 و(Paul Romer) في 1986. ويفترض نموذج نظرية النمو الجديدة وجود وفورات خارجية مترافقة

مع تكوين رأس المال البشري والتي تمنع الناتج الحدي لرأس المال من الانخفاض (أو معامل راس المال الناتج من الارتفاع). ان أول اختبار للنظرية الجديدة هو التأكد فيما إذا كانت البلدان الفقيره تنمو بمعدلات أسرع من البلدان الغنية، أو بعبارة أخرى فيما إذا كانت هناك علاقة سالبة بين نمو الانتاج وبين المستوى الأولي لمعدل دخل الفرد. فإذا وجدت مثل هذه العلاقة فإنها تشكل تأييداً للنموذج الكلاسيكي المحدث، وبعكسه فإنها تؤيد النظرية الجديدة للنمو التي تقول بأن الانتاجية الحدية لرأس المال لا تميل الى الانخفاض. وقد تم اختبار نموذج الانحدار البسيط (Simple Regression Model) لتقدير المعادلة الآتية : gi = a+b$_1$ (PCY)

حيث أن gi = معدل نمو الانتاج للفرد بالنسبة للبلد (i) لعدد من السنوات و(PCY) يمثل المستوى الأولي من معدل دخل الفرد ، فإذا وجد بأن المعامل (b$_1$) معنوي وسالب فإنه سيكون دليلاً على الالتقاء الذي يفترضه النموذج الكلاسيكي المحدث، أي أن البلدان الفقيرة تنمو بأسرع من البلدان الغنية. إلا أن الدراسات لم تثبت وجود الالتقاء، حيث أن المعامل المذكور كان معنوياً وموجباً، مما يشير الى حالة عدم الالتقاء والتباعد، أي أن البلدان الغنية تستمر بالنمو بمعدلات أسرع من معدلات نمو البلدان الفقيرة .

ويتعزز موقف النظرية الجديدة اذا وجدنا بأن التعليم وكذلك البحث والتطوير (R&D) يمنعان أنتاجية رأس المال الحديه من الأنخفاض ، مما ينتج عنه افتراق حقيقي فيما بين أداء اقتصادات البلدان المختلفة .

وقبل القفز الى الاستنتاج برفض النموذج الكلاسيكي المحدث يجب أن نتذكر بأن استنتاج النموذج المذكور حول الالتقاء يفترض بأن معدل الإدخار ومعدل الاستثمار ومعدل نمو السكان والتكنولوجيا وكل العوامل التي تؤثر على انتاجية العمل متساويه فيما بين بلدان العالم . وحيث أن مثل هذه الفرضيات ليست صحيحة فلا يمكن أن يكون هناك إلتقاء غير مشروط (حتى ولو كان هناك تناقص العوائد لراس المال)، بل يمكن أن يكون هناك التقاءً مشروطاً إذا افترضنا ثبات كل

العوامل المؤثره في نمو معدل دخل الفرد بما فيها نمو السكان (P) ومعدل الاستثمار (I/Y) ومتغيرات تؤثر في انتاجية العمل مثل التعليم (ED) والبحوث والتطوير (R&D) والتجاره (T) وكذلك متغير غير إقتصادي مثل الاستقرار السياسي (PS) . وإذا وجدنا من تقدير المعادلة المذكورة أعلاه (مضافاً اليها المتغيرات الاضافية المذكورة) بأن إشارة المعامل (b_1) سالبة فإنها تؤكد فرضية النموذج الكلاسيكي المحدث . أي سوف يكون هناك التقاء لمعدلات النمو في البلدان الغنية والبلدان الفقيرة. وبعكسه، إذا كانت إشارة المعامل موجبة فسوف يكون هناك إختلاف في معدلات النمو في البلدان المختلفة، وسوف تتأيد نظرية النمو الجديدة، أي أن المتغيرات العديدة المذكورة أعلاه تكون مؤثره وأنها هي التي تمنع الانتاجية الحدية لرأس المال من الانخفاض .

وقد أشار (N.Kaldor) الى حقيقة أنه رغم استمرار تراكم رأس المال وزيادة مقدار راس المال للفرد خلال الزمن فإن معامل رأس المال الناتج (k/y) يبقى ثابتاً مما يعني ثبات عوائد رأس المال. ويكمن تفسير (kaldor) في تأثير الابتكار (innovation) لدالة التقدم التكنولوجي والتي تربط بين معدل نمو الانتاج للفرد ومعدل نمو رأس المال للفرد.

نقد النظرية الداخلية .

واجهت النظرية الجديدة (الداخلية) بعض الانتقادات وأهمها ما يأتي :
ان أحد أهم عيوبها هي أنها تعتمد على عدد من الفرضيات التقليدية للنيوكلاسيكية والتي تعتبر غير ملائمة للبلدان النامية. وأن النمو الاقتصادي في البلدان النامية غالباً ما يُعاق من خلال عدم الكفاءة الناجمة عن البنى الارتكازية الضعيفة والهياكل المؤسسيه غير الكافية وأسواق رأس المال والسلع غير الكاملة (imperfect). وبسبب إهمال هذه النظرية لهذه العوامل المؤثره فإن إمكانية تطبيقها لدراسة التنمية الاقتصادية تكون محدودة وخاصة عند مقارنة بلد ببلد آخر. والدراسات التطبيقية للقيمة التنبؤيه لنظريات النمو الداخليه لم تحصل على تأييد كبير وواسع .

وختاماً ورغم أن هذه النظريه لا تزال في مراحلها التكوينيه فإنها مع ذلك تساهم في توفير فهم أفضل لاختلافات النمو طويل الأمد في تجربة البلدان المتقدمة والنامية من خلال التركيز على المصادر الرئيسية للنمو الاقتصادي الداخلي . [13]

هوامش الفصل الثالث

1. قارن في ذلك :

- A.P. Thiswall ., op. cit., pp 83- 86

- R . Peet with E Hart wick ., Thearies of Development , 1999 , The Guildford pres . pp 25-26   .

- Rathindra P. Sen ., Development Theories and Growth Models, 1995 , S Chard & Co .

- A.N.Agrawal ., Economics of Develepment and planning ., kundar Lal , Second Edition, 1993 , pp (9.1 - 9. 12) .

2- A. P. Thirwall, op.cit., pp 87-88 .

- R. P. Sen., op.cit.

3. قارن :

- A.P. Thirwall ., op.cit., pp 86-87 .

- A. N. Agrawal., op.cit., p. 9.3

4- A.P. Thirwall, op.cit., pp 88-89 .

5. قارن :

- M. L. Jhingan ., op . cit ., pp 92 - 94

- A.N. Agrawal ., op . cit ., pp (9.8 - 9.12).

6. لقد استند تحليلهم للعلاقة بين نمو السكان والتراكم الرأسمالي على عدد من الفرضيات :

- اعتبروا أن نمو السكان مرادف لنمو القوة العاملة .

- افترضوا وجود حالة الاستخدام الكامل للقوة العاملة .

- اعتبروا أن نمو السكان يعتمد على الارتفـاع في مسـتوى الاجـور الحقيقيـه فـوق مسـتوى الكفاف .

7- A.N. Agrawal ., op . cit ., pp (9.10 - 9.12) .

- M.L. Jhingan ., op .cit ., pp 93 - 94 .

8. قارن في ذلك :

- A. P. Thirwall ., op . cit ., pp 94 - 97 .

- A. N. Agrawal ., op . cit ., pp (14.1- 14.11).

9- M.L. Jhingan., op . cit ., pp (105 - 110).

- A.N. Agrawal ., op . cit ., pp (15.1 - 15.8) .

10- M.L. Jhingal ., op . cit ., pp (110- 112) .

11. قارن :

- A.P . Thirwall ., op . cit ., pp (89-92)

- R. Peet ., op . cit ., pp 93- 40 .

- R. P. Sen ., op . cit ., p 7 .

وكذلك د. سالم توفيـق النجفـي و د. محمـد صـالح تركي القريشي ـ، مقدمـة في اقتصـاد التنمية ، جامعة الموصل ، 1988 .

12. للمزيد من التفاصيل راجع :

- A. P. Thirwall ., op . cit., pp 115-118 .

- M. Todaro ., op . cit., pp 99- 103 .

13-M. Todaro ., ibid ., p 102 .

الفصل الرابع

نظريات التنمية الاقتصادية

Theories of Economic Development

الفصل الرابع
نظريات التنمية الاقتصادية

من المعلوم أن التنمية ليست ظاهرة اقتصادية فحسب، بل أن لها أبعاداً مختلفة، حيث تتضمن أحداث تغيرات جذرية في الهياكل الاقتصادية والمؤسسية والاجتماعية والإدارية وكذلك في المواقف الشعبية (Peoples Attitudes) والعادات والتقاليد . وأن عملية شاملة مثل هذه لا يمكن أن تتم بشكل تلقائي بل يجب أن تكون عملية إرادية مخططة تعمل على إزالة جميع العقبات التي تقف بوجه التنمية. ولابد من وجود إطار إقتصادي نظري تستند عليه السياسات الاقتصادية التي ترسمها وتطبقها الدولة .

ويحتوي الفكر الاقتصادي على مجموعتين من النظريات : الأولى تتحدث عن النمو وتحقيق الاستقرار الاقتصادي في البلدان المتقدمة ، وقد تم التطرق الى العديد من هذه النظريات في الفصل السابق ، أما الثانية فإنها تبحث في ظروف تحقيق التنمية الاقتصادية في البلدان المتخلفة اقتصادياً ، وقد ظهرت العديد من النظريات التي تعالج قضايا التنمية الاقتصادية في البلدان والمناطق المتخلفة اقتصادياً والتي نتناولها في هذا الفصل. ولتحقيق هذا الهدف نتناول النظريات التنموية الآتية :

1.4 نظرية الدفعة القوية .

2.4 نظرية النمو المتوازن .

3.4 نظرية النمو غير المتوازن .

4.4 نظرية أقطاب (مراكز) النمو .

5.4 نظرية التغير الهيكلي وأنماط التنمية .

6.4 نظرية مراحل النمو (لـ روستو) .

7.4 نظرية التبعية الدولية.

1.4 نظرية الدفعة القوية [1] (Big Push Theory)

ان صاحب هذه النظرية هو (Rosentein Rodan) الذي يؤكد على القيود المفروضة على التنمية في البلدان المتخلفة ، وفي مقدمة هذه القيود ضيق حجم السوق . ولهذا فإن التقدم خطوة خطوة في نظر (Rodan) لن يكون له تأثير فاعل في توسيع السوق وكسر الحواجز والقيود وكسر الحلقة المفرغة للفقر التي تعيشها البلدان المتخلفه ، بل يتطلب الأمر حداً أدنى من الجهد الإنمائي ليتسنى للإقتصاد الإنطلاق من مرحلة الركود إلى مرحلة النمو الذاتي. وهذا يعني حداً أدنى من الاستثمار والتي يسميها (Rodan) بالدفعة القوية، والتي قدرها بنحو 13.2 بالمائة من الدخل القومي خلال السنوات الخمس الأولى من التنمية ثم ترتفع تدريجياً. وللتدليل على أثر الدفعة القوية في التغلب على حالة الجمود يُشبّه بعض الكتاب الاقتصاد المتخلف بالطائرة التي تحتاج الى دفعة قوية لكي تبدأ بالطيران .

وينطلق (Rodan) في تبريره للدفعة القوية من فرضية أساسية مفادها أن التصنيع هو سبيل التنمية في البلدان المتخلفة، ومجال لاستيعاب فائض العمالة المتعطلة جزئياً أو كلياً في القطاع الزراعي، على أن تبدأ عملية التصنيع بشكل دفعة قوية من خلال توظيف حجم ضخم من الاستثمارات في بناء مرافق رأس المال الاجتماعي (Social Overhead Capital) من طرق ومواصلات ووسائل نقل وقوى محركه وتدريب القوى العاملة، وهذه مشروعات ضخمه غير قابله للتجزأه (Indivisible) من شأنها أن تخلق وفورات اقتصادية خارجية (external economies) تتمثل في توفير خدمات انتاجية بتكلفه منخفضة ضرورية لقيام مشروعات صناعية ما كانت تنشأ دون توفر هذه الخدمات . واضافة الى ذلك يتعين أيضاً توجيه حجم ضخم من الاستثمارات في انشاء جبهه عريضه من صناعات تتكامل مشروعاتها لتحقيق التشابك الأفقي والرأسي، الأمر الذي يساعد على تخفيض تكاليف الإنتاج. ويقترح (Rodan) أن تتركز الاستثمارات في جبهه عريضة من الصناعات الاستهلاكية الخفيفة بحيث تدعم بعضها بعضاً ويكسبها

الجدوى الاقتصادية لاقامتها في آن واحد، مع مراعاة التوازن بين مشروعات البنية التحتية وبين الصناعات الاستهلاكية الى جانب ضرورة الاستفادة من اجتذاب رؤوس الأموال الأجنبية واستيراد السلع الإنتاجية .

ويؤكد الاقتصاديون المؤيدون لفكرة الدفعة القوية بأن الاستثمار على نطاق واسع سوف يؤدي الى حصول زيادة سريعة في الدخل القومي ومن ثم زيادة في الميل الحدي للإدخار، وبالتالي إرتفاع حجم الإدخار مع تصاعد في مسار التقدم الاقتصادي وزيادة الاعتماد على المواد المحلية. ويرى (Rodan) أن يكون للدولة دور بارز في عملية التخطيط وتنفيذ مشروعات التصنيع . فالسوق المحلية الضيقة والمحدودة لا تحفز المستثمر الخاص على الاستمار في مشروعات صناعية تستخدم تكنولوجيا حديثه ذات طاقه إنتاجية كبيرة. كما أن المستثمر الخاص يبحث عن الربح الخاص (private profit) وليس الربح الاجتماعي (social profit)، وأن تدخل الدولة ضروري لضمان توفير الموارد المحلية.

ويبرر (Rodan) تبني الدفعة القوية بتحقق الوفورات الخارجية، الناجمة عن برنامج الاستثمار الضخم في كل من مشروعات البنية التحتية ومشروعات رأس المال الانتاجي المباشر (Direct Productive Capital). إن مثل هذه الوفورات تنتج عن ظاهرة عدم التجزأة والتي تعني أن رأس المال غير قابل للتجزأه وبالتالي فإن الانتاج ذي الحجم الكبير من شأنه أن يستغل ويستثمر رأس المال بشكل أكثر كفاءة من الانتاج ذي الحجم الصغير. ويفرق (Rodan) بين ثلاثة أنواع من عدم التجزأه والتي ينجم عنها وفورات خارجية :

1. عدم التجزأه في دالة الإنتاج :

وتمثل عدم التجزأه في المستلزمات والإنتاج أو العمليات التصنيعيه والتي تقود الى زيادة العوائد . وأهم مثال لعدم التجزأه هو رأس المال الاجتماعي والذي يشتمل على صناعات أساسية مثل الطاقه والنقل والإتصالات والتي لها فترة نضج

طويلة (gestation period). إن تأسيس مثل هذه المشروعات يتطلب قدراً كبيراً من رأس المال .

2. عدم التجزأه في الطلب :

ان ظاهرة عدم التجزأه في الطلب المكمل تتطلب إقامة الصناعات المعتمدة على بعضها في البلدان المتخلفة مما يساعد على تأمين الطلب لكل هذه الصناعات إعتماداً على بعضها البعض .

3. عدم التجزأه في جانب العرض للمدخرات :

ان الحجم الكبير من الاستثمارات يتطلب قدراً كبيراً من المدخرات ، وهذا ما قد لا يتوفر لدى هذه البلدان ذات الدخل الفردي المنخفض . ويمكن التغلب على هذه المشكلة في حالة كون الميل الحدي للإدخار أعلى من الميل المتوسط للإدخار.

نقد نظرية الدفعة القوية :

من الطبيعي أن يكون لكل نظرية مؤيدون ومعارضون. ومن جملة الانتقادات التي وجهت لهذه النظرية ما يأتي :

1. تتطلب الدفعه القوية رؤوس أموال ضخمه لإقامة القاعدة الصناعية الضرورية، وهي مشكله بالنسبه للبلدان النامية التي لا تتوفر لديها مثل هذه الموارد .

2. كما تحتاج الدفعة القوية الى كوادر كثيرة ومتنوعة، إقتصادية وإدارية ومحاسبية وهندسية والتي لا تتوفر في مثل هذه البلدان المتخلفة .

3. أكدت هذه النظرية على تنمية الصناعة دون التأكيد على تنمية الزراعة والتي تعتبر النشاط السائد في مثل هذه البلدان .

4. تؤكد هذه النظرية على مشكلة ضيق السوق لكن تأكيدها على الصناعات المنتجه للسلع الاستهلاكية للسوق المحلي لا يمكن أن يحل مشكلة ضيق السوق.

5. ان توزيع الاستثمارات على جبهة عريضة من الصناعات الاستهلاكية قد يؤدي الى صغر حجم الوحدات الانتاجية دون الحجم الأمثل ، ولهذا يصعب عليها الاستفادة من مزايا الانتاج الكبير ووفوراته الخارجية .
6. ان تطبيق هذه النظرية يزيد من مستوى الطلب على العديد من السلع والمواد ومستلزمات الانتاج الأمر الذي يولّد ضغوطاً تضخمية في الاقتصاد .

ولهذه الأسباب فإن المنتقدين يعتقدون بأن الشواهد تعتبر غير كافيه لإثبات أن الدفعة القوية للإستثمارات هي عامل ضروري ومناسب للتنمية الاقتصادية في البلدان المتخلفة اقتصادياً .

3.4 نظرية النمو المتوازن [2] (Balanced Growth Theory)

لقد صاغ (Rodan) فكرة الدفعة القوية ، والتي قدمها فيما بعد نيركسه (Nurkse) في صيغه حديثه أخذت تسمية نظرية أو استراتيجية النمو المتوازن. ويركز (Nurkse) على مشكلة الحلقه المفرغه للفقر والناجمه عن تدني مستوى الدخل، وبالتالي ضيق حجم السوق، مؤكداً أن كسر الحلقه المفرغه لا يتحقق إلا بتوسيع حجم السوق، الذي يتحقق من خلال جبهة عريضه من الاستثمارات في الصناعات الاستهلاكية وتطوير جميع القطاعات في آن احد بحيث تنمو جميع القطاعات في نفس الوقت، مع التأكيد على تحقيق التوازن بين القطاع الصناعي والقطاع الزراعي حتى لا يمثل تخلف الزراعة عقبة أمام تقدم الصناعة. وعليه فإن هذه النظرية تعتمد برنامجاً ضخماً من الاستثمارات التي توجه نحو انتاج السلع الاستهلاكية لإشباع حاجات السوق المحليه وليس لغرض التصدير ، على الأقل في المراحل الأولية ، وذلك لضعف المنافسة في السوق المحلية.

ان نظرية النمو المتوازن تتطلب تحقيق التوازن بين مختلف الصناعات الاستهلاكية، وبينها وبين الصناعات الرأسمالية، وكذلك التوازن بين القطاع المحلي

والقطاع الخارجي ، وفي النهايه تحقيق التوازن بين جهة العرض وجهة الطلب . ذلك لأن جهة العرض تعمل على التأكيد على تطوير جميع القطاعات المرتبطة ببعضها في آن واحد مما يساعد على زيادة عرض السلع ، إما جهة الطلب فتدفع باتجاه توفير فرص العمل الواسعة وزيادة الدخول بحيث يزداد الطلب على السلع والخدمات من قبل السكان . وتؤكد النظرية على الحجم الكبير من الاستثمارات لكي يتم تجاوز مشكلة عدم القابلية على التجزأه (Indivisibilities) في جانب العرض وفي جانب الطلب والناجمة عن ظاهرة ما يعرف بـ (Lumpiness of Capital) كما تقود هذه الجبهه العريضة من الاستثمارات الى تكامل أفقي وعمودي للصناعات، وتقسيم أفضل للعمل، ومصدر موحد للمواد الخام، ومهارة فنية وتوسيع لحجم السوق ، واستغلال أفضل للبنى التحتية الاقتصادية والاجتماعية . [3]

وتجدر الاشارة الى أن أهمية التوازن بين القطاع المحلي والقطاع الخارجي تكمن في حقيقة أن عوائد الصادرات هي مصدر مهم لتمويل التنمية ، فالاستيرادات تزداد مع زيادة الانتاج ، كما أن التشغيل يتوسع. ولمواجهة متطلبات الاستيرادات المتناميه ولتمكين الصادرات من أن تمول التنمية، فإن البلد لايمكن أن يوسع من تجارته الداخليه على حساب تجارته الخارجية .

ولا بد من الاشاره الى انه لم يقصد هنا بالنمو المتوازن أن تنمو كافة الصناعات بمعدل واحد ، بل بمعدلات مختلفة تتحدد في ضوء مرونة الطلب الدخلية للمستهلكين على السلع المختلفه بحيث يتساوى جانب العرض مع جانب الطلب .

وهناك منهجان للنمو المتوازن، الأول يشير إلى الطريق الذي تختطه التنمية ونمط الاستثمار الضروري للعمل السلس للاقتصاد، والثاني يشير الى حجم الاستثمار اللازم للتغلب على ظاهرة عدم التجزأه في عملية الانتاج. ان التفسير الأصلي للنمو المتوازن لدى (Nurkse) يميل الى احتواء المنهجين معاً، بينما يركز (Rodan) على ضرورة الدفعة القوية للتغلب على عدم التجزأه .

ولتوفير الموارد الماليه للبرنامج الاستثماري الضخم يدعو (Nurkse) الى الاعتماد على الموارد المحلية والتي ينبغي أن تأتي من القطاع الزراعي. كما يدعو الى استيعاب فائض العماله في بناء مرافق الاستثمار الاجتماعي والذي يؤدي الى رفع إنتاجية القطاع الزراعي . ويرى (Nurkse) ضرورة فرض ضرائب زراعيه وتحويل شروط التبادل التجاري لغير صالح الفلاح . وبسبب عدم فاعلية السوق في البلدان المتخلفه فإنه يلقي على الدولة مهمة القيام بدور في مجال التخطيط والتنفيذ. وبالإمكان توسيع السوق أيضاً من خلال جملة من العوامل منها توسيع عرض النقد واستخدام الدعاية وإلغاء القيود على التجاره وتوسيع البنية التحتية .

وإلى جانب (Nurkse) فقد أيد هذه النظريه أيضاً كل من (Rodan) و (Arthur Lewis) وغيرهم ، وكل يفسرها على هواه . فعند البعض تعني النظرية الاستثمار في صناعات المراحل الأخيره (Final Stage Industries) أو ما يسميها البعض صناعات اللمسات الأخيرة مثل صناعات الخلط والتعبئة وغيرها، وأن المطلوب هنا هو رفعها الى مستوى الصناعات الأخرى . وبالنسبة لآخرين تعني النظرية أن الاستثمار يتم في وقت واحد في كل القطاعات الصناعية، ولآخرين تعني تنميه متوازنه بين الصناعة والزراعة معاً. وبشكل عام يستند مؤيدوا هذه النظريه على أهمية رأس المال الاجتماعي وعدم قابليته للتجزأه وتكامل الطلب وأهمية السياسة الادخارية والفخ السكاني وضيق السوق ومشكلات التجارة الخارجية ، وكل ذلك يدفعهم الى تبني فكرة الدفعه القويه في إطار النمو المتوازن.

الانتقادات الموجهه للنظرية :

وجهت العديد من الانتقادات الى هذه النظرية، كما وجهت الى النظريات الأخرى من قبل البعض وفي مقدمتهم ألبرت هيرشمان (A.Hirshman) وسنجر (Singer) و (Kurihara) وغيرهم ، ومن أهم الانتقادات ما يأتي .

1. أن إقامة الصناعات جميعها في آن واحد قد يؤدي الى زيادة تكاليف الانتاج مما يجعلها غير مربحة للتشغيل في غياب العدد الكافي من المعدات الرأسمالية،

إضافه الى أنه عند قيام الصناعات الجديدة فإن الطلب على منتجات الصناعات القائمة سوف ينخفض مما يجعلها غير مربحه هي الأخرى. وكما يقول (J.M.Fleming) فإنه بينما تفترض النظرية بأن العلاقة بين الصناعات في معضمها متكاملة فإن محدودية عرض عوامل الانتاج تجعل العلاقة في معظمها تنافسية .

2. تفترض النظرية سيادة ظاهرة زيادة العوائد وأن مثل هذه الفرضية غير صحيحة اذا تم تنفيذ حجم كبير من الاستثمارات في آن واحد وفي مجالات مرتبطه ببعضها، حيث أن ظهور الاختناقات في المواد الخام والأسعار وشح عوامل الانتاج تقود الى ظاهرة تناقص العوائد .
3. يرى الاقتصادي (A.Hirshman)، وهو من مؤيدي نظرية التنمية غير المتوازنه، بأن تنفيذ نظرية النمو المتوازن سوف ينتهي الى فرض اقتصاد صناعي متكامل وحديث على قمة اقتصاد تقليدي راكد لا يرتبط أحدهما بالآخر، وأن التنمية هنا تكون عباره عن إحياء لظاهرة الازدواجية الاقتصادية. لكن أصحاب هذه النظرية يردون بالقول بأن النمو المتوازن يفترض تنمية الزراعة والصناعة بشكل متوازن .
4. يعتبرها البعض غير واقعيه لأنها تفترض توفر موارد ضخمه لتنفيذ برنامجها وهذا غير متوفر في البلدان المتخلفة .
5. انتقدها البعض بأنها تؤدي الى عزل البلدان النامية عن الاقتصاد الدولي لتركيزها على التنمية من أجل السوق المحلي. لكن هذا الانتقاد يبدو ضعيفاً لأن (Nurkse) قد أكد على النظام الدولي وتقسيم العمل .
6. انتقد البعض مسألة تأجيل إنماء صناعات السلع الانتاجية لحساب دفعة قوية في انشاء الصناعات الاستهلاكية الخفيفة، بأن ذلك ليس بالاسلوب الأمثل في الاجل الطويل لأنه سوف يظهر قصوره في تنمية المدخرات الحقيقية في الأجل الطويل وذلك لزيادة الاستهلاك على حساب الادخار. ورغم أن تنمية

الصناعات الاستهلاكية من شأنها أن تعجل معدل النمو للدخل القومي في المراحل الأولى للتنمية لكنها سوف تتسبب في إبطاء عملية التنمية .

7. يرى البعض ان تطبيق هذه النظريه سوف يشجع على الضغوط التضخمية، لأنه يتطلب موارد كثيره ليست متوفره لهذه البلدان ، وأن مثل هذا الانتقاد قد يكون وجيهاً وخصوصاً في ظل تجربة أمريكا اللاتينية .

8. يعتبر البعض بأن هذه النظرية فوق قابلية البلدان المتخلفه لأنها تفترض توفر قابليات خلاقه ومهارات لدى هذه البلدان في حين أن الواقع يشير الى عدم توفر مثل هذه المهارات فكيف يمكن تحقيق تنمية في جميع القطاعات معاً؟. وفي ظل شح الموارد في هذه البلدان فإن النظرية لم تنجح في حل مشكلة محدودية الموارد خاصة وأن عرض الموارد واطيء المرونه ، ولهذا فإن حجة هذه النظرية في نظر البعض تنهار .

9. يؤكد البعض بأن مفهوم النمو المتوازن ينطبق أكثر على البلدان المتقدمة من انطباقه على البلدان المتخلفة، وأن هذه النظريه في الواقع هي تطبيق لحالة البطالة الكينزيه (Keynesian Underemployment) على بلد متخلف لا تتوفر فيه المكائن والمعدات والمدراء والعمالة المطلوبة والعادات الاستهلاكية.

10. وأخيراً يقول الاقتصادي البريطاني (Paul Streeten) بأن الندره والاختناقات (bottlenecks) تشجع النمو، وأنه من وجهة نظر تاريخية لم يكن النمو متوازناً بل أن الشح والاختناقات التي وفرت الحافز للإختراعات هي التي طورت انجلترا ، كما أن الاختراعات خلقت بدورها ندره جديده واختناقات .

لهذا فإن فكرة النمو المتوازن ليست فكره خاطئه في نظر البعض ، ولكنها غير ناضجه ، لأنها قابله للتطبيق في مراحل لاحقة من النمو المستدام ولكنها غير ملائمة لكسر الجمود الذي تتميز به البلدان المتخلفة.

3.4 نظرية النمو غير المتوازن [4] (Unbalanced Growth Theory)

إرتبطت هذه النظريه بالاقتصادي المعروف ألبرت هيرشمان (Albert Hirshman) وأن كان قد سبقه الى هذه الفكره الاقتصادي الفرنسي فرانسوا بيرو (F. Perrox) في تقديمها تحت اسم نظرية مراكز أو أقطاب النمو (Growth Poles Theory)، والتي تمثلت في أن على البلاد المتخلفه أن تبدأ بتركيز جهودها الانمائيه على مناطق تتمتع بمزايا نسبيه من حيث الموارد الطبيعيه أو الموقع الجغرافي، وأن تنمية هذه المناطق سوف تجذب وراءها المناطق الأخرى، ومع مرور الزمن تنتشر عملية النمو الى سائر المناطق الاخرى في البلاد.

وقد انطلق هيرشمان من انتقاد الاقتصادي سنجر (Singer) لنظرية النمو المتوازن، من أنها غير واقعيه ، حيث أن البلدان النامية لا تمتلك الموارد اللازمة من كل الأنواع وخاصة رأس المال والتنظيم ومتخذي القرارات الخ. وأكد هيرشمان بأن الشح القائم في البلدان المتخلفه ليس في الموارد ذاتها فحسب بقدر ما هو في العرض من متخذي قرارات الاستثمار. ولذلك دعا الى تبني نظرية النمو غير المتوازن. ويؤكد بأن الخطة التي تطبق عدم التوازن المقصود والمخطط هي أفضل طريقة لتحقيق النمو الاقتصادي في البلدان النامية. فالاستثمار في القطاعات الاستراتيجية أو الصناعات الاستراتيجية يقود الى استثمارات جديده ويمهد الطريق لدفع عملية التنميه . ويعتقد هيرشمان أن التنميه قد سارت على هذا المنوال، حيث أن النمو ينتقل من القطاعات القائدة (Leading sectors) الى القطاعات التابعة. ويستطرد هيرشمان فيقول بأنه عندما تبدأ المشروعات الجديده فإنها تجني الوفورات الاقتصادية الخارجية التي ولدتها المشروعات السابقة، وبدورها فإن المشروعات الجديدة تولد وفورات خارجيه يمكن أن تستفيد منها المشروعات اللاحقة وهكذا .

ويقول هيرشمان صحيح أن البلدان الناميه تحتاج الى دفعة قوية لكنها لا تستطيع تنفيذ وتدبير برنامج استثماري شامل لمعظم القطاعات، لأنها تفتقر الى

الموارد اللازمة ، وعليه فإن التنميه المتوازنة لا تتفق مع طبيعة هذه البلدان. ويستطرد ويقول بأن النمو المتوازن قد يفيد في علاج الأزمات الدورية كالبطالة في البلدان المتقدمة التي تمتلك السلع الوسيطه والسلع الانتاجية والعمالة. لهذا يتوجب على البلدان النامية التركيز على بعض القطاعات. ويستشهد بأن الولايات المتحده واليابان عملت على تنمية قطاعات مختارة رائدة، وليس هناك بلداً نامياً يمتلك رأس المال والموارد الاقتصادية الأخرى بكميات كافية للاستثمار المتزامن في كل القطاعات .

وقد أيد كل من (Singer) و (Kindleberger) و (Streeten) نظرية النمو غير المتوازن التي طورها (Hirschman) ، والذي يؤكد بأن التنمية يمكن أن تحدث من خلال عدم التوازن في الاقتصاد، وأن هذا يمكن أن يحدث من خلال الاستثمار في أما رأس المال الاجتماعي أو في نشاطات إنتاجيه مباشرة Direct Productive Capital (DPC) . فالأول يخلق وفورات خارجيه بينما الثاني يستفيد من هذه الوفورات، ذلك لأن الاستثمار في رأس المال الاجتماعي يشجع الاستثمار الخاص . ويؤكد هيرشمان بأن الاختلال في التوازن يمثل القوه الدافعه للنمو ، ويتم هذا الاختلال على مسارين :[4]

الأول، اختلال التوازن في العلاقه بين قطاع رأس المال الاجتماعي (SOC) وبين القطاعات التي تقوم بالانتاج المباشر (DPC) .

والثاني اختلال التوازن داخل القطاعات التي تقوم بالانتاج المباشر. ويأخذ الاختلال بين القطاعين المذكورين مظهرين :

أ- اختلال التوازن لصالح قطاعات الانتاج المباشر، ويتخلف وراءها قطاع رأس المال الاجتماعي في النمو مما يولد اختناقاً في عرض خدمات رأس المال الاجتماعي، وفائضاً في قطاع الانتاج المباشر . ويؤيد هيرشمان هذا الاتجاه .

ب-اختلال لصالح رأس المال الاجتماعي ويتخلف وراءه قطاع الانتاج المباشر وبخصوص الاختلال في التوازن داخل نشاطات الانتاج المباشر فالسؤال هنا

هو الى أي قطاع انتاجي يجب توجيه الاستثمارات ؟ . وهنا يظهر مفهوم قوة الدفع الى الامام وقوة الدفع الى الخلف . فقوة الدفع الى الأمام تتمثل في قدرة الصناعة على خلق فرص الاستثمارات في المراحل التاليه للعمليه الانتاجية لهذه الصناعة . وعلى سبيل المثال إذا أقيم مصنع للحليب فمن الطبيعي أن يدفع هذا المصنع الى إقامة مصنع للجبن وللزبادي وهكذا . وتتمثل قوة الدفع الى الخلف في قدرة الصناعة على خلق الطلب على منتجات الصناعات التي تسبقها في مراحل الانتاج. وهنا فأن إقامة مصنع للسيارات يشجع على إقامة مصنع للبطاريات ومصنع للزجاج والاطارات الخ . والقطاع القائد (Leading Sector) هو القطاع الذي يحتوي على أكبر قدر من قوة الدفع للأمام وللخلف في آن واحد .

وقد أيد هيرشمان الفكرة التي تنص بأن يبدأ التصنيع في المدن الكبرى وأن لا تعطى الأولوية الى التنمية الريفية ، واعتبر أن التنميه غير المتوازنه من شأنها أن تتغلب على العجز في إتخاذ القرار الاستثماري ، الذي تفتقر اليه هذه البلدان . واذا أريد للاقتصاد أن يشق طريقه الى الأمام فإن مهمة السياسة الإنمائية يجب أن تبقي على الضغوط وعلى عدم التناسب واختلال التوازن. فالنمط المثالي للتنمية عند هيرشمان يتمثل في خطوات متتابعه تقود الاقتصاد بعيداً عن التوازن . فكل خطوه إنمائيه تخلق اختلالاً في التوازن سوف يصحح نفسه عن طريق إحداث اختلال في التوازن لخطوة تالية تحث الاقتصاد على أن يخطو مره أخرى وهكذا. فالتنمية طبقاً الى هيرشمان عمليه ديناميكية تنقل الاقتصاد من حالة لا توازن الى حالة لا توازن أخرى ولكن على مستوى أعلى من الانتاج والدخل .

ويطالب هيرشمان بإقامة الصناعات ذات المراحل النهائية من الانتاج أولاً ومن ثم الانتقال نحو تصنيع السلع الاستهلاكية المعمرة في المراحل النهائية من الانتاج. ويمكن استيراد المصانع التي تقوم بتحويل أو تجميع أو خلط المواد لصناعات اللمسات الأخيرة (Final Touches Industries) وبعدها يتم التحرك

نحو مراحل أعلى من الانتاج نحو السلع الوسيطه والمكائن من خلال تعزيز الروابط الأمامية والخلفية (Forward and Backward Linkages) .

الانتقادات الموجهه لنظرية النمو غير المتوازن .

يعتبر البعض أن هذه النظرية واقعية وتأخذ كل أوجه عملية التخطيط التنموي في الاعتبار ، ومع ذلك وجهت لها العديد من الانتقادات :

1. من بين أهم الانتقادات الموجهة الى هذه النظريه هي الافتراض بأن هذه النظرية تجري بصفه أساسية من خلال المبادأه الفرديه والتي تتخذ من اختلال التوازن محركاً للنمو. ومعنى هذا أن التنميه لا تتم في ظل التخطيط الشامل، والذي يعتبره البعض مهماً في ضوء محدودية الموارد. ومعلوم أن قرارات الاستثمار في البلدان النامية تمثل العقبة أمام التنمية فكيف يترك الأمر للمبادرة الفردية؟ .
2. أنها تهمل المقاومة (Resistance) التي تنشأ في الاقتصاد من جراء عدم التوازن، وتركز فقط على المحفزات للتوسع والتنمية .
3. أنها لا تعطي اهتماماً كافياً لتركيب واتجاه وتوقيت النمو غير المتوازن ، حيث تكمن المشكلة في تحديد أولوية الاستثمار في النشاطات الرائدة .
4. إن خلق عدم التوازنات في الاقتصاد، من خلال الاستثمار في قطاعات استراتيجية وفي ضوء الشح في الموارد قد يقود الى الضغوط التضخمية ومشكلات ميزان المدفوعات في البلدان النامية .
5. أن هذه النظرية تفترض وجود مرونة عالية في عرض الموارد، وهذا غير واقعي .
6. وبخصوص تركيز النظرية على الاختلال في التوازن يتساءل (Streeten) بأن المشكله ليست في إيجاد الاختلال وإنما في الحجم الأمثل للإختلال ؟ وأين يتم؟ وما هو مقداره ؟ .

والخلاصة هي أنه ليس من السهل تقييم النمو المتوازن والنمو غير المتوازن، فالنظريتان لا يمكن اختبارهما بشكل تجريبي بسهولة . وقد حاول البعض التوفيق فيما بين النظريتين من خلال جعل نظرية النمو غير المتوازن كوسيله لتحقيق الهدف النهائي للنمو المتوازن . وعلى المستوى الاقتصادي فإن النظريتين يمكن أن تكونا مكملتين بدلاً من أن تكونا متنافستين .

4.4 نظرية أقطاب (مراكز) النمو (Growth Poles Theory)

كان الفرنسي فرانسوا بيرو (F. Perrox) هو السّباق في شرح أفكار ما سمي بنظرية أقطاب النمو، والتي إعتمدها فيما بعد وطورها هيرشمان كأساس لنظرية النمو غير المتوازن. وبخصوص ظاهرة مراكز النمو فيوضح بيرو بأن مراكز النمو تنشأ بشكل عام حول صناعة رئيسية محفزه وتتمتع بأسواق تصريف مهمة وينتج عنها توزيع دخول مرتفعة يكون لها نتائج وأثار إيجابية. كما أن مراكز النمو هذه لا تتحدد فقط بالصناعة المحفزه بل يجب أن تلعب دور المسيطر على المجال المحيط بها، غالباً ما يكون هذا المركز عبارة عن مدينه ومجهز بالوسائل والخدمات وبمراكز تجارية وإدارية .

والجدير بالذكر أن إختيار النشاط المحفز يتأثر بعوامل عديده أهمها الثروات الطبيعيه، والأيدي العاملة، وحجم الوحدات المنتجه الواجب إحداثها، وحجم الطلب الداخلي والخارجي.

أما بخصوص آلية وحركة مراكز النمو فإن لها آثاراً متعدده أهمها :

1. الآثار الهيكلية ، حيث أن لمراكز النمو أثاراً مهمة على الهياكل السكانية، إذ ينخفض معدل الوفيات ويرتفع معدل النمو في السكان. كما يظهر عدم التوازن السكاني من جراء هجرة السكان من بعض المناطق التي تتم الهجرة منها بإتجاه المراكز المحفزه، وشيخوخة السكان في المناطق الزراعية، مع ما يرافق

ذلك من اختلاف في معدلات الإنتاجية وفي حجم الانتاج . وترجع أسباب عدم التوازن الى انعدام المرونة الهيكلية الناتجة عن وجود بعض العوامل التي تعيق عملية التنمية في المناطق المتخلفة مثل عوامل الجهل والبطالة الخ .

2. الأثار الاقتصادية، حيث يبدأ مفهوم مضاعف الاستثمار بالعمل، إذ أن حجم الاستثمارات المنفذه يؤدي الى إعادة توزيع الدخول التي تقود الى زيادة في الطلب، وبالتالي تحقق استثمارات جديده وزيادة في الانتاج .

وبخصوص الأشكال المختلفة لظواهر مراكز النمو فيما بين البلدان المتطورة والبلدان المتخلفة، ففي الأولى فإن عملية النمو تحدث في المحاور الرئيسة (مثل المناطق المحيطة بنهر الراين ونهر السين وحول البحيرات الأميركيه الكبرى). أما النقاط خارج هذه المحاور فيوجد فيها نمو ولكنها لا تلعب إلا دوراً جزئياً وبسيطاً في تحقيق النمو في المنطقة التي تضم لديها النقاط المذكورة . وفي البلدان المتخلفة فإن المدينة هي عباره عن مركز لتغيير الهيكل ، حيث أنها مجال للتعامل النقدي ويكثر فيها العمل المأجور وهي عبارة عن مركز لعدم التوازن. اضافة الى ذلك ففي البلدان المتخلفة يحدث هروب لرؤوس الأموال الى الخارج، نتيجة لإرتفاع الاستهلاك للسلع المستورده أو للاستثمارات في الخارج. أما في البلدان المتطورة فإن هروب رؤوس الأموال يكون من منطقة الى أخرى ضمن الدولة الواحدة .

5.4 نظريات التغير الهيكلي وأنماط التنمية
(Structural Change Theory & Development Patterns)

تركز نظرية التغيرات الهيكلية على الآلية التي تستطيع بواسطتها الاقتصادات المتخلفة تحويل هياكلها الاقتصادية الداخلية من هياكل تعتمد بشكل كبير على الزراعة التقليدية، عند مستوى الكفاف الى اقتصاد أكثر حداثه

(more modern) وتحضراً (urbanised) وتنوعاً ويحتوي على الصناعات المتنوعه والخدمات. وتستخدم هذه النظريات أدوات التحليل الكلاسيكي المحدث لنظرية الأسعار وتوزيع الموارد والقياس الاقتصادي الحديث لوصف الكيفية التي تتم بها عملية التحول. وهناك نموذجان ممثلان لهذه النظرية هما نموذج آرثر لويس (Arthur Lewis) الذي يستخدم نموذج القطاعين وفائض العمل، ونموذج هوليس تشينري Hollis Chenery) للتحليلات التجريبية لأنماط التنمية . وسنتناول تباعاً كل من النموذجين المذكورين .

1.5.4 نظرية لويس في التنمية [5] (The Lewis Theory of Development)

(حالة التنمية في ظل عرض غير محدود من العمالة)

ان نموذج (Lewis) لويس هو نموذج للتنمية الاقتصادية - يبين كيفية حدوث التغير الهيكلي لإقتصاد نامي حيث يلعب فيه الفائض الرأسمالي الدور الحاسم في عملية التنمية .

والفرضية هنا هي وجود اقتصاد تسوده حالة الازدواجية الاقتصادية، حيث يوجد فيه قطاعان: الاول قطاع ريفي عند مستوى الكفاف ومكتظ بالسكان، بحيث أن مستوى انتاجية العمل فيه تقترب من الصفر ، والقطاع الثاني قطاع حضري صناعي حديث تكون انتاجية العمل فيه مرتفعة وأن أجور العمل في هذا القطاع أعلى من أجور العمل في القطاع الزراعي بنسبة معينة ثابتة . فالعمالة تنتقل من الريف الى القطاع الصناعي في المدن ، لارتفاع الأجور في الصناعة، وتؤدي الى توسيع الانتاج وزيادة الأرباح التي يتم إعادة استثمارها في الصناعة ، مما ينتج عنه ارتفاع في مستوى الانتاجية وزيادة حجم التشغيل (Employment). وهكذا يستمر إنتقال العمالة من الريف الى المدينة ويتوسع الانتاج الصناعي وتحدث التنمية والتغير الهيكلي في الاقتصاد .

ولتوضيح حالة انخفاض إنتاجية العمل في القطاع الزراعي الناجمة عن ازدياد أعداد الأيدي العاملة المتأتية عن تزايد السكان بمعدلات مرتفعه فالشكل

البياني رقم (1.4) يوضح منحنى الناتج الحدي لوحدات العمل المضافة الى الأرض .

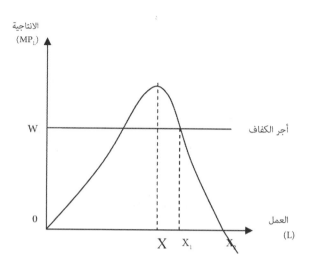

الشكل البياني رقم (4 . 1)

عند استخدام (OX) وحده من العمل تصل الانتاجية الى حدها الأعلى في الزراعة وتبدأ بعدها بالإنخفاض مع زيادة كمية العمل وذلك بسبب تناقص العوائد في الزراعة. وبعد استخدام (ox_1) وحده من العمل ينخفض الناتج الحدي للعمل دون مستوى أجر الكفاف ، حيث يصبح بعدها سالباً إذا استمرينا بإضافة وحدات من العمل تزيد على (ox_2).

وتجدر الاشارة الى أن هناك ثلاث طرق للتخلص من الاتجاه الانخفاضي للعوائد في القطاع الزراعي :

1. حالة زيادة الانتاجية بأسرع من معدل زيادة السكان .

2. حصول تقدم تقني في قطاع الزراعه بحيث يؤدي الى تزايد الانتاجية الحدية .

3. تراكم رأس المال الذي يؤدي الى زيادة مستوى الانتاجة .

ولتوضيح نموذج لويس لنمو القطاع الحديث في اقتصاد مزدوج نستعين بالشكل البياني
رقم (2.4) حيث يبين المحور العمودي الأجر الحقيقي والناتج الحدي للعمل (ويفترض
أن يكونا متساويين في سوق العمل التنافسي في القطاع الحديث (الصناعة) .

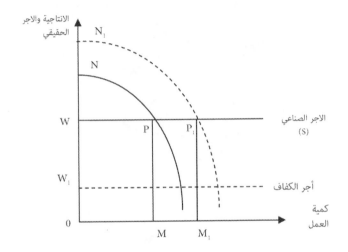

الشكل البياني رقم (2. 4)

والمحور الأفقي يبين كمية العمل. ان المسافة (OW_1) تمثل مستوى أجر الكفاف في
الزراعة. والمسافة (OW) تمثل الأجر الحقيقي في القطاع الحديث. وعند هذا الأجر
يفترض أن يكون عرض العمل غير محدود، أي تام المرونة ، لأن (Lewis) لويس يفترض
بأنه عندما يكون الأجر الحضري أعلى من أجر الريف فيمكن عندها استئجار العمالة
الريفية الفائضة بأي كمية تحتاجها الصناعة دون الخوف من ارتفاع الأجور. وهكذا فإن
منحنى انتاجية العمل (N) يمثل الطلب على العمل والخط الأفقي (WS) يمثل عرض
العمل.

ويتم استئجار العمال الى النقطة التي يكون فيها الناتج الحدي مساوياً الى الأجر الحقيقي ، أي نقطة التقاطع عند (P) في الشكل البياني . ولهذا يكون حجم العمل المستخدم هو OM ويكون ناتج القطاع الحضري مساوياً الى (ONPM) وأن حجم إجمالي الأجور المدفوعة للعاملين يكون مساوياً الى (OWPM) وأن صافي الأرباح المتحققة سيكون مساوياً الى المساحة (WNP) . وإذا تم استثمار الفائض في القطاع الصناعي يزداد تراكم رأس المال ومن ثم يزداد الانتاج الكلي ويتحرك منحنى انتاجية العمل الى الأعلى ليصبح (N_1) والذي يتقاطع مع منحنى الأجر (أو منحنى عرض العمل) في النقطه (P_1) ويزداد التشغيل من (OM) الى (OM_1) . وهنا يرتفع إجمالي الناتج الى ($ON_1P_1M_1$) ويزداد إجمالي الأجور المدفوعة الى (OWP_1M_1) وتزداد الأرباح المتحققة ويعاد استثمارها في الصناعة ويزداد رأس المال ويرتفع منحنى الطلب للأعلى ويزداد الانتاج والتشغيل في القطاع الحديث وهكذا تحصل عملية التنمية في نموذج لويس اعتماداً على اجتذاب العمالة الفائضة من الريف الى المدينة .

ان الحافز للإستثمار في الصناعه هنا يأتي من خلال الأرباح والتي تتزايد لأن منافع زيادة الانتاجية في القطاع الصناعي تحدث الى رأس المال لأن الأجر الحقيقي يفترض أن يكون ثابتاً ، وبالتالي فإن منافع زيادة الانتاجيه تذهب الى رأس المال فقط وليس إلى العمل. وتستمر عملية امتصاص العمالة الفائضة في الزراعة نحو القطاع الصناعي .

نقد نموذج لويس

يشار في هذا الصدد أن عدداً من الافتراضات التي استند اليها النموذج لا تتطابق مع واقع البلدان المتخلفة ومنها :

1. يفترض النموذج ضمناً أن معدل نمو العمل والتشغيل في القطاع الحديث يتناسب مع معدل تراكم رأس المال في هذا القطاع . ولكن ماذا لو أن أرباح الرأسماليين يعاد استثمارها في معدات رأسماليه موفره للعمل (Labour Saving) وماذا لو تم تحويل الأرباح الى الخارج ولم تستثمر في الداخل ؟
2. الافتراض الثاني موضع التساؤل هو فكرة أن فائض العمل موجود في المناطق الريفيه بينما تسود حالة الاستخدام الكامل في المناطق الحضرية . إلا أن معظم البحوث المعاصره تشير الى ان الاحتمال الغالب هو ان يكون العكس هو الصحيح، أي أن فائض العمل في المناطق الحضرية اكثر احتمالاً من فائض العمل في الريف.
3. والافتراض الخاص بان سوق العمل التنافسي للقطاع الحديث هو الذي يضمن بقاء الأجور الحقيقية الحضرية ثابتة افتراض مشكوك فيه حيث أن التجربة العملية تشير الى اتجاه الأجور في القطاع الحضري نحو الارتفاع عبر الزمن وعدم ثباتها .
4. إن رأس المال لا يتم تحقيقه فقط من خلال الأرباح فقط ، كما يوحي بذلك النموذج، بل أيضاً من خلال الاقتراض المصرفي ، رغم أن ذلك يؤدي الى التضخم لكنه يستمر لفترة مؤقتة حيث حالماً تبدأ السلع الرأسمالية بإنتاج السلع الاستهلاكية عندها تميل الأسعار الى الانخفاض. والانتقاد الآخر على نموذج لويس يخص دور الدولة والرأسماليين، فكيف يمكن زيادة معدل الادخار والاستثمار من حوالي 5% من الدخل القومي الى حوالي 15% ؟ وهنا يتعين أن يتضافر دور الدولة والرأسماليين لتحقيق ذلك الهدف .

5. ان عملية النمو لا يمكن أن تستمر الى الأبد، حيث عندما ينتهي فائض العمل تتوقف عملية النمو . كما أنه حتى لو وجد فائض العمل فإن الأجر الحقيقي في الصناعة ممكن أن يرتفع الأمر الذي يقلل من أرباح الرأسماليين وبالتالي يقلل من إمكانية إعادة الاستثمار والنمو .

6. وأخيراً فإن امكانية تطبيق النظرية مرهون بفرضياتها، وأن الفرضيات المعتمدة لا تتطابق مع واقع الحال .

2.5.4 نظرية التغير الهيكلي وأنماط التنمية [6]

إن تحليل أنماط التنمية والتغيرات الهيكلية التي تصاحبها يهدف إلى التركيز على العمليات المتعاقبه والتي من خلالها يتحول الهيكل الاقتصادي والصناعي والمؤسسي للإقتصاد المتخلف خلال الزمن وذلك للسماح للصناعات الجديدة أن تحل محل الزراعة التقليدية كمحرك للنمو الاقتصادي. وتجدر الاشارة هنا الى أن الادخارات والاستثمارات المتنامية هي شروط ضرورية ولكنها ليست كافية لتحقيق النمو الاقتصادي، كما هو الحال في نظرية (Lewis) ونظرية المراحل، بل هناك حاجه الى تغيرات مترابطة في هيكل الاقتصاد من أجل التحول من نظام اقتصادي تقليدي الى نظام حديث .

وتتضمن التغيرات الهيكليه عملياً جميع دوال الاقتصاد وهيكل طلب المستهلك والتجارة الدولية واستخدام الموارد بالاضافة الى التغيرات في العوامل الاجتماعية والاقتصادية مثل التحضر والنمو وتوزيع السكان .

ويؤكد مؤيدوا النظرية الهيكلية على تأثير القيود المحلية والدولية على التنميه. فالقيود الداخلية تتضمن القيود الاقتصادية، مثل الموارد الطبيعية وحجم السكان، وكذلك القيود المؤسسية، التي تشمل سياسات وأهداف الحكومة، في حين تتضمن القيود الدولية إمكانية الوصول الى رأس المال الأجنبي والتكنولوجيا

والتجارة الدولية، وأن الاختلافات بين البلدان النامية في مستويات التنميه لديهم تعزى وبدرجة كبيرة الى هذه القيود الداخلية والخارجية.

لكن القيود الدولية هي التي تجعل التحول في البلد النامي (حالياً) يختلف عن تحول البلدان الصناعية. وكلما كان من السهوله بمكان على البلدان النامية الوصول الى الفرص التي تمنحها البلدان الصناعية (كمصادر رأس المال والتكنولوجيا والمستوردات الصناعيه وأسواق التصدير)، كلما كان ممكناً عليها التحول بمعدلات أسرع من معدلات تحول البلدان الصناعية خلال الفترات الأولى لتنميتها الاقتصادية. ولهذا فإن نموذج التغير الهيكلي يعترف بحقيقة أن البلدان النامية هي جزء من نظام عالمي متكامل يستطيع أن يحقق لها التنمية.

ويستند هذا النموذج على البحث التجريبي الذي قام به الاقتصادي المعروف (Hollis Chenery) الذي يحلل أنماط التنميه لعدد كبير من بلدان العالم الثالث خلال الفتره 1950-1973، والذي اعتمد أسلوب تحليلات الإنحدار (Regression Analysis) مستخدماً أسلوب المقطع العرضي والسلاسل الزمنية لمستويات دخول فردية مختلفة. وقد ساعدت هذه الدراسة على تحديد العديد من الخصائص العامة لعملية التنمية .

نتائج الدراسة:

ومن أبرز الخصائص التي رصدها Chenery لعملية التنمية هي تحول في هيكل الانتاج والذي يصاحب حالة الارتفاع في معدل الدخل الفردي . فهناك تحول من الانتاج الزراعي الى الانتاج الصناعي ، حيث يرتفع نصيب الناتج الصناعي في الناتج القومي الاجمالي مقابل انخفاض نصيب الناتج الزراعي في الناتج القومي الاجمالي. وشملت التحولات أيضاً التراكم المضطرد لرأس المال (المادي والبشري) والتحول في الطلب الاستهلاكي من التأكيد على الغذاء والضروريات الى الرغبات في الحصول على السلع المصنعه المختلفه والخدمات، ونمو المدن

والصناعات فيها مع هجرة الناس من المزارع والمدن الصغيرة وانخفاض حجم الأسرة وحجم السكان ككل .

فقد وجد (Chenery) بأن البلدان التي يكون معدل دخل الفرد فيها نحو 200 دولار عام 1976 تكون قيمة الناتج الأولي لديها (كمتوسط) نحو 45% من الناتج القومي الاجمالي ، مقابل 15% للناتج الصناعي . ولكن عند بلوغ دخل الفرد نحو 1000 دولار فإن الناتج الأولي يهبط الى نحو 20% من الناتج القومي ويرتفع نصيب الصناعة الى نحو 28% . وقد لاحظ (Chenery) بأن تدهور نصيب الزراعة في الناتج القومي الاجمالي لا يتضمن بالضرورة ، هبوط المستوى المطلق للناتج الزراعي .

ويُلاحَظ بأن التحولات في أنماط التجارة الدولية هي الأكثر بروزاً فيما بين البلدان المختلفة . فقد وجد (Chenery) بأن هناك إرتفاعاً في كل من إجمالي الاستيرادات والصادرات خلال فترة التحول، مع ارتفاع نسبي في حصة النواتج الصناعية في إجمالي الصادرات، وهبوط نسبي في حصتها في اجمالي الاستيرادات.

وفيما يخص التشغيل فهناك تحول في هيكل العمالة خارج القطاع الزراعي ونحو قطاع الصناعة التحويلية والخدمات .

وهناك تغيرات أيضاً في الجوانب الاجتماعية - الاقتصادية خلال فترة التحول. والاتجاه العام يتمثل في ظاهرة تزايد التحضر الذي ينتج عن ارتفاع أهمية وحجم الصناعة، والهجرة المتسارعة من الريف الى المدينة. إلا أن التصنيع والتحضر يساهمان في زيادة حدة التفاوت غير العادل لتوزيع الدخل ، حيث أن الزيادة الكبيرة في الدخل تتركز في القطاع الحضري الحديث. وهناك تغيرات هيكلية أخرى ايجابية تحدث مثل انتشار الفرص التعليمية وانخفاض معدلات النمو السكاني وتقليص ظاهرة الازدواجية الاقتصادية التي تساهم في تقليل عدم المساواة في توزيع الدخول . وقد تمكنت بلدان معينة (مثل اليابان وكوريا الجنوبية وتايوان)

من تبني سياسات من شأنها نشر وتوزيع المنافع من عملية التصنيع بشكل أكثر عدالة .

خلاصة واستنتاجات :

يمكن القول أن مجموعة التغيرات الهيكلية التي تم تأشيرها هي عبارة عن متوسطات لأنماط التنمية التي لاحظها (Chenery) على البلدان المختلفة. والفرضية الأساسية للنموذج الهيكلي هي أن التنمية عملية قابلة للتشخيص فيما يتعلق بالنمو والتغيرات الهيكلية التي ترافق النمو ، وإن خصائصها الرئيسية متشابهة في جميع الأقطار. لكن الاختلافات التي يمكن أن تظهر فيما بين البلدان بخصوص سرعة ونمط التنمية تعتمد على منظومة الظروف المحيطة بها .

فالعوامل المحددة لعملية التنميه تشمل الهبات من الموارد الطبيعية (Natural Resources Endowments) وحجم البلد وسياسات الحكومة وأهدافها وتوفر رأس المال الخارجي والتكنولوجيا والبيئة التجارية الدولية، مما قد يجعل التباين جوهرياً أحياناً فيما البلدان المختلفة. وعلى سبيل المثال فقد لوحظ أن ماليزيا وفنزويلا تأخر تصنيعهما فترة أطول حتى من بلد صغير غني بموارده ، في حين أن البرازيل تصنعت في مرحلة مبكرة أكثر مما تم تأشيرة في النموذج . ان تفسير هذا الانحراف يعود الى الكميات الكبيرة من رأس المال الخارجي والتكنولوجيا التي استطاعت البرازيل جذبها الى البلد. وعليه فإن سرعة ونمط التنمية يمكن أن يختلف فيما بين البلدان طبقاًًًًًًً للعوامل المحلية والدولية. لكنه رغم هذا الاختلاف الا أن دعاة هذه النظرية يؤكدون بأنه يمكن تشخيص بعض الأنماط التي تحصل في كل البلدان تقريباً خلال عملية التنمية .

6.4 نظرية مراحل النمو (روستو) [7] (Stages Theory of Growth)

اختار الاقتصادي الأمريكي (W.W. Rostow) مقاربة تاريخية لعملية التنمية الاقتصادية في بلدان العالم المختلفة وذلك في كتابه الموسوم : The Stages) of Economic Growth) الذي صدر في عام 1960 . ويعتبر البعض أن Rostow في كتابه هذا قد قدم نظرية سياسية وكذلك نظرية اقتصادية - وصفية لنمط النمو والتنميه لبلدان العالم [8] . أن جوهر أطروحة روستو هي أنه يدعي بأنه يمكن منطقياً وعملياً ، تشخيص مراحل معينة للتنمية، وتصنيف المجتمعات طبقاً لتلك المراحل. ويفرِّق روستو بين خمسة مراحل هي: (1) مرحلة المجتمع التقليدي، (2) مرحلة ما قبل الاقلاع (Take off) ، (3) مرحلة الاقلاع، (4) مرحلة الاندفاع نحو النضوج وأخيراً، (5) مرحلة الاستهلاك الوفير .

وفيما يلي شرح موجز لكل من هذه المراحل الخمسة :

1. **مرحلة المجتمع التقليدي** : تتضمن هذه المرحلة مجتمعات قديمة (ما قبل عصر "Newton") وتتصف بوجود سقف معين على انتاجيتها يفرضه مستوى العلم والمعرفة، وأن حوالي ثلاثة أرباع قوة العمل تشتغل في الزراعة، مع حركة محدودة للمجتمع، وتغيرات اجتماعية محدودة، وسلطة سياسية لا مركزية تتركز في أيدي ملاك الأراضي، وأن الهيكل الاجتماعي لهذه المجتمعات يتميز بالطبيعة الهرمية، حيث العائلة والقبيله تلعب دوراً مهيمناً .
2. **مرحلة ما قبل الانطلاق** : ان هذه هي فترة انتقاليه وهي تسبق فترة الاقلاع وأن المتطلبات الاقتصادية الرئيسية لهذه الفتره هي أن مستوى الاستثمار يتعين أن يرتفع الى 10% من الدخل القومي في أقل تقدير لتأمين نمو مستدام . والاتجاه الرئيسي للاستثمار يجب أن يكون نحو النقل ونحو رأس المال الاجتماعي. والشرط الضروري لارتفاع معدل الاستثمار هو رغبة واستعداد الأفراد لإقراض رأس المال، وتوفر عدد كافـي من المنظمين ، ورغبة المجتمع لإدارة النظام الاقتصادي على وفق مبدأ تقسيم العمل. ومن الناحية الاجتماعية يتعين ظهور نخبة جديدة من الأشخاص تشكل المجتمع الصناعي، والتي تسود على النخبة المستندة على امتلاك الأراضي . ويتعين توجيه الفائض من قبل النخبة الجديده من الزراعة الى الصناعة، وأن تكون هناك رغبة لتحمل المخاطر

الاستثماريه ولديهم استجابة للحوافز المادية. ومن الضروري تأسيس حكومة حديثة معاصرة وفعالة .

3. **مرحلة الانطلاق :** وتمثل هذه المرحلة الخط الفاصل في حياة المجتمع حيث يصبح النمو شرطاً عادياً، وأن قوى الحداثه تتصارع مع العادات والتقاليد والمؤسسات القائمة. ان هذه المرحلة قصيرة، ويرتفع فيها الاستثمار فوق 10% من الدخل بسبب ارتفاع معدل دخل الفرد ، وذلك لتمكين تحقق الزياده في الادخار والاستثمار، ويتم تأسيس قطاعات قائدة . ويتم تمويل مرحلة الانطلاق من قطاع الزراعة وكذلك من ملاك الأراضي، لأغراض الاستثمار في التجارة والصناعة. كما يتم تطوير الصناعات التصديرية لتسهيل استيراد رأس المال. وأخيراً يبدأ في هذه المرحله ظهور المؤسسات الاجتماعية والثقافية الجديدة .
4. **مرحلة النضوج :** وهي الفترة التي يطبق فيها المجتمع التكنولوجيا الحديثة الى موارده الاقتصادية ويحقق فيها النمو المستدام ، وتحل القطاعات القائدة الجديدة محل القطاعات القديمة. ويرافق التغير الهيكلي في الصناعة تغيرات هيكلية اجتماعية ونمو سكان المدن .
5. **مرحلة الاستهلاك الوفير:** وتتسم هذه المرحلة بالهجرة الى الاطراف، والاستخدام الواسع للمركبات وسلع الاستهلاك المعمرة والتحول من مشكلات الانتاج الى مشكلات الاستهلاك والرفاهية .

الانتقادات على نظرية مراحل النمو :

تَركَزَ الانتقاد على ما اذا كان مقبولاً تقسيم المراحل بهذا الشكل ، وهل أن مثل هذه المراحل حتمية ؟ وهل تتبع هذه المراحل نمطاً ثابتاً مثل مرحلة الطفولة والشباب والنضج والهرم ؟ أن مثل ذلك يُخضِع عملية التنمية المعقدة بطبيعتها الى نظام صارم . وقد وجهت العديد من الانتقادات الى هذه النظرية ومن أطراف عديدة نجمل أهمها في ما يأتي : (9)

1.أن الخصائص لكل مرحلة ليست وحيدة (unique) لكل فترة كما أن التفريق بين المراحل ليس واضحاً .
2. أن الشروط المسبقة للإنطلاق قد لا تسبق الانطلاق .
3. وكما يذكر الاقتصادي (Kuznets) هناك صعوبة لاختبار النظرية .
4. ويتساءل الاقتصادي (Cairncross) ماذا لو تداخلت المراحل .
5. أن تواريخ الانطلاق مشكوك بها، وحتى أن الشروط الضرورية للإنطلاق لها محدودية.
6. أن المجتمع التقليدي ليس ضرورياً للتنمية ، فالولايات المتحده وكندا ونيوزيلانده واستراليا ولدت حرة ولم تمر بالمرحلة التقليدية، لهذا فإن المرور بهذه المرحلة ليس حتمياً.
7. إن معامل رأس المال الناتج هو ليس ثابتاً في حين أن Rostow يفترضه ثابتاً، مما يعني وجود عوائد ثابته للحجم ، وهذا الافتراض قد ينطبق على البلدان المتقدمة وليس النامية .
8. يعتبر البعض أن عنصر الغموض في هذه النظرية قائم .

ورغم هذه الانتقادات فإن البعض يعتبر أن نظرية روستو تلقي ضوءاً على عملية التنمية والشروط التي لا بد من توفرها لتحقيق التنمية وخاصة بالنسبه للبلدان النامية.

7.4 نظرية التبعية [10] (Dependance Theory)

ظهرت نظريات التبعية الدوليه في أمريكا اللاتينية وفرنسا، وفي السبعينات بدأت هذه النظريات تكتسب دعماً متزايداً وخاصة من مثقفي البلدان النامية . وتعود جذور هذه النظريات الى الفكر الماركسي. وتنظر هذه النظريات والنماذج الى البلدان الناميه بأنها تعيش حالة من الجمود (rigidity) في النواحي السياسية والمؤسسية والاقتصادية محلياً ودولياً، وأنها أسيرة التبعيه وعلاقات الهيمنه مع

البلدان الرأسمالية الغنية، ويعِّرف (Dos Santos) التبعيه بأنها الحاله التي يكون فيها اقتصاد البلد التابع محكوم بالتطور والتوسع في الاقتصاد الآخر المهيمن . أن العلاقه بينهما هي أن بعض البلدان يمكن أن تنمو وتتوسع ويصبح نموها مدفوعاً ذاتياً (Self-sustaining) بينما الآخرون (التابعون) يمكن أن يتوسع الاقتصاد لديهم كانعكاس للتوسع الحاصل في الاقتصاد المهيمن . ويُرجع نموذج التبعية وجود واستمرار حالة التخلف بشكل رئيسي الى التطور التأريخي للعلاقات غير المتكافأة للنظام الرأسمالي العالمي ولعلاقات البلدان الفقيرة مع البلدان الغنية، والتي تجعل محاولات البلدان الفقيرة لتحقيق الاعتماد على الذات والاستقلال أمراً صعباً .

وتفسر هذه النظرية استمرار الفجوه بين البلدان الراسمالية أو بلدان المركز (Center) والبلدان النامية والتي سميت بلدان الأطراف (pereferie) بجملة من العوامل أهمها :

1. إعتماد بلدان الأطراف على رأس المال الأجنبي وتصدير الفائض الاقتصادي الى المركز.
2. الاعتماد على التكنولوجيا الأجنبية .
3. الآليه التي تقلل مستوى الأجور الحقيقية في البلدان النامية دون المستوى المطلوب .
4. تدهور نسب التبادل التجاري (Terms of Trade) لبلدان الأطراف .
5. جوانب اجتماعية وثقافية للكولونياليه التي تعيق السير نحو الاستقلال الاقتصادي والاعتماد على الذات .

والتخلف يعتبر في هذه النظرية ظاهرة مفروضه من الخارج على عكس نظرية روستو والنظرية الهيكلية التي تؤكد على القيود الداخلية الخاصة بمحدودية الادخارات والاستثمارات أو ندرة التعليم والمهارات .

ومن أبرز الكتاب في نظرية التبعية هم Dos Santos ، و Paul Baran ، و Gunder Frank ، و Sameer Amin ، وEmanuel الخ . وتجدر الاشاره

الى أن هذه النظرية لا يمكن اختبارها تجريبياً لكنها تقدم إطاراً فكرياً يحتوي على الجوانب العديدة لوظائف وعمل الاقتصاد الرأسمالي العالمي ولأنواع الهيمنة والتبعية. إن التطور غير المتكافيء يجب أن ينظر إليه كجزء لا يتجزأ من النظام الرأسمالي العالمي، وأن عدم التكافيء هو أمر حتمي لأن تنمية بعض الأجزاء من النظام تحدث على حساب الأجزاء الأخرى . كما أن القوة الاحتكارية على التجارة التي يمارسها المركز تقود الى تحويل الفائض الاقتصادي من البلدان التابعة الى بلدان المركز ، وأن العلاقات المالية التي تستند على القروض وانتزاع رأس المال من قبل المركز تقود بالنهاية الى تدفق معاكس للموارد وتقوي وضع البلد المهيمن على البلد التابع .

ويؤكد (Santos) بأن كل شكل من أشكال التبعية قد أخضع سيطرته على الهيكل الداخلي لبلدان الأطراف ، وهذا قد أصبح جزءاً من علاقات التبعية التي عملت على إعاقة التنمية . أما Baran و Frank و Amin فإنهم يركزون إهتمامهم أكثر على الآليات الماركسيه التقليدية التي بموجبها تعمل الرأسماليه بشكل عام والرأسمالية العالمية بشكل خاص على مساعدة الأغنياء في استغلال الفقراء. والتأكيد هنا على مصادرة وتحويل الفائض الاقتصادي الناجم عن العمل الى مالكي رأس المال ، وأن الشركات متعددة الجنسيات هي الوسيلة الحديثه لمصادرة فائض القيمة .

وبالنسبة الى (Frank) ، وكما هو الحال مع (Santos)، فإن التخلف هو نتيجة طبيعية للنظام الرأسمالي العالمي، لأن التنميه في بعض البلدان تعني بالضرورة التنميه المشوهه أو التخلف للآخرين. والتنمية نفسها تعمل على ادامة التخلف، وهي العملية التي يسميها (Frank) تنمية التخلف (Development of Underdevelopment). كما يرى Frank بأن أصل العملية يعود الى الكولونياليه، والتي ابتدأت كشكل من أشكال الإستغلال الإقتصادي، والذي شوه الهيكل الاقتصادي للعالم الثالث . فقد أُجبِرت البلدان النامية على تجهيز المواد الخام

الى البلدان الصناعيه، وبهذا أعاقت التنمية الصناعية في البلدان المنتجة للمواد الخام. كما أن التوجه نحو التصدير والهيمنة الأجنبية على هذه البلدان قد حددت من نمو السوق الداخلي وأعاقت تأسيس الصناعات الأساسية الوطنية .

وتعود نظرية التبادل غير المتكافىء الى Emanuel الذي يؤكد بأن التبادل غير متكافىء بين الأغنياء والفقراء لأن الأجور هي أدنى في البلدان الفقيره وأن عدم المساواة في الأجور هي وحدها سبب عدم التكافىء في التبادل .

والرسالة الأساسية لنظرية التبعية ، إذن ، هي أن التنمية الأوروبية قد بنيت على التخلف في العالم غير الأوروبي . وقد استندت تنمية أوروبا على التحطيم والاحتلال والاستعمار والسيطره وانتزاع المجنمعات غير الغربية من سكانها ومن مواردها وفائضها الاقتصادي . وبموجب هذه الفكره فإن العلاقه بين بلدان المركز وبلدان الأطراف هي التي مكنت البلدان المسيطرة من تحقيق النمو الاقتصادي المستدام فيها، في حين أن بلدان الأطراف قد حققت بعض النمو كإنعكاس للتحولات الجارية في البلدان المتقدمة .

ويعتبر هؤلاء الكتاب بأن إنضمام بلدان أمريكا اللاتينية الى اقتصاد العالم الرأسمالي، ومن خلال التجاره تم توجيه الاقتصاد نحو الطلب القادم من المركز، حتى وإن كان الاقتصاد التصديري مملوكاً من السكان المحليين، فإن مثل هذه التبعية قد دُعمت وأسندت من قبل طبقه حاكمة صغيرة والتي استخدمت المنافع من التصدير لأغراض الاستهلاك الكمالي وليس للإستثمار .

ويذكر الاقتصادي سمير أمين بأن الأطراف حولت مبالغ طائلة من الفوائض (الأرباح) الى بلدان المركز تقدر بنحو 1.5% من قيمة انتاج البلدان الغنيه ويشكل هذا نحو 15% من انتاج البلدان الفقيرة ، وهذا هو السبب الرئيسي للركود الاقتصادي في الأطراف ، بنظر سمير أمين .(11)

وهكذا فإن نظرية التبعية تؤكد على الأسباب الخارجية للتخلف أكثر من الأسباب الداخلية لدى دول الأطراف .

هوامش الفصل الرابع

1. قارن :

- M.L. Jhingan ., op. cit., pp 175 - 179 .
- A. P. Thirwall ., op . cit , pp 213- 214 .

وكذلك د. يحيى النجار ود. آمال شلاش ، مصدر سابق من ص 204- 226 .

2. للمزيد من التفاصيل راجع :

- A. P . Thirwall ., op . cit . , pp 234- 237 .
- M . L . Jhingan ., op . cit ., pp 180 - 188 .

3. قارن :

M . L. Jhingan . , ibid .

4. للمزيد من التفاصيل انظر :

M. L . Jhingan ., op . cit ., pp 189- 197 .

A . P . Thirwall ., op . cit ., pp 237 - 242 .

5. M . Todaro ., op . cit ., pp 89 - 90 .
- M . L . Jhingan ., op . cit ., pp 146 - 174 .

6. قارن :

M . Todaro ., op . cit ., pp 89 - 90 .

7. قارن :

M . L . Jhingan . , op . cit ., pp 123 - 134 .

A . P . Thirwall ., op . cit ., pp 71 - 77 .

M. Todaro ., op . cit ., pp 79 - 80 .

8. A. P. Thirwall . , ibid ., p 71 .

9. قارن :

Agrawal ., op . cit ., pp (16.8- 16.10) .

10. قارن :

M. Todaro ., cit , pp 91- 92 .

A. p . Thirwall ., op . cit ., pp 188 - 190 .

R. Peet ., op . cit ., pp 107 - 111 .

11. R. Peet ., ibid ., p 107 .

الفصل الخامس

التنميــة الاقتصاديــة :
مفهومها وأبعادها ومستلزماتها

الفصل الخامس

التنمية الاقتصادية
(مفهومها ، وابعادها، ومستلزماتها)

احتل موضوع التنمية الاقتصادية (Economic Development) منذ الحرب العالمية الثانية مكاناً مرموقاً بين الدراسات الاقتصادية، وبدأ يستحوذ على اهتمامات الاقتصاديين والسياسيين في البلدان المتقدمة والنامية وفي المنظمات الدولية والاقليمية. وظهرت العديد من الكتابات والتحليلات التي اختصت بدراسة اوضاع التخلف الاقتصادي والتنمية من جوانبها المختلفة. وقد تعزَّز الاهتمام بمسألة التنمية من خلال بروز جملة من العوامل في أعقاب الحرب العالمية الثانية وأهمها:

1. الرخاء المتحقق في البلدان الصناعية المتقدمة.
2. حصول معظم البلدان النامية على استقلالها السياسي، وبداية اهتمامها بتطوير بلدانها.
3. التقدم الكبير الذي أحرزته البلدان الاشتراكية في حينها وفي مقدمتها الاتحاد السوفيتي ودول اوربا الشرقية والصين والذي شكل عاملاً مشجعاً لقضايا التنمية في البلدان النامية.
4. رواج بعض الافكار النظرية الاقتصادية المتفائلة.
5. شيوع فكرة التنمية على المستوى الدولي وظهور منظمة الامم المتحدة ووكالاتها المتخصصة كالبنك الدولي وصندوق النقد الدولي والذي عزز مساعي التعاون الدولي في مجال التنمية.

وكان من الطبيعي ان تبرز اختلافات فيما بين الاقتصاديين والكتاب في تحديد مفهوم التنمية، فكلٌ ينظر لها بمنظاره الخاص وفي ضوء فلسفته السياسية وخلفياته الفكرية. ولقد تطور مفهوم التنمية عبر الزمن وتوسعت مضامينه وتعددت

أبعاده. ولتغطية هذا الموضوع من جوانبه المختلفة والمتعددة سوف نتناول في هذا الفصل الموضوعات الاتية:

1.5 مفهوم التنمية

2.5 ابعاد التنمية

3.5 مستلزمات التنمية

1 . 5 مفاهيم التنمية الاقتصادية (Economic Development Concepts)

أن مصطلح التنمية يعني أشياء مختلفة الى مختلف الاشخاص ، ولهذا من الضروري ان يكون لدينا تعريف محدد ومقبول، وبدون مثل هذا التعريف سوف يصعب تحديد مدى انجاز وتطور هذا البلد أو ذاك في مضمار التنمية. وقد إختلفت تعريفات التنمية فيما بين الاقتصاديين والكتاب. ولكنها أجمعت على أن التنمية الاقتصادية تشمل جميع جوانب الحياة في المجتمع وتتجاوز بذلك مفهوم النمو الاقتصادي الذي غلب على الكتابات الاولى في مجال التنمية.

فقد عرَّفها البعض بانها العملية التي بمقتضاها يجري الانتقال من حالة التخلف الى التقدم، ويصاحب ذلك العديد من التغيرات الجذرية والجوهرية في البنيان الاقتصادي. ويعرِّفها آخرون بانها العملية التي يتم بمقتضاها دخول الاقتصاد الوطني مرحلة الانطلاق نحو النمو الذاتي[1]. كما عرف (Edgar Owen) التنمية، في كتابه، عام 1987، بانها لا تقتصر على الجانب الاقتصادي فحسب بل انها ترتبط بالافكار السياسية واشكال الحكومة ودور الجماهير في المجتمع.[2]

ويعرفها البعض ايضاً بالمفهوم الواسع بأنها رفع مستدام للمجتمع ككل وللنظام الاجتماعي نحو حياة انسانية أفضل.[3] وقد عرف (A. K. Sen) التنمية بانها تعمل على توسيع الحقوق (entitlements) والقدرات (capabilities)[4]، فالأول يمنح الفرد

مقومات الحياة الاساسية واحترام النفس والثاني يمنح الفرد الحرية. والتعريف الافضل للتنمية بالمفهوم الشامل هو انها تمثل ذلك التطور البنياني او التغير البنياني للمجتمع بابعاده الاقتصادية والاجتماعية والفكرية والتنظيمية من أجل توفير الحياة الكريمة لجميع أفراد المجتمع.

ويرتكز هذا التعريف على عنصرين اساسيين هما: تغيير بنياني، وتوفير الحياة الكريمة، فالتنمية الاقتصادية بهذا المعنى تعني احداث تغيير جوهري في النسب والعلاقات التي يتميز بها الاقتصاد الوطني مثل معدل الادخار ومعدل الاستثمار ونسب القطاعات المختلفة في الناتج المحلي الاجمالي الخ. أن هذا التغيير يختلف من مجتمع لأخر حسب حجم ونوع الموارد الاقتصادية المتوفرة في المجتمع. ولهذا فقد استُبدل هدف زيادة الدخل الفردي بهدف تحقيق الحياة الكريمة للفرد، رغم اهمية الدخل الفردي. ويتضمن مفهوم الحياة الكريمة توفير الاحتياجات الاساسية للفرد، وتحقيق ذاتية الفرد، وتوفير حرية الاختيار للفرد في المجتمع.

وهناك اتجاه يُعرف بالاتجاه الراديكالي (اليساري) والذي يرفض النماذج والنظريات الراسمالية الغربية للتنمية ويقترح منهجاً مختلفاً عن النماذج المعروضة آنفاً. وبموجب هذا المنهج والذي يعرف بالرؤية الجديدة للتنمية تُعرف التنمية بانها تهدف الى تحقيق التنمية الاقتصادية المستقلة التي تعمل على تحقيق رفاهية انسان العالم الثالث، ويتطلب تحقيق هذا الهدف نفي التبعية الاقتصادية، وسيطرة الدولة على مواردها وتوجيه الفائض الاقتصادي نحو مشروعات التنمية لرفع مستوى معيشة الشعوب[5]. ويشترط هذا التعريف جملة من الاجراءات والخطوات لتحقيق التنمية المستقلة.

فالتنمية الاقتصادية بهذا المعنى ما هي الا أداة لتحقيق اهداف محددة للمجتمع، ولكنه لا يمكن فصل التنمية عن أهدافها. ولا بد من التأكيد هنا بأن عملية التنمية لا يمكن ان تتم بالشكل المطلوب الا بمجهودات جميع افراد المجتمع، وتتطلب تفاعل الفرد معها لغرض انجاحها. وهنا يأتي دور وأهمية الاعلام في توعية الفرد وترشيده وخلق الدوافع لديه والاحساس بان دوره في العملية التنموية

ضروري لانجاحها. وفي نفس الوقت يتعين ان يقتنع الفرد بأن ثمار التنمية لا بد وان تعود عليه بالخير، وبالتالي فان للفرد مصلحةً حقيقية في تحقيق التنمية.

ويشار هنا الى أن التنمية الاقتصادية تتضمن العديد من التغيرات سواء في جانب العرض او في جانب الطلب. ومن أهم التغيرات التي تحدث في جانب العرض هي:

1. اكتشاف موارد جديدة.
2. التوسع في عملية تراكم راس المال.
3. تزايد حجم السكان.
4. ادخال اساليب انتاج جديدة.
5. تحسين المهارات.
6. تطوير القدرات الادارية والتنظيمية.
7. تعديلات مؤسسيه وتنظيمه.

أما التغيرات في جانب الطلب فتشمل:

1. تغير حجم السكان وتركيبه العمري.
2. تغير مستوى الدخل ونمط توزيعه وتغير الاذواق.
3. التغيرات المؤسسيه الاخرى وهي الثقافية والاجتماعية واطر التشريعات والانظمة.

النمو والتنمية :

ان مصطلحي النمو والتنمية استخدما كمرادفين لبعضهما، وخاصة في الادبيات الاقتصادية الاولى. فكلاهما يشير الى معدل زيادة في الناتج القومي الاجمالي الحقيقي خلال فترة زمنية طويلة. لكنه هناك فروقات اساسية فيما بينهما. فالنمو الاقتصادي يشير الى الزيادة المضطردة في الناتج القومي الاجمالي لفترة طويلة من الزمن دون حدوث تغيرات مهمة وملموسة في الجوانب الاقتصادية

والاجتماعية والسياسية والثقافية الخ. بينما تعني التنمية الاقتصادية اضافة الى نمو الناتج القومي الاجمالي حصول تغيرات هيكلية مهمة وواسعة في المجالات الاقتصادية والاجتماعية والسياسية والديمغرافية وفي التشريعات والانظمة. وهناك اثنان من اهم التغيرات الهيكلية وهما: ازدياد حصة الصناعة في الناتج القومي الاجمالي (مقابل انخفاض حصة الزراعة)، وزيادة نسبة السكان الذين يعيشون في المدن بدلاً من الريف. كما أن نمط الاستهلاك يتغير لان الناس لا ينفقون كل دخلهم على الضروريات الاساسية بل يحولون نحو السلع الاستهلاكية المعمرة ونحو سلع وقت الفراغ والخدمات. والعنصر الاخير في التنمية الاقتصادية هو ان الناس يصبحون مشاركين في العملية التنموية التي جلبت هذه التغيرات الهيكلية[6] .

ويفرّق بعض الاقتصاديين بين النمو والتنمية في جوانب عديدة، حيث تؤكد السيدة هيكس (Mrs Hicks) بأن التنمية تشير الى البلدان النامية والنمو يشير الى البلدان المتقدمة. كما يفرّق (Schumpeter) بين الاثنين بالقول بأن التنمية هي تغير غير مستمر وفجائي في الحالة المستقرة، بينما ان النمو هو تغير تدريجي ومستقر في الامد الطويل، والذي يحدث من خلال الزيادة العامة في معدل الادخار وفي السكان. ويؤكد البروفسور (Bonne) بأن التنمية الاقتصادية تتطلب وتتضمن نوعاً من التوجيه والتظيم والقيادة لتوليد قوى التوسع والمحافظة عليها.[7]

وعليه فإن التنمية الاقتصادية هي عملية مقصودة ومخططة تهدف الى تغيير البنيان الهيكلي للمجتمع بابعاده المختلفة لتوفير الحياة الكريمة لافراد المجتمع. ولهذا فان التنمية اشمل واعم من النمو اذ انها تعني النمو زائداً التغيير، وان التنمية ليست فقط ظاهرة اقتصادية بل هي تتضمن ايضاً محتوى اجتماعياً ايضاً.

تطور مفهوم التنمية [8]:

كان جوهر التنمية، بعد الحرب العالمية الثانية، يتمثل في النمو السريع للدخل، حيث تؤكد ادبيات التنمية على جانب النمو، واصبح مؤشر الدخل يستخدم

بكثرة للتعبير عن التنمية، لأنه يأخذ قدرة المجتمع على زيادة الانتاج بمعدلات تفوق معدلات نمو السكان، وان معدل نمو الدخل الحقيقي يقيس بشكل عام التحسن في مستوى المعيشة. وخلال عقد الستينات تغير مفهوم التنمية اذ أن مضاهر التخلف الاقتصادي استمرت حتى بعد نيل البلدان النامية استقلالها، وبعد ان حققت معدلات عالية نسبياً في الناتج القومي. فقد كشفت التجارب العملية قصور مفهوم التنمية التقليدي والذي ظهر من البلدان المتقدمة، والذي يحصر مفهوم التنمية في مجرد النمو الاقتصادي السريع وذلك بسبب استمرار مشكلات البطالة والفقر وسوء توزيع الدخل. كما ان النمو السريع الحاصل في بعض البلدان لم يساعد على تحسين وضعها في النظام الاقتصادي العالمي. ومن ناحية اخرى استطاعت بلدان نامية لم تشهد سوى معدلات متوسطة في النمو في الدخل ان تحقق تقدما لا بأس به في عدد من المجالات المتصلة بأشباع الحاجات الاساسية.

ولهذا فان التغير الكمي في الناتج القومي الاجمالي لا يعبر عن التغيرات النوعية في الهيكل الاقتصادي والاجتماعي، وان المطلوب بالنسبة للبلدان النامية هو التأكيد على هذه التغيرات النوعية الى جانب التغير الكمي.

ومعلوم انه من الممكن ان يحدث النمو دون تغيير في البنيان الاقتصادي وذلك في حالة البلدان النامية، وفي حالة زيادة الدخل القومي المعتمد على مصادر الثروة الطبيعية، الا انه في ظل اوضاع طبيعية فان زيادة النمو في الاقتصادات النامية يشترط تغييراً كبيراً في الهيكل الاقتصادي.

وهكذا تحول مفهوم التنمية من النمو الاقتصادي فحسب الى الحد من التفاوت في الدخل وتحقيق العدالة في توزيع الدخل وازالة الفقر وتوسيع فرص العمل واشباع الحاجات الاساسية الى جانب النمو الاقتصادي.

وأدى كل ذلك الى قيام عدد متزايد من الاقتصاديين وصانعي السياسات الى التخلي عن التاكيد والتركيز على نمو الناتج القومي والتوجه نحو معالجة الفقر وتوزيع الدخل ومعالجة البطالة وبذلك أعيد تعريف التنمية في السبعينات ليعني

تقليل الفقر وعدم المساواة والقضاء على البطالة ضمن اقتصاد يستمر بالنمو. وادركت العديد من الجهات المعنية بالتنمية بأن التنمية ليست قضية اقتصادية فحسب بل انها مرتبطة بالافكار السياسية وشكل الحكومة ودور الجماهير في المجتمع. وحتى ان البنك الدولي الذي كان يركز على النمو الاقتصادي كهدف للتنمية غيَّر موقفه هو الآخر وبدأ ينظر نظرة اوسع للتنمية، كما ورد في تقريره لعام 1991 (World Development Report) للعام المذكور حيث يؤكد بان تحدي التنمية يعني تحسين نوعية الحياة والتي تتضمن اكثر من مجرد ارتفاع الدخل لتشمل تعليماً أفضل، ومستوى اعلى من الصحة والتغذية، وفقراً أقل، وبيئة أنظف، وتكافىء الفرص، وحرية فردية أكبر، وحياة ثقافية أغنى.[9]

وهكذا فقد تبنى البنك الدولي سياسات اعادة التوزيع مع النمو (Redistribution with Growth) وتبنت منظمة العمل الدولية استراتيجية الوفاء بالاحتياجات الاساسية للانسان (Basic Needs Strategy) وأكدت على انه لا يكفي ان يعاد توزيع الدخل بين الطبقات والفئات بل التركيز على تحسين نصيب الاغلبية الفقيرة وتوفير السلع والخدمات لهم. لكن فكرة الاحتياجات الاساسية تعرضت لانتقادات هي الاخرى من جانب كتاب العالم الثالث على انها تعني تنمية من الدرجة الثانية، وان الاهتمام بها يحرم البلدان النامية من امكانية اللحاق بركب البلدان الصناعية المتقدمة ولهذا لم يجد مفهوم الحاجات الاساسية أدنى اهتمام.

وظهرت خلال عقدي الثمانينات والتسعينات عدة تطورات بخصوص مفهوم التنمية، فقد ظهر مفهوم التنمية البشرية والتنمية المستدامة والتنمية المستقلة الشاملة. وفيما يلي شرح موجز لكل من هذه المفاهيم.

مفهوم التنمية البشرية (Human Development Concept)

لعب برنامج الامم المتحدة الانمائي دوراً ريادياً في تبني وترويج هذا المفهوم في تقارير التنمية البشرية التي صدرت منذ عام 1990. ولقي هذا المفهوم اهتماماً من المهتمين بالعلوم الاجتماعية. ويرى البعض ان تاريخ التنمية البشرية

يعود الى المدارس الاقتصادية الكلاسيكية والنيوكلاسيكية منذ منتصف القرن الثامن عشر، وامتد لحد القرن العشرين. الا ان المفهوم عند تلك المدارس يختلف عن المفهوم في حالته الجديدة، فالأول اعتبر العمل عنصر انتاج وانه يعكس النمو والتقدم، فيما اعتبر المفهوم الجديد ان الانسان هو جوهر التنمية وان التنمية يجب ان تستجيب ليس فقط للمتطلبات الاقتصادية بل الاجتماعية والسياسية أيضاً.

وتعرَّف التنمية البشرية في تقارير الامم المتحدة بانها (عملية توسيع الخيارات المتاحة للناس). وهذه الخيارات هي:

1. العيش حياة طويلة وصحية.
2. الحصول على المعارف .
3. الحصول على الموارد الضرورية لتوفير مستوى المعيشة المناسب.

وللتنمية البشرية جانبان: **الاول**، بناء القدرات البشرية لتحسين مستوى الصحة والمعرفة والمهارات **والثاني**، انتفاع الناس بقدراتهم المكتسبة في وقت الفراغ ولاغراض الانتاج وللنشاط في مجال الثقافة والمجتمع والسياسة ، لهذا فان الدخل ليس إلا واحداً من الخيارات، والزيادة السنوية في الناتج القومي شرط ضروري للتنمية البشرية ولكنه ليس شرطاً كافياً، ومن المهم ان تخدم عملية التنمية ما يطلبه الناس. وقد تم التطرق إلى مكونات مقياس التنمية البشرية في فصل سابق .

التنمية المستدامة (Sustainable Development)

تركِّز التنمية المستدامة على المواءمة بين التوازنات البيئية والسكانية والطبيعية، لذا تعرَّف بانها (التنمية التي تسعى الى الاستخدام الامثل بشكل منصف للموارد الطبيعية بحيث تعيش الاجيال الحالية دون إلحاق الضرر بالاجيال المستقبلية). والسبب هنا هو ان السكان في تزايد مستمر بينما الموارد الطبيعية تتناقص بشكل فضيع، لذا فالهدف هو الوصول الى معدل نمو للسكان ثابت على مستوى العالم وذلك لمنع استنزاف الموارد الطبيعية وزيادة تلوث البيئة وهدر

الطاقات. وتعالج التنمية المستدامة مشكلة الفقر المتعلقة بالسكان لان العيش في وسط من الفقر والحرمان يؤدي الى استنزاف الموارد وتلوث البيئة.

وعليه فان التنمية المستدامة، كما هو شأن التنمية البشرية، جوهرها الانسان.

ان هذا المفهوم للتنمية لم يعد مجرد جدل نظري وحكراً على الاقتصاديين بل ان المجتمع الدولي هو الذي ساهم في البلورة العلمية للمفهوم كما حصل في مؤتمر البيئة والتنمية (قمة الارض) في ريودي جانيرو في البرازيل في يونيو/ حزيران 1992.

وقد تم دمج فكرة التنمية المستدامة بالتنمية البشرية ليصبح مفهوم التنمية الجديد هو التنمية البشرية المستدامة.

التنمية المستقلة (Independent Development)

برز هذا المفهوم نتيجة للتفكير في ايجاد استراتيجية بديلة للتنمية تنطلق من الاعتماد على الذات وذلك كرد فعل على محاولات البلدان الراسمالية المتقدمة بفرض سيطرتها على البلدان النامية. ويعتبر (Paul Baran) رائداً في الدعوة الى تحقيق التنمية المستقلة في كتابه الشهير الاقتصاد السياسي للتنمية، إذ ربطها بالسيطرة على الفائض الاقتصادي واستغلاله افضل استغلال ممكن. ثم أخذ الفكرة عن (Baran) اقتصاديون من القارات الثلاثة وحتى في اوربا، وحاولوا تطوير تحليله المذكور لتحديد مفهوم التنمية المستقلة. وقد أجمع غالبيتهم على ربطها بالتطور اللارأسمالي. ورغم ذلك لم يتبلور بعد مفهوم محدد للتنمية المستقلة في كتابات الاقتصاديين، الا ان الغالبية تتفق على انه يتمثل في اعتماد المجتمع على نفسه وتطوير قدرات أفراده مع اعطاء الاولوية لتعبئة الموارد المحلية وتصنيع المعدات الانتاجية وبناء قاعدة علمية وتكنولوجية محلية بكل مقتضياتها.

وقد وضعت بعض الشروط اللازمة لانجاز التنمية المستقلة وأهمها: [10]

1. ضرورة تدخل الدولة في الاقتصاد الوطني مع وضع حدود للتدخل تضمن نجاح التنمية وتحقيقها للاستقلال وتكوين القدرات الذاتية للافراد في استغلال الموارد المحلية.

2. السيطرة على الفائض الاقتصادي بشكل فاعل وتوجيه استخدامه بما يؤدي الى تحقيق اهداف التنمية واستخدام السياسات الملائمة لذلك.

3. التوجه نحو الداخل في استراتيجية التنمية وتوسيع السوق المحلية من خلال اشباع الحاجات الاساسية.

4. تخفيف اثر العوامل الخارجية على الاقتصاد الوطني.

5. التوزيع العادل لثمار التنمية، على ان يتم هذا من خلال انماط جديدة للاستثمار والانتاج، وليس من خلال آليات السوق او اساليب اعادة توزيع الدخل أو برامج الانفاق العام لوحدها.

6. ضرورة المشاركة الشعبية الواسعة في تحقيق التنمية.

7. وأخيراً يؤكد هذا التوجه على ضرورة استخدام التكنولوجيا الملائمة التي تكون ذات كفاءة اقتصادية والتي ترتبط بطبيعة الموارد الاقتصادية المتوافرة. ان مثل هذه التكنولوجيا لا يمكن استيرادها من الخارج بل يتعين على البلدان ان تخلقها، وهنا تكمن الصعوبة الكبرى.

المفهوم الشامل للتنمية (Comprehensive Development)

في عام 1996 اعلن البنك الدولي مبادرة الاطار الشامل للتنمية، وتتضمن هذه المبادرة بلورة اطار كلي يتكامل فيه الجانب الاقتصادي والمالي الكلي مع الهيكل الاجتماعي والبشري. وينظر البنك الدولي للتنمية على أنها عملية تحويل المجتمع من العلاقات التقليدية وطرق التفكير التقليدية وطرق الانتاج التقليدية الى طرق اكثر حداثة. ويرى البنك انه لن يتيسر انجاز هذه التنمية الا إذا شملت التنمية تحسين مستويات الحياة كالصحة والتعليم وتخفيف الفقر واضطراد التنمية.

2.5 ابعـاد التنمية [11] (Dimentions of Development)

مما تقدم يتضح لنا بأن مفهوم التنمية الاقتصادية يتضمن ابعاداً مختلفة ومتعددة تشمل الآتي:

1. البعد المادي (الاقتصادي) للتنمية، ويتضمن التأكيد على مفاهيم النمو والتحديث والتصنيع.
2. البعد الاجتماعي الانساني للتنمية، ويتضمن اجتثاث الفقر واشباع الحاجات الاساسية للغالبية من السكان، والتوزيع الاكثر عدالة للدخل.
3. البعد السياسي، ويتضمن مفاهيم التحرر من التبعية والاستقلال الاقتصادي.
4. البعد الدولي للتنمية، ويتضمن مفهوم التعاون الدولي وعلاقته بالتنمية في اطار المنظمات والاتفاقيات والنظام العالمي والتكامل الاقليمي.
5. البعد الجديد للتنمية، والذي ينظر الى التنمية الاقتصادية باعتبارها مشروعاً للنهضة الحضارية.

وفي ادناه نقدم شرحاً موجزاً لكل من الابعاد المذكورة اعلاه.

1.2.5 البعد المادي للتنمية (Material Dimension of Development)

يستند هذا البعد على حقيقة ان التنمية هي نقيض للتخلف، وبالتالي فان التنمية تتحقق من خلال التخلص من سمات التخلف واكتساب الخصائص السائدة في البلدان المتقدمة. ان المفهوم المادي للتنمية الاقتصادية يبدأ بتراكم قدر من راس المال، الذي يسمح بتطوير التقسيم الاجتماعي للعمل، أي التحول من الصناعة اليدوية الى الصناعة الآلية، وعلى النحو الذي يحقق سيادة الانتاج السلعي، وتكوين السوق الداخلية، وهذا ما يعرف بجوهر التنمية[12]. فالبلدان المتخلفة تحتاج الى تحقيق عدد من العمليات لكي تحقق التنمية وهذه العمليات هي :

(1) تحقيق التراكم الرأسمالي (2) تطوير التقسيم الاجتماعي للعمل (3) سيادة الانتاج السلعي (4) عملية تكوين السوق القومية.

وقد ارتبط مفهوم التنمية بالتصنيع ارتباطاً وثيقاً. ذلك لأن عملية التصنيع تؤدي الى تنويع الهيكل الانتاجي، ولهذا فان التنمية هي المفهوم الشامل والواسع لعملية التصنيع. ومعلوم أن عملية التصنيع تتطلب احداث جملة عوامل أهمها ثورة صناعية، وتهيئة القاعدة الصناعية، وارتفاع مستوى التراكم الرأسمالي، وخلق الاطر الملائمة لاحداث التغير في البنيان الاجتماعي.

5 .2. 2 البعد الاجتماعي للتنمية (Social Dimension of Development)

لا شك ان الجانب الاقتصادي للتنمية ذو صلة وثيقة بجوانب الحياة الاخرى في المجتمع وهي الجوانب الاجتماعية والثقافية والسياسية. وقد ترتب على توسيع مفهوم التنمية أمران:

الاول، المرادفة بين التنمية والتحديث (Modernization) . والتحديث هو عملية التحول نحو الانماط من الانظمة الاجتماعية والاقتصادية والسياسية التي تطورت في اوربا الغربية وامريكا الشمالية بين القرنين السابع عشر والتاسع عشر.

وان المفهوم الجديد للتنمية، على وفق هذا المنظور، تعبر عنه مؤشرات مادية وغير مادية تشمل التقدم التكنولوجي السريع وزيادة الانتاج المادي وارتفاع معدلات الانتاجية وسرعة الانتقال الجغرافي وسرعة الاتصال وزيادة السكان وزيادة التحضر وزيادة الخدمات الانتاجية والاجتماعية واعادة تأهيل المهارات الفردية واعادة تشكيل الأنظمة الاجتماعية والقيمية بهدف التكيف مع متطلبات المجتمع الجديد.

والثاني، هو تحقق التنمية بالانتشار، حيث تشع رياح التغيير من البلدان المتقدمة من خلال التكنولوجيا ورأس المال والمهارات والقيم والتغيرات في الأنظمة القائمة. اما جوانب البعد الاجتماعي للتنمية فتتمثل في تغيرات في الهياكل الاجتماعية

واتجاهات السكان والمؤسسات القومية وتقليل الفوارق في الدخول واجتثاث الفقر المطلق. وقد تغيرت النظرة الى الفقر في عقد الستينات واصبح ينظر لها بانها مرتبطة بالبطالة، واصبح هدف التنمية اشباع الحاجات الاساسية. وبهذا تغيرت فلسفة التنمية من كونها مستندة الى النمو الى الفهم المستند الى الحاجات الانسانية وبذلك اصبحت التنمية هي تنمية الانسان.

5. 2. 3 البعد السياسي للتنمية (Political Dimension of Development)

ان انتشار فكرة التنمية عالمياً جعل منها آيديولوجية، وحلت معركة التنمية محل معركة الاستقلال. ان التنمية تشترط التحرر والاستقلال الاقتصادي. ويتضمن البعد السياسي للتنمية التحرر من التبعية الاقتصادية الى جانب التبعية الاستعمارية المباشرة. فاذا كان الواقع قد فرض على البلدان النامية الاستعانة بالمصادر الاجنبية من راس المال والتكنولوجيا، الا ان هذه المصادر يجب ان تكون مكملة للامكانيات الداخلية الذاتية بحيث لا تقود الى السيطرة على اقتصادات البلدان النامية.

5. 2. 4 البعد الدولي للتنمية (International Dimension of Development)

ان فكرة التنمية والتعاون الدولي في هذا المجال قد فرضت نفسها على المجتمع الدولي وقادت الى تبني التعاون على المستوى الدولي والى ظهور الهيئات الدولية، كالبنك الدولي وصندوق النقد الدولي. ولهذا فقد اطلقت الامم المتحدة في عام 1961 تسمية عقد التنمية الاول والذي استهدف تحقيق معدل للنمو الاقتصادي يبلغ 7%. كما شهد عقد الستينات نشأة منظمة الغات (GATT) اي الاتفاقية العامة للتجارة والتعرفة الجمركية، وكذلك نشأة منظمة الاونكتاد (UNCTAD) اي مؤتمر الامم المتحدة للتجارة والتنمية. وتهدف هذه المنظمات جميعها الى تحقيق علاقات دولية اكثر تكافؤاً. ثم جاء عقد التنمية الثاني للفترة 1970 – 1980، مستهدفاً معدلاً سنوياً للنمو يبلغ 6%. الا ان مساعي كل هذه الجهات والمنظمات لم تفلح في تحقيق

اهدافها الاساسية من وجهة نظر البلدان النامية، ولهذا تجد بان التفاوت في الدخول فيما بين البلدان الغنية والفقيرة يزداد على مر الزمن.

5. 2. 5. البعد الحضاري للتنمية (Civilized Dimension of Development)

اشرنا سابقاً بان مفهوم التنمية مفهوم واسع يشمل كل جوانب الحياة ويفضي الى مولد حضارة جديدة. ويعتبر البعض بأن التنمية بمثابة مشروع نهضة حضارية. فالتنمية ليست مجرد عملية اقتصادية تكنولوجية، بل هي عملية بناء حضاري تؤكد فيه المجتمعات شخصيتها وهويتها الانسانية.

5. 3 مستلزمات التنمية الاقتصادية [13]

ان التنمية الاقتصادية تتطلب العديد من المستلزمات الضرورية لانجاز مهامها، والتي تمثل عوامل الانتاج (Factors of Production) وهي رأس المال والموارد البشرية والتكنولوجيا والموارد الطبيعية. واضافة الى ما تقدم فأن عملية التنمية الاقتصادية تتطلب أيضاً عوامل عديدة اخرى تندرج ضمن ما يعرف بالاطار العام للتنمية مثل النظم السياسية والاجتماعية والاقتصادية والانماط الثقافية والعادات والتقاليد والمفاهيم ونظم التعليم ومشاركة الشعب في عملية التنمية. وسوف نستعرض في ادناه كلاً من هذه المستلزمات بإيجاز.

أولاً: عوامل التنمية

1. تراكم رأس المال (Capital Accumulation)

يؤكد جميع الاقتصاديين على الاهمية الكبيرة لتراكم راس المال في تحقيق التنمية، ويتم تحقيق التراكم في رأس المال من خلال عملية الاستثمار (Investment) والتي تستلزم توفر حجم مناسب من المدخرات الحقيقية

(Real Savings) ، بحيث يتم من خلالها توفير الموارد لأغراض الاستثمار، بدلاً من توجيهها نحو مجالات الاستهلاك.

ان جوهر تراكم راس المال يكمن في حقيقة أن مثل هذا التراكم يعزز من طاقة البلد على انتاج السلع، ويمكّنه من ان يحقق معدلاً عالياً للنمو. والسلع الراسمالية تتوزع بين عدة انواع، فمنها ما هو على شكل مصانع ومكائن، والتي لا تعطي منافع مباشرة لكنها تقوم بانتاج السلع الاستهلاكية والخدمات التي تقوم بانتاج السلع الاخرى. وهناك استثمارات البنى التحتية (Infrastructures Investment) مثل خدمات النقل والاتصالات وتوليد الطاقة. والنوع الاخر هو الانفاق على البحوث والتطوير (R & D) والذي يُساهم في تحسين انتاجية العمل وراس المال او كلاهما. واخيراً هناك نفقات اجتماعية مثل الاستثمار في الصحة والتعليم والتي توفر منافع مباشرة ولكنها في نفس الوقت، تجعل الافراد والمجتمع ككل اكثر انتاجية [14].

ويمكن تعريف راس المال بانه ثروة تستخدم في انتاج المزيد من الثروة. ويعتبر راس المال أحد اهم عناصر الانتاج والنمو إلى جانب عنصر العمل بطبيعة الحال .

ويمكن التمييز بين نوعين من راس المال وهما:

أ- راس المال المالي (Financial)، والذي يمثل الاموال السائلة التي توجه لشراء الاسهم والسندات او تقرض الى البنوك للاستخدام في الاعمال (Business).

ب- راس المال الحقيقي أو المادي (Real) الذي يتكون من المصانع والمكائن والمعدات وخزين المواد الخام الخ.

ويقسم راس المال الحقيقي بدوره الى ثلاثة انواع:

(1) راس المال الثابت (Fixed Capital) والذي يتمثل في المصانع والمكائن والمعدات والمستودعات والمباني المستخدمة في الانتاج الصناعي ووسائط النقل .. الخ .

(2) راس المال المتداول (Circulating Capital) ويتمثل في المواد الخام والوقود والسلع قيد الانتاج والسلع النهائية والأصول الجارية .

(3) وهناك نوع آخر من راس المال يدعى راس المال الفوقي الاجتماعي (Social Overhead Capital) ويتمثل في الاصول الثابتة المملوكة للمجتمع ككل وليس لفرد معين، مثل المدارس والمستشفيات والطرق والجسور أو ما يعرف بالبنية التحتية.

والسلع الراسمالية تساعد كثيراً في توسيع الطاقات الانتاجية في البلد لانتاج كميات أكبر من السلع. ذلك لان زيادة حجم هذه السلع الراسمالية تعمل على: (1) تعميق راس المال (Capital Deepening) أي توفر لكل عامل قدراً اكبر من راس المال للعمل، وهذا مهم جداً للبلدان الاقل تطوراً والتي تتميز بفائض العمل و (2) ان وجود راس المال يمكن ان يشجع على التخصص وتقسيم العمل، الذي يؤدي الى زيادة الانتاج وارتفاع مستوى الانتاجية.

واضافة الى ذلك فان راس المال قد يكون العامل الرئيس لتسهيل وتحقيق التقدم التكنولوجي، ذلك لان كل سلعة راسمالية هي متضمنة للتكنولوجيا، كما ان زيادة حجم السلع الرسمالية تتوافق مع المكائن المحسنة والادوات. لهذا فان تبني طرق محسنة للانتاج تفترض امكانية زيادة راس المال . وعليه فان التقدم التكنولوجي في قطاع السلع الرأسمالية من الامور المهمة.

وقد أجمع الاقتصاديون بمختلف مدارسهم الفكرية على أهمية الدور الذي يلعبه تراكم راس المال في تحقيق التنمية الاقتصادية، ولعل نموذج هارود ودومار للنمو خير دليل على ذلك، حيث يؤكد النموذج المذكور على العلاقة الطردية بين معدل نمو الدخل القومي وبين معدل الاستثمار (الادخار) [16].

وتجدر الاشارة الى ان تراكم راس المال ليس مهماً بحد ذاته فحسب بل انه الوسيلة الرئيسية للتقدم في المعرفة والتي بدورها تعتبر محدداً رئيسياً لنمو الانتاجية. ان البلدان النامية تؤكد بشكل كبير على أهمية تراكم راس المال، وتؤكد على الحاجة الى زيادة مستوى الاستثمار بالنسبة للانتاج، وتعتبر ان تراكم راس

المال هو الشرط الضروري ليكون البلد متقدماً اضافة الى تأسيس آليات اجتماعية واقتصادية كفوءة لزيادة خزين راس المال للفرد باشكال متعددة. وبالمقابل فان البلد المتخلف هو البلد الذي يمتلك مقداراً صغيراً من خزين راس المال. ويُنظَر الى تراكم راس المال على انه ايضاً الوسيلة للتخلص من الحلقة المفرغة للفقر، حيث ان المستوى المنخفض للانتاجية هو بمثابة مصدر الحلقة المفرغة للفقر. وعلى كل حال فان التاكيد الذي تضعه البلدان النامية على تراكم راس المال يعتبر حقيقياً جداً وفي محله [17].

واخيراً فان ارتفاع معدلات النمو السكاني في البلدان النامية وافتقارها الى الموارد الحقيقية يجعل قدرة هذه البلدان على تكوين راس المال ضعيفة، ولهذا يتعين على مثل هذه البلدان العمل على تراكم راس المال (المادي والبشري) اذا أرادت ان تعمل على رفع معدلات نمو الدخل الوطني الحقيقي بشكل كبير.

2. الموارد البشرية (Human Resources)

ان الموارد البشرية تعني القدرات والمواهب والمهارات والمعرفة لدى الافراد والتي تدخل كمستلزم في العملية الانتاجية. وتلعب الموارد البشرية دوراً مهماً جداً في عملية التنمية، حيث ان الانسان هو غاية التنمية وهو وسيلتها في نفس الوقت. وحيث ان الانسان غاية التنمية لذلك فان الهدف النهائي لها هو رفع مستوى معيشة الانسان. وحيث ان الانسان هو في ذات الوقت وسيلة التنمية فانه هو الذي يرسم وينفذ عملية التنمية، وان ثمار التنمية ناتجة عن النشاط الانساني. ومن هنا تتبين اهمية الموارد البشرية في عملية التنمية.

والعمل ليس هو عاملاً رئيسياً من عوامل الانتاج فحسب بل هو المستفيد الرئيسي من النمو ومن التنمية الاقتصادية. ففي معظم البلدان النامية ان العمل هو من العوامل الانتاجية الفائضة، وان عدم استغلاله الاستغلال الامثل سوف يخفض من مستوى الانتاج وبالتالي مستوى المعيشة [18]. وكما ارتبطت التنمية الاقتصادية بتراكم راس المال فان تنمية الموارد البشرية ترتبط بتراكم راس المال البشري،

والمرتبط أصلاً بالتعليم والتدريب والتغذية الخ. والتي تنعكس على الناتج الوطني وعلى مستوى الانتاجية، مما يؤدي الى استغلال أكفأ للموارد الاقتصادية. ولهذا فان عملية تخطيط التنمية ينبغي ان تتضمن تخطيطاً للموارد البشرية بهدف تحقيق وضمان استمرار التوازن بين عرض العمل والطلب عليه.

وتتوزع الموارد البشرية بين مجموعتين:

أ- مجموعة عرض العمل، والتي تتضمن اعداد العاملين ويطلق عليها العمل المادي.

ب- مجموعة اخرى تعمل على تنظيم تشغيل العمل، وهؤلاء هم المدراء والمنظمون، ويطلق عليها القدرات الادارية.

أ- العمل المادي: ان زيادة اعداد العاملين تساهم في النمو، الا انه مع تقدم التنمية فان مساهمة العاملين تنخفض مقابل ارتفاع مساهمة التعليم والمهارات وراس المال والتكنولوجيا. وان مساهمة العمل المادي في النمو تزداد مع تحسن المستوى الصحي والتغذية. كما إن للعمل الماهر اهمية كبيرة في النمو وخاصة في الازمنة الحديثة، وان أهمية التحسن في راس المال البشري تؤدي الى تحقيق منافع ثلاث:

(1) تمكّن من استخدام كفء لراس المال المادي. فالعمل الماهر يمكن ان يستوعب احدث وسائل الانتاج.

(2) يساعد على زيادة مستوى انتاجية العمل، والتي تمثل اضافة للانتاج وزيادة لدخل العامل.

(3) ان راس المال البشري يمثل مكسباً مهماً للتنمية، وان زيادته يمكن ان تكون عوناً في تغيير العادات التقليدية والمواقف التي تعوق النمو.

ب- القدرات الادارية: ان للقدرات الادارية والتنظيمية أهمية كبيرة فالادارة تساهم في النمو من خلال الوظائف المختلفة التي يقوم بها المدير، مثل ادارة المشتريات والتسويق والخزين والتمويل لردم الفجوة التي قد تحصل بين المشتريات والتسويق. وكما مر بنا سابقاً، فان Schumpeter في نظريته للتنمية قد منح دوراً رئيسياً

ومتميزاً الى المنظم (وهو دور الابتكار والتجديد) وذلك لكي يدرك الفرص لتحقيق وسائل جديدة وطرق جديدة للانتاج، ولانتاج منتجات جديدة او تطوير وسائل انتاج جديدة. وفي كل النشاطات فان المنظم يتحمل المخاطر.

ان أهمية الموارد البشرية تنبع من حقيقة انه لا يمكن ادارة الانتاج بدون العامل البشري. وفي المراحل الاولية للتنمية فان العمل المادي هو الوحيد المسؤول عن استخراج المواد من الطبيعة. ومع تراكم الفوائض فان العامل الانساني يلعب دوراً مهماً ومتزايداً، وان جانباً مهماً من مساهمة الموارد البشرية في التنمية هي عندما يعمل الفرد كمدير وكمنظم.

الا ان ما يلاحظ على البلدان النامية هو انها اتجهت نحو الاستثمار (اي تكوين راس المال) المادي دون اعطاء الاهتمام اللازم للاستثمار في الموارد البشرية وذلك لعدة أسباب:

(1) ان الفترة التي تستغرقها عملية الاستثمار في تنمية الموارد البشرية غالباً ما تكون طويلة، ولهذا فان ثمار مثل هذا النوع من الاستثمار لا تظهر بصورة سريعة.

(2) عدم توفر الدراسات الكافية التي تبرهن على وجود علاقة بين الاستثمارات في تنمية الوارد البشرية وبين الناتج القومي.

(3) تركيز معظم الاقتصاديين في دراساتهم، حتى وقت قريب، على دور راس المال المادي في عملية التنمية.

ويمكن القول ان فشل او تعثر برامج التنمية في البلدان النامية كثيراً ما يكون ناجماً عن فقدان الملاكات الماهرة وليس عدم توفر الموارد المالية.

3. الموارد الطبيعية (Natural Resources)

تعرف الموارد الطبيعية بانها العناصر الاصلية التي تمثل هبات الارض الطبيعية. والامم المتحدة، من جهتها، تعرِّف الموارد الطبيعية بانها أي شيء يجده

الانسان في بيئته الطبيعية والتي يتمكن من أن ينتفع بها. فالموارد الطبيعية توفر قاعدة للتنمية الصناعية بطريقتين:

1. تمكن البلد من توسيع نشاطه الصناعي بانتاج مواد خام، كما هو الحال في استخراج المعادن وتصديرها، والتي توفر للبلد العملات الاجنبية لاستيراد السلع الضرورية للتنمية.

2. تمكن البلد من ان ينتج مواد خام ويصنعها ويحولها الى سلع نهائية (Final Goods).

وقد اختلف الاقتصاديون حول أهمية الموارد الطبيعية في اطار عملية التنمية. فهناك من يرى بان الموارد الطبيعية تلعب دوراً اساسياً في عملية التنمية. ويشار في هذا الصدد الى ان توطن النشاط الاقتصادي خلال الثورة الصناعية في القرن التاسع عشر قد تأثر بشكل حاسم بالموارد الطبيعية. اذ ان وجود الحديد والصلب في بريطانيا في بداية الثورة الصناعية قد حدد ليس فقط توطن النشاط الصناعي ولكنه ايضاً قد حدد طبيعة التصنيع فيها. كما ان ثرورة الموارد الطبيعية هي التي مكنت كلاً من الاتحاد السوفيتي والولايات المتحدة من الوصول الى مستويات عالية من الدخل الفردي رغم انخفاض نسبة التجارة الدولية الى الدخل القومي. وعلاوة على ذلك هناك بعض الامثلة لبلدان اعتمد نموها بشكل كلي على مواردها الطبيعية كما هو الحال في البلدان المنتجة للنفط في الشرق الاوسط [19].

أما الاخرون الذين لا يرون تلك الاهمية الكبيرة للموارد الطبيعية في التنمية فيقولون بانه من الصعوبة بمكان الحديث عن دور الموارد الطبيعية ككل في التصنيع. فالانخفاض الكبير في تكاليف النقل للسلع الذي تحقق منذ القرن الثامن عشر قد أثر على أهمية الموارد الطبيعية بالنسبة لعملية التصنيع، لانه جعل مشكلة الحصول على المنتجات الاولية بتكلفة أقل ومن أماكن مختلفة أقل صعوبة من السابق. كما ان التقدم التكنولوجي قد عمل على تقليل كميات المواد الخام المطلوبة للانتاج، وجعل استخدامها اكثر كفاءةً وسهل عملية استبدال مواد خام طبيعية بمواد

اخرى اصطناعية. وكل هذه التغيرات ومظاهر التقدم التكنولوجي قد جعل من كمية ونوعية بعض الموارد الطبيعية أقل أهمية مما كانت في السابق. فالتحسينات في الاسمدة وتطوير تقنيات جديدة في الاداء وغيرها قد عملت على تحسين خصوبة التربة. واضافة الى ما تقدم فان التقدم التكنولوجي قد ساهم في توسيع امكانات اختيار طرق عديدة ومختلفة لانجاز الوظائف الانتاجية، والتي أدت الى تقليل أهمية الموارد الطبيعية في التنمية الاقتصادية.

وتختلف الصناعات فيما بينها حسب علاقتها بمصدر المواد الخام. فهناك العديد من الصناعات التي لا ترتبط بمصدر المواد الخام بل انها مرتبطة مع السوق وتسمى مثل هذه الصناعات (Foot Loose Industries) . وفي مثل هذه الحالة يمكن توطن الصناعة بعيداً عن مصدر المواد الخام. وبالمقابل هناك صناعات يكون غياب الموارد الطبيعية المعنية أو بعدها عائقاً امام قيام بعض الصناعات التي هي بطبيعتها مرتبطة بمصدر الموارد الطبيعية مثل الصناعات المنجمية والزراعية، والتي تسمى صناعات متجذرة. (Rooted Industries) [20].

وعلى كل حال يمكن القول بان الموارد الطبيعية مهمة للتنمية، وخصوصاً في المرحلة الاولية للتنمية، إذا تم استغلالها بشكل مناسب. وكلما ازدادت الموارد الطبيعية في البلد وتم استغلالها بشكل جيد كلما كان ذلك حافزاً وعاملاً مساعداً على النمو والتطور. الا أن الموارد الطبيعية لا يمكن ان تعتبر قيداً على التنمية. والمثال الواضح في هذا المجال هو تقدم اليابان اقتصادياً وكذلك بعض البلدان الاخرى من دون الاعتماد على توفر الموارد الطبيعية. [21]

4. التكنولوجيا والتقدم التكنولوجي (Technology & Technical Progress)

هناك العديد من التعريفات لمفهوم التكنولوجيا، ورغم الاختلاف الجزئي أو اللفظي أحياناً فيما بينها فانها تتفق على ان التكنولوجيا تعني باختصار معرفة كيفية القيام بالانتاج. وبطبيعة الحال فان هذه المعرفة الفنية تستند على المعرفة العلمية(Scientific knowledge) وبعبارة أوسع واشمل فان التكنولوجيا تمثل

المعرفة العملية التي تستند على التجارب وعلى النظرية العلمية التي ترفع من قدرة المجتمع على تطوير اساليب اداء العمليات الانتاجية والتوصل الى اساليب جديدة افضل بالنسبة للمجتمع.

والتكنولوجيا هي احدى مستلزمات الانتاج، وبذلك فهي تلعب دوراً حاسماً في نمو الانتاج وتقدم البلد اقتصادياً. وتتكون التكنولوجيا من حزمة (Package) من العناصر التي قد تكون متضمنة (embodied) في السلع الراسمالية كالمكائن والمعدات، أو قد تكون غير متضمنة (disembodied) في المعدات الرأسمالية، بل تكون متضمنة في البشر، وتأخذ شكل المهارات المحسنة بالنسبة للعمل والادارة كما هو الحال في التطبيقات المتعلقة بالطرق المختلفة في مجال زراعة المحاصيل والتي تسمى دورة المحاصيل الحديثة (Crop Rotation) أو طريقة صنع القماش او بناء المنازل الخ. وعلى أية حال فان كلاً من التكنولوجيا المتضمنة وغير المتضمنة هي عبارة عن معرفة (know –how) .

وبشكل عام فان التكنولوجيا تتضمن العناصر الاتية:

أ- المعرفة التكنولوجية المتجسدة في اشياء مادية.

ب- المهارات التي لا تنفصل عن اشخاص العاملين.

ج- براءات الاختراع والعلامات التجارية.

د- المعرفة غير المسجلة.

ان التقدم التكنولوجي أو التغير التكنولوجي يعني تغيراً في المعرفة الخاصة بالانتاج، والتغير في المنتج، وقد يعني ذلك تحسناً في المنتج القديم أو ظهور منتج جديد. وحيث ان التنمية الاقتصادية تتطلب فيما تتطلب زيادة مستمرة في مقدار السلع والخدمات المنتجة، وهذا بدوره يتطلب توسيع الطاقات الانتاجية للوحدات المنتجة، وعليه فان تحقيق التنمية الاقتصادية يتطلب حصول تقدم وتغير تكنولوجي من أجل توسيع الطاقات الانتاجية وتشغيل هذه الطاقات. فالتقدم التكنولوجي يلعب دوراً مهماً في تحقيق النمو

في الانتاج، وان دور التقدم التكنولوجي في تحقيق النمو قد ظهر جلياً في الدراسة التي قام بها (Denison)[22]، حيث وجد بأن مستلزمات الانتاج ساهمت في نصف النمو المتحقق في الولايات المتحدة الامريكية، اما النصف الباقي فيعود الى تحسن تكنولوجيا الانتاج والادارة والتنظيم. كما أن النمو الذي تحقق في بريطانيا، خلال الثورة الصناعية، كان السبب الرئيسي لذلك هو التقدم التكنولوجي، أما تراكم راس المال فقد لعب دوراً ثانوياً.

كما ان التقدم التكنولوجي يلعب دوراً في زيادة مستوى الكفاءة الانتاجية، وان هذه الزيادة تأخذ شكل التحسن في الانتاج أو تقليل تكاليف الانتاج. وبهذا المعنى فان التقدم التكنولوجي يؤدي الى حصول حركة الى الخارج في منحنى امكانات الانتاج (Production Possibility Curve).

وأخيراً فأن التقدم التكنولوجي يلعب دوراً في التغلب على الندرة (Scarcity) والتقليل من قيودها كما في الحالات الاتية:

1. مع انخفاض حجم الانفاق على الموارد يصبح جزء من هذه الموارد متوفراً للاستخدام.
2. هناك توفير في الموارد المادية والتي تستخدم في انتاج السلع الراسمالية، مما يؤدي الى انخفاض اسعار السلع الرأسمالية، ومن ثم انخفاض في اسعار السلع النهائية التي تنتجها السلع الراسمالية .

وقد تركز التطور التكنولوجي، منذ الثورة الصناعية، في عدد قليل من الشعوب الاوروبية والامريكية واليابان. وبدأت البلدان النامية، منذ حصولها على الاستقلال السياسي تبذل مساعيها لاكتساب التكنولوجيا الحديثة بهدف رفع مستوى الدخل والمعيشة لسكانها. وشرعت باكتساب التكنولوجيا عن طريق نقلها من البلدان الصناعية المتقدمة عبر القنوات العديدة والمختلفة وأهمها:

(1) البرامج التعليمية والتدريبية (2) استيراد المكائن والمعدات والوثائق الفنية ذات العلاقة (3) الاستثمارات الاجنبية المباشرة (4) الكتب والمجلات والنشرات (5) شراء

براءات الاختراع وحقوق الصنع والمعرفة الفنية (6) عقود الخدمات الاستشارية مع الشركات او الخبراء .

ومعلوم ان ان انتقال التكنولوجيا من مصادرها الى مناطق استخدامها يعتبر اهم الوسائل في تحقيق التنمية. وهناك امكانيات كبيرة للحصول على انواع عديدة من التكنولوجيات الملائمة للبلدان النامية بشروط ميسرة وخاصة في مجال الصناعات التقليدية والتي تمتاز بوجود قدر كبير من المنافسة من العديد من المجهزين في الاسواق الدولية. ان التكنولوجيا الحديثة تتصف بخضوعها للاحتكار الى حد بعيد في جوانب عديدة منها، وخاصة بالنسبة للصناعات الصاعدة مثل الالكترونيات الدقيقة والبتروكيماويات والمعدات الحربية وتكنولوجيا الطاقة والمواصلات. وفي مثل هذه الحالات تزداد تكلفة الحصول على التكنولوجيا، لان الشركات المالكة للتكنولوجيا تهدف الى الحصول على أقصى الارباح الممكنة، وفي سبيل ذلك تلجأ الى مختلف الاساليب الاحتكارية والابتزازية، الامر الذي جعل التكنولوجيا اداة للتبعية.

وعليه يتعين على البلدان النامية العمل على تعزيز القدرات التكنولوجية لديها، واكتساب التكنولوجيا من البلدان المتقدمة بمختلف الوسائل ومنها:

(1) الاهتمام بالجوانب ذات الطابع العملي والتطبيقي.

(2) توجه المؤسسات والمشروعات للانتفاع بدرجة كافية من مراكز البحوث.

(3) التعاون فيما بين البلدان النامية في مجال تطوير قدراتها التكنولوجية الذاتية.

(4) تركيز الجامعات والمعاهد العلمية على الجوانب ذات الصلة بالتطور الفني والتكنولوجي.

ويتعين على الدولة ان تخلق البيئة الملائمة للتنمية وذلك من خلال تهيئة شبكة متكاملة من النظم والمؤسسات الاقتصادية والاجتماعية والسياسة التي تساهم في التنمية، والعمل على تغيير مواقف الافراد حيال التنمية وخلق الدوافع اللازمة بشكل يتلائم مع حاجات التنمية ومتطلباتها.

وتجدر الاشارة الى ان التقدم التكنولوجي يمكن أن يأخذ اشكالاً متعددة منها:

1. التقدم التكنولوجي المحايد (Neutral Technical Progress) وهو عندما يكون الانتاج الاكبر يتحقق بنفس الكمية والتركيبة من عوامل الانتاج، والذي يتمثل بيانياً بالتحرك الى الخارج في منحنى امكانات الانتاج.

2. التقدم التكنولوجي الموفر للعمل (Labour Saving) او الموفر لراس المال (Capital Saving)، فالاول يحدث عندما يتحقق الانتاج الاكبر باستخدام نفس الكمية من العمل، كما هو الحال عند استخدام الكومبيوترات والمغازل الاوتوماتيكية والجرارات الزراعية الخ. اما التكنولوجيا الموفرة لراس المال فتحدث عندما يتحقق الانتاج الاكبر بنفس الكمية من راس المال، وهذا النوع من التقدم هو ظاهرة نادرة.

3. وهناك التكنولوجيا الموسعة للعمل او راس المال (Labour or Capital Augmenting) ويحدث هذا عندما تكون نوعية ومهارة العمل تتجه للارتفاع (upgraded) من خلال استخدام اشرطة الفيديو والتلفزيون على سبيل المثال[23].

ويستخدم مصطلح التقدم التكنولوجي بمعاني عديدة أهمها:

أ- يستخدم الاقتصاديون المصطلح للاشارة الى تأثيرات التغيرات في التكنولوجيا على عملية النمو، أي كل العوامل التي تؤثر على الانتاجية الاكبر.

ب- يستخدم ايضاً لوصف طبيعة التحسينات التكنولوجية التي توفر في العمل او في راس المال او المحايدة.

ج- يستخدم اخيراً للاشارة الى التغيرات في التكنولوجيا نفسها، باعتبارها معرفة مفيدة تخص الانتاج، ولهذا يأتي التأكيد على وصف التحسينات في التصميم والمواصفات والاداء للمكائن والمصانع وكذلك النشاطات الاقتصادية التي من خلالها تأتي التحسينات.

اختيار الاسلوب الفني للانتاج (Choice of Technique)

ان اختيار الاسلوب الفني الملائم للانتاج هو قضية مهمة لكل بلد نامي، الا ان البلدان النامية ليست متساوية فيما بينها، لذلك فما هو جيد لبلد ما قد لا يكون كذلك لبلد آخر. لهذا يتعين ان نحدد طبيعة البلد موضوع البحث. وعلى سبيل المثال ففي بلد مثل الهند فان الاسلوب كثيف العمل هو الملائم وذلك بسبب فائض العمل الموجود في الهند، وبالتالي فان الانتاجية الحدية للعمال العاطلين (تكلفة الفرصة) متدنية او صفراً، لكن هذه المشكلة معقدة في واقع الامر، فطبقاً الى الاقتصادي الهندي (.A.K Sen) فانه عند تشغيل عمل اضافي فأن اجمالي الاجور سوف يرتفع ويؤدي ذلك الى زيادة حجم الاستهلاك. لهذا يؤكد (Sen) بأنه في الوقت الذي يكون اختيار التكنولوجيا كثيفة العمل يؤدي الى زيادة الانتاج لكنه يضيف الى الاستهلاك، الامر الذي يقلل من حجم الفائض المتبقي للاستثمار. وعليه اذا كان الهدف هو تعظيم النمو فيتعين استخدام الاسلوب كثيف راس المال. أما إذا كان الهدف يقع بين تعظيم الانتاج الحالي وبين تعظيم معدل النمو فعندها يجب استخدام الفن الانتاجي الذي يقع بين الاثنين.

هوامش الفصل الخامس

1. قارن: د. محمد عبد العزيز عجمية و د. ايمان عطية ناصف، مصدر سابق، ص 55.

2. Edgar Owen., The Future of Freedom in the Developing world: Economic Development and Political Reform (New York: Pergamon Press, 1987, p xv.

نقلاً عن: M. Todaro ، مصدر سابق، ص 15.

3. M. Todaro, ibid., p 16.

4. A.P. Thirwall., op. cit., p 13.

5. قارن: د. رمزي تركي، مصدر سابق ص 135.

6. Malcolm Gills., et al Economics of Development., W.W. Nerton & Company, New York, London 1983, PP 7 – 8.

7. قارن:

N. Kumar and R. Mittal., Economic Development and Planning., Anmol Publications PV Ltd, New Delhi – 110002 (India) First Edditon, 2002., pp 3-4.

8. قارن: د. عبد الهادي عبد القادر سويفي، سياسات التنمية والتخطيط الاقتصادي، اسيوط، 2002، ص ص 55 – 83.

وكذلك M. Todaro., op. cit., pp 14-18

9.M. Todaro ., ibid., p 15.

10. د. ركزي زكي، مصدر سابق، ص ص 135 – 138.

وكذلك د. عبد الهادي عبد القادر سويفي، مصدر سابق، ص 138.

11. قارن: د. يحيى النجار ود. آمال شلاش، مصدر سابق، ص ص 291-308.

12. د. فؤاد مرسي، التخلف والتنمية، دار الوحدة، بيروت، 1982 ، ص 89.

نقلاً عن: د. يحيى النجار و د. آمال شلاش مصدر سابق، ص 292.

13. لمزيد من التفاصيل راجع:

A.N. Agrawal., op. cit., pp (801 – 8010).

A.P. Thirwall., op. cit, pp 127 – 171.

M. Todaro, op. cit., pp 114 – 120.

وكذلك د. يحيى التجار، مصدر سابق، ص ص 314 – 344.

14. A.P. Thirwall., op. cit., P 158.

15. أنظر نموذج هارود – دومار في الفصل الثالث.

16. A.P. Thirwall., op. cit., pp 159 – 160.

17. R.B. Sutcliffe., Industry and Underdevelopment , Addison – Wesley
    publishing co. 1971, p 108.

18. Ibid., pp 111 – 112.

19. Ibid, pp 113 – 114.

20- لمزيد من التفاصيل راجع:

A.N. Agrawal., op. cit ., pp (27.1 – 27.13).

M. Todaro., op. cit., pp 118 – 119.

Kumar & mittal., op. cit., pp 77 – 80.

وكذلك د. هوشيار معروف، التكنولوجيا والتحول الاقتصادي، المجلس الاعلى للعلوم
والتكنولوجيا، عمان، الاردن، 2003 ، ص 11.

21. M. Todaro., op. cit., pp 118 – 119.

22. Denison, E. F., The Sources of Economic Growth in the United
States and the Alternatives before Us, Allen & Unwin 1962.

نقلاً عن :

Growth Economics, edited by Amartya Sen, Penguin modern
economics, Readings, 1970.

23. Kumar & Mittal., op. cit., pp 79 – 80.

الفصل السادس

عقبات في طريق التنمية

الفصل السادس

عقبات في طريق التنمية [1]
(Obstacles To Development)

من السهل القول بان الفقر والتخلف يرجعان الى الندرة في عوامل الانتاج في البلدان النامية وكذلك في سوء استغلالها. ومن الصعوبة بمكان تفسير عدم المساواة الدولية في مستويات التنمية من خلال التفاوت في هبات الموارد الاقتصادية. ان الفجوة التنموية الحالية قد برزت من خلال التنمية الصناعية في بعض المناطق من العالم والتي ولدت لها ما يعتبر بمثابة هباتها من الموارد الخاصة بها. إن احدى الخصائص الرئيسية للنمو الاقتصادي الحديث هي ان ذلك النمو لم يبدأ في جميع المناطق في وقت واحد، بل انتشر ببطء عبر اوربا وامريكا الشمالية، ولم ينتشر الى المناطق التي تقع خارج مناطق الثقافة الاوروبية الا في الخمسينات والستينات (عدا اليابان). والسؤال المطروح هنا هو ما هي المعوقات المحتملة للنمو في البلدان النامية الحالية، والآليات التي من خلالها تم ادامة عدم التساوي في المنافع بين البلدان المتقدمة والنامية. ومن جملة الاسئلة الاخرى المطروحة في هذا الموضوع هي: لماذا ظهرت الفجوة بين الدخول فيما بين البلدان؟ ولماذا بدأت بعض البلدان تنمو قبل غيرها؟ وما الذي منع البلدان الاخرى من الدخول في النمو الاقتصادي الحديث اليوم ؟ وهل ان الموانع التي منعت تلك البلدان من تحقيق التنمية هي نتيجة للظروف الداخلية ام أن القصور في التنمية في بعض البلدان قد فرض عليها من قبل قوى خارجية ؟

وتجدر الاشارة الى أن خصائص البلدان المتخلفة اقتصادياً هي بمثابة عقبات في طريق التنمية، وسوف نقسِّم هذه العقبات الى مجموعات رئيسية تمثل

العقبات الاقتصادية والعقبات الاجتماعية وعقبات الحكومة وعقبات دولية. وفيما يلي شرح موجز لكل من هذه العقبات.

1.6 العقبات الاقتصادية :

1. حلقة الفقر المفرغة:

ان صاحب الفكرة هو الاقتصادي (Nurkse) الذي يؤكد بأن الحلقة المفرغة للفقر تعمل على ابقاء المستوى المنخفض للتنمية في البلدان النامية وبالتالي تعمل على ابقاء البلد الفقير فقيراً. ان اصل الفكرة، كما مر بنا سابقاً، يعود الى حقيقة ان الانتاجية الكلية في البلدان الفقيرة منخفضة وذلك بسبب انخفاض مستوى الاستثمار الناجم عن انخفاض المدخرات وانخفاض مستوى الدخل اضافة الى عدم كمال السوق بسبب حالة التخلف الاقتصادي. وان حلقات الفقر هذه تعمل من جانب الطلب (ضعف الحافز على الاستثمار) ومن جانب العرض (قصور المدخرات). ولهذا فان هذه البلدان تجد أنه من الصعوبة بمكان عليها ان تقوم بالادخار والاستثمار بالقدر اللازم للخروج من حالة الفقر. سيما وان للاستثمار دوراً حاسماً في تنمية الدخل.

ومن أجل كسر هذه الحلقة المفرغة يتعين على البلدان النامية، ان تكتشف وسيلة لانتزاع كميات اكبر من الادخارات من الفقراء او ان تجد الموارد من خارج بلدانها. ويعلق البعض على هذه الفكرة بالقول بانه رغم ان الغالبية من السكان في هذه البلدان هي فقيرة الا ان هناك فئات، ولو انها قليلة العدد، لكنها غنية ويمكن لها ان تدخر وتستثمر وبالتالي تستطيع ان تكسر هذه الحلقة المفرغة وتحقق التراكم الراسمالي المطلوب[2]. وينتقد اخرون هذه الفكرة بانها تستند على منهج ميكانيكي وستاتيكي في الربط بين المتغيرات الاقتصادية.[3]

2. محدودية السوق:

ان العلاقة بين محدودية السوق (Limitation of the Market) والتخلف الاقتصادي تستند على فكرة ان وفورات الحجم في الصناعة مظهر رئيسي في التنمية الاقتصادية. واذا كان على المنشآت الصناعية ان تكون كبيرة الحجم لكي تستطيع استغلال التكنولوجيا الحديثة فإن حجم السوق يجب ان يكون كافياً ليستوعب الحجم الكبير من الانتاج. وبالتالي فان محدودية حجم السوق في العديد من البلدان النامية يعتبر عقبة في طريق التصنيع والتنمية الاقتصادية.

وينتقد البعض صحة هذه الفكرة بالقول بان وفورات الحجم تظهر في بعض الصناعات وليس كلها، ثم انه رغم تدني مستوى دخل الفرد في البلدان النامية لكن هناك اعداداً كبيرة من السكان، في بعض البلدان، مما يجعل حجم الدخل الكلي وبالتالي حجم الطلب كبيراً. اضافة الى ذلك فانه بسبب تخلف وسائل النقل والانظمة التجارية في البلدان النامية فان هذه البلدان ليست لديها سوق واحدة متكاملة بل مجموعة من الاسواق المجزأة. وعليه من الممكن القول بان محدودية السوق تمثل مشكلة لبعض الصناعات في بعض البلدان، وفي بعض الحالات النادرة يمثل السوق سبباً رئيسياً لتعثر عملية التنمية.

3. الازدواجية الاقتصادية

ان مصطلح الازدواجية الاقتصادية (Economic Duality) يصف الحالة التي تجد البلدان النامية نفسها فيها خلال المراحل الاولى للتنمية، وان مثل هذه الظاهرة تترك آثارها على نمط ووتيرة التنمية. وهناك تفسيرات مختلفة للازدواجية، ولكنه بشكل عام فانها تشير الى التقسيمات الاقتصادية والاجتماعية في الاقتصاد الوطني والتي تنعكس في الفروقات في مستوى التكنولوجيا فيما بين القطاعات او الاقاليم وكذلك الفروقات في درجة التطور فيما بينها، وكذلك في العادات والتقاليد الاجتماعية والمواقف (attitudes) فيما بين النظام الاجتماعي المحلي والنظام الاجتماعي المفروض من الخارج.

والازدواجية ظاهرة مرافقة للنمو في الاقتصاد النقدي والتي تظهر اما بشكل طبيعي بسبب التخصص، او تُفرض من الخارج من خلال استيراد نظام اقتصادي غريب

هو النظام الرأسمالي. ولهذا فان الازدواجية تتسم بالاختلاف بين العادات الاجتماعية فيما بين قطاع الكفاف وقطاع التبادل وكذلك بفجوة بين مستويات التكنولوجيا بين قطاع الكفاف الزراعي وبين القطاع الصناعي النقدي، وربما ايضاً بفجوة في مستوى دخل الفرد فيما بين أقاليم البلد الواحد. والقطاعات المتقدمة تتمتع، عادة، بسهولة الوصول للموارد النادرة لاغراض الانتاج والتي تمثل السبب الرئيسي لادامة الازدواجية.

والازدواجية الاقتصادية تؤثر سلباً على عملية التنمية بل وتعيقها وذلك لان القطاع المتقدم (وهو عادة ما يكون قطاع استخراجي أو زراعي) يكون اشبه بجزيرة اجنبية بالنسبة لباقي اجزاء الاقتصاد الوطني وليس هناك ارتباطات وثيقة فيما بينها وبين بقية الاقتصاد الوطني. لذلك فان التوسع والتطور في ذلك القطاع لا تنتشر آثاره الى بقية أجزاء الاقتصاد الوطني. فالجزء الاعظم من الارباح المتحققة في القطاع الحديث سوف تعاد الى بلد الاستثمار الاصلي، الامر الذي يقلل من حجم الادخارات المحلية والاستثمارت. كما ان التوسع في القطاع المتقدم يعمل على زيادة الطلب على عوامل الانتاج في الخارج.

4. قيد الصرف الاجنبي :

يؤكد العديد من الاقتصاديين من أمثال (Myint) و (R. Prebisch) و (Singer) و (A. Lewis) و (G. Myrdal) وغيرهم بأن قوى توازنيه معينة كانت تعمل في الاقتصاد الدولي والتي ادت الى ان منافع التجارة الدولية تذهب بشكل رئيسي الى البلدان المتقدمة، الامر الذي يقود الى ظهور قيد الصرف الاجنبي، وحتى عند انفتاح البلدان النامية على التجارة الدولية ازدادت تجارتها بشكل كبير جداً، الا ان ذلك لم يساهم في تنمية بقية أوجه الاقتصادات النامية. ذلك لان الاعتماد الكبير على الصادرات قد عرَّض تلك الاقتصادات وكشفها على التقلبات

الدولية في الطلب وفي اسعار المنتجات، خصوصاً وان معظم صادرات هذه البلدان هي من السلع الاولية التي تتميز بانخفاض مرونة الطلب السعرية. ولهذا فعندما تنخفض اسعار مثل هذه المواد لا تزداد الكميات المطلوبة منها باكثر أو بنفس نسبة انخفاض الاسعار. وخلال فترات الركود الاقتصادي العالمي فان نسب التبادل التجاري (Terms of Trade) تميل لغير صالح هذه البلدان وبالتالي تنخفض حصيلتها من العملات الاجنبية وتؤثر سلباً على وتائر التنمية لديها. كما يؤثر ذلك ايضاً على وضع ميزان المدفوعات لديها ويجعله يميل إلى العجز في أغلب الفترات.

ولهذا فان غالبية البلدان النامية تعاني من شح في الصرف الاجنبي والذي يؤثر سلباً على التنمية وبالتالي يمثل عقبة في طريق تنميتها.

5. محدودية الموارد البشرية:

يعتبر عدم كفاية الموارد البشرية وكذلك عدم ملائمة الموارد البشرية عقبة امام عملية التنمية الاقتصادية في البلدان النامية. حيث ينعكس ذلك في عدم تحقق معدلات نمو مرتفعة وكذلك ينعكس في انخفاض مستوى الانتاجية وضعف حركة عوامل الانتاج (الجغرافية والمهنية). وان الندرة النسبية في المهارات والتخصصات المهنية المختلفة تقف عائقاً بوجه تحقيق التنمية وتوسيع الانتاج وتنوعه. اضافة الى ذلك فان القيم التقليدية البالية والمؤسسات الاجتماعية التقليدية قد تضعف من الحوافز المطلوبة لدفع عملية التنمية. وبسبب المشكلات المتعلقة بندرة المهارات والمعرفة الفنية فان البلدان النامية لا تستطيع استغلال راس المال بالمستوى الكفء والمطلوب. لهذا فان محدودية الموارد البشرية كماً ونوعاً تمثل قيداً على التنمية الاقتصادية.

2.6 العقبات الاجتماعية:

ان منظومة القيم في المجتمع وهيكل ذلك المجتمع والذي يقود عادة الى أنظمة سياسية معينة اما أن تعيق أو ان تشجع النمو الاقتصادي الحديث. ولذلك فان لهذه القيم أثراً مباشراً على التنمية. ان الكثير من التحليلات الي تربط ما بين منظومة القيم الاجتماعية وبين التنمية قد برزت إلى الوجود من خلال الاهتمام بمسألة كيفية قيام المجتمعات بايجاد العدد المطلوب من الرياديين المنظمين لقيادة الجهد التنموي.

1. التنظيم : (Entrepreneurship)

ان مفهوم المنظم والتنظيم طوره الاقتصادي الالماني (Schumpeter). والمنظم هو الشخص الذي يستخدم الاكتشافات الفنية او الطريقة الجديدة للادارة ويطبقها بشكل عملي في مصنعه وعمله.

والمنظم هو الذي يحول الاختراع (Invention) الى ابتكار (Innovation) من خلال تطبيق الاختراع بشكل عملي، وبذلك يؤثر على مسار التنمية. فالمنظم اذن هو الشخص الذي يمتلك التصور والادراك الكافي ليرى امكانية تحقيق الربح من خلال الابتكار. وقد اعتبر المنظم احد عوامل الانتاج الاربعة، وهو يتحمل المخاطر وعدم اليقين وهو بمثابة قائد اقتصادي.

والبلدان النامية، بطبيعة الحال، تفتقر الى المنظم (الريادي) وذلك بسبب العوامل العديدة التي تزيد من المخاطر وعدم اليقين، مثل صغر حجم السوق وتدني مستوى راس المال وتخلف التكنولوجيا وغياب الملكية الفردية وشح المهارات وعدم توفر المواد الخام بالكمية او النوعية المطلوبة وضعف الهياكل الارتكازية. ولهذه الاسباب فان البلدان النامية تفتقر للمنظمين الرواد، الامر الذي يشكل عقبة امام عملية التنمية لديها.

ويؤكد البعض بأنه عندما يصل البلد الى مستوى متقدم من التصنيع تصبح مهمة المبتكر روتينية. فالشركات الكبيرة تمتلك مختبرات علمية وبحثية كبيرة،

وان المدراء يقومون بتحويل نتائج البحوث بشكل أوتوماتيكي الى منتجات جديدة او طرق جديدة للانتاج. ويؤكد (Everet Hagen) بان الغالبية العظمى من المنظمين يأتون عادة من الاقليات في المجتمعات، كما هو الحال مع اليهود في اوربا والصينين في جنوب شرق اسيا والهنود واللبنانيين في افريقيا وهكذا. (4)

2. دوافع للتنمية (Motivations for Development)

ان توفر الدوافع أمر ضروري لتحقيق أهداف التنمية لانها هي التي تدفع الانسان للعمل والجد للوصول الى تحقيق الاهداف. ولهذا فان أهمية توفر الدوافع أمر حاسم في عملية التنمية الاقتصادية لدى البلدان النامية. وتجدر الاشارة إلى ان سبب بروز العدد الكبير نسبياً من المنظمين لدى الاقليات في المجتمعات هو وجود الدوافع القوية لديهم لتحقيق شيء ما من أجل التميز.

3.6 عقبات الحكومة في طريق التنمية

(Government Obstacles to Development)

عندما بدأت التنمية الاقتصادية في انجلترا، في القرن الثامن عشر، لم تقدم الحكومة الا مساعدة محدودة، ولكنه منذ ذلك الوقت فأن دور الحكومة في التنمية قد ازداد تدريجياً الى حد أصبح من غير الممكن ان تتحقق التنمية بدون الدعم النشط من الحكومة. وعليه اذا كانت الحكومة غير راغبة، أو غير قادرة، على لعب مثل هذا الدور فعندها يمكن اعتبار الحكومة عقبةً أمام التنمية، أو أنها أحد أسباب حالة الفقر في البلد والادوار المهمة التي يمكن ان تلعبها الحكومات في مضمار التنمية تتمثل بالآتي:

1. **الاستقرار السياسي**: يتعين على الحكومة ان توفر بيئة مستقرة للمنشأت الانتاجية الحديثة، سواء كانت عامة او خاصة. واذا كان عدم الاستقرار السياسي هو السائد فان النتيجة العامة هي انعدام او ضعف الاستثمار في الاقتصاد المحلي، وتوجه الثروات الشخصية الى البنوك الاجنبية، او الانغماس

في الاستهلاك المظهري. وعليه فان عدم توفر الاستقرار السياسي يعد عقبة في طريق التنمية.

2. **الاستقلال السياسي:** من المعلوم ان الاستقلال السياسي في معظم الحالات أمر ضروري لتحقيق النمو الاقتصادي الحديث، لان وجود الاستقلال السياسي يمكن البلد من ان يرسم السياسات الاقتصادية الملائمة لمصلحة البلد. وفي خلاف ذلك فان رسم السياسات الاقتصادية يكون لغير صالح البلد وبالتالي يكون انعدام الاستقلال عقبة في طريق التنمية.

ويشار الى ان معظم الحكومات الكولنيالية كان لها مصلحة واهتمام في خلق بيئة مستقرة للشركات الخاصة. لكنه من النادر ان نجد بأن المستعمرات الاوروبية او اليابانية قد شهدت تنمية اقتصادية مستدامة. ان التفسير الجزئي لهذه الظاهرة هو ان مثل هذه البيئة المستقرة قد وجدت غالباً لمصلحة عدد قليل من التجار والمستثمرين من البلدان المستعمَرة بينما لم يحصل المواطنون من المستعمرات على الدعم المطلوب. والتفسير الاخر لذلك هو ان حكومات المستعمرات لم تنفق الاستثمارات الكافية في تدريب السكان المحليين. وعليه فان الاستقلال السياسي في معظم الحالات أمر ضروري للتنمية.

3. الدعم الحكومي للتنمية: (Government Support for Development)
ان القرار الخاص بتحقيق التنمية الاقتصادية يتضمن خيارات صعبة أو مقايضات (Trade Offs) ، فاذا كان المتضررون من هذا الخيار يستطيعون قلب نظام الحكم فان تلك الحكومة سوف تكون غير راغبة في إتخاذ الخطوات الضرورية لتشجيع النمو. وعلى سبيل المثال عندما أقدمت كل من غانا وبيرو على تخفيض قيمة العملة في عامي 1971 و 1968 على التوالي فأن هاتين الحكومتين قد سقطتا على الفور. كما انه عندما قامت الحكومة المصرية بالغاء الدعم المالي على المواد الغذائية الاساسية في عام 1977 حدثت اضطرابات ومظاهرات واسعة أرغمت الحكومة على التراجع عن قرارها.

وعليه فان تحقيق التنمية في البلدان النامية يتطلب استعداداً ورغبة أكيدة من طرف الحكومة في اتخاذ القرارات والسياسات المطلوبة للتنمية. وان عدم قدرة او رغبة الحكومة في اتخاذ القرارات والسياسات الملائمة للتنمية سوف يمثل عقبة اكيدة في طريق تحقيق التنمية.

6. 4 عوائق دولية في طريق التنمية :
(International Obstacles for Development)

يؤكد العديد من الاقتصاديين بان العقبة الرئيسية للتنمية اليوم تتمثل في العوامل الخارجية اكثر منها في العوامل الداخلية. ذلك لان وجود البلدان الصناعية المتقدمة يخلق ضغوطاً دولية تؤدي الى اعاقة مساعي التنمية والنمو لدى البلدان النامية الفقيرة. ورغم ان البعض يعترف بوجود بعض الجوانب الايجابية والمفيدة للبلدان الفقيرة من جراء وجود العالم الذي يحتوي على البلدان الغنية، ومنها مكاسب التجارة وتصدير منتجاتها الفائضة الى البلدان الغنية، وكذلك امكانية استفادة البلدان النامية من تجارب البلدان المتقدمة، وخاصة في مجال العلم والتكنولوجيا وفي الادارة الاقتصادية والتخطيط، الا ان البعض يقول ان مثل هذه الاستفادة لم تتحقق، لان البلدان المتقدمة تخلق العقبات امام تنمية وتطور البلدان النامية.

ان مثل هذه الافكار وغيرها قد تضمنت في نظريات التبعية الدولية التي تم ذكرها آنفاً، وفي العلاقات الدولية غير المتكافأة التي نتجت عنها. ويؤكد في هذا المجال (G. Myrdal) بأنه من خلال العلاقات التجارية غير المتكافأة فأن البلدان النامية قد أجبرت على انتاج السلع الاولية التي تواجه طلباً قليل المرونة بالنسبة للاسعار وللدخل. وان ذلك قد وضع البلدان النامية في موقع الميزة السلبية (disadvantage) بالمقارنة مع البلدان المتقدمة فيما يتعلق بميزان المدفوعات وتوفر النقد الاجنبي. وبالمقابل اختصت البلدان المتقدمة بانتاج وتصدير السلع المصنعة التي تتميز بارتفاع اسعارها بالمقارنة مع السلع الاولية وتتميز بارتفاع

مرونة الطلب السعرية والدخلية. ولهذا فان المنافع غير المتكافأة للتجارة قد أثرت سلباً على البلدان النامية وعملت على ادامة الفجوة فيما بين البلدان في مجال التنمية.

واضافة الى ما تقدم فان سياسات التجارة الحرة المفروضة على البلدان النامية جعلت من المستحيل حماية الصناعة الناشئة لدى البلدان المذكورة، ولهذا فأن هذه الصناعات لم تتطور، وبالتالي فان الموارد التي كان يمكن ان تستثمر في هذه الصناعات بقيت عاطلة. كما ان التجارة الحرة قد قضت على الصناعات التقليدية والحرفية لدى البلدان النامية الامر الذي ساهم في تأخر تطور هذه البلدان صناعياً.

ويؤكد (Celso Furtado) من جانبه بان البلدان الفقيرة في المراحل الاولية للتنمية يكون لديها توزيع غير عادل للدخل، ولذلك فان الطلب على السلع الصناعية يتركز على المنتجات الكمالية مثل السيارات، وان مثل هذه السلع اما ان تستورد أو أن تنتج في الداخل بواسطة الشركات الأجنبية. وعليه فان المستثمرين الاجانب لهم مصلحة في إقامة نمط توزيع للدخل غير عادل لان هذا يدعم الطلب على السلع التي يستطيعون هم ان ينتجوها.

ولهذا يؤكد البعض بان العوامل الخارجية المفروضة على البلدان النامية والمتمثلة بعلاقات التبعية الاقتصادية والعلاقات التجارية غير المتكافأة كلها تعمل ضد مصالح البلدان النامية وتمثل عقبة في طريق التنمية .

هوامش الفصل السادس

1. قارن : M.L. Jhingan., op. cit., pp 31 – 54.
Malcolm Gills et al., op. cit., pp 14 – 38.
2. M. Gills et al., Ibid., p 20.
3. قارن: د. رمزي زكي، مصدر سابق ، ص 86.
4. M. Gills et al., p 28.

الفصل السابع

استراتيجيات التنمية
الاقتصادية

الفصل السابع

استراتيجيات التنمية الاقتصادية
(Strategies for Economic Development)

اتبعت البلدان المختلفة توجهات متباينة بخصوص الاستراتيجية المناسبة لتحقيق التنمية الاقتصادية. فمنها من ركز على تنمية القطاع الزراعي وتطويره كوسيلة لتحقيق التنمية الاقتصادية، ومنها من ركز على تنمية القطاع الصناعي باعتباره قطاعاً قائداً ورائداً للتنمية الاقتصادية. وهناك من إتبع استراتيجية الربط بين الزراعة والصناعة معاً كوسيلة لتحقيق التنمية الاقتصادية الناجحة. والاقتصاديون والكتاب من جهتهم كانت لديهم توجهات مختلفة في مسألة المفاضلة بين التركيز على الزراعة ام على الصناعة كأداة لتحقيق التنمية. فقد أكد بعض الاقتصاديين عل أهمية القطاع الزراعي في عملية التنمية في البلدان النامية، مستندين في ذلك على بعض التجارب العالمية ونجاح برامجها التي اعتمدت على القطاع الزراعي كمصدر لعملية التنمية، وخاصة في البلدان النامية ذات الامكانات الكبيرة من الموارد الزراعية غير المستغلة. وأكد آخرون على أهمية القطاع الصناعي في التنمية الاقتصادية استناداً الى تجارب العالم المتقدم صناعياً حالياً، والى الكتابات الاقتصادية النظرية حول دور وأهمية الصناعة في التنمية الاقتصادية.

ونتناول في ادناه الاستراتيجيات المختلفة للتنمية الاقتصادية المذكورة اعلاه تباعاً.

7 . 1 الاستراتيجية المعتمدة على التنمية الزراعية [1]:

دور الزراعة في التنمية الاقتصادية: اثبتت تجارب العديد من البلدان بان للزراعة دوراً مهماً في تحقيق التنمية الاقتصادية بشكل عام والتنمية الصناعية بشكل خاص،

وخاصة في المراحل الاولى من التنمية وذلك استناداً الى ما يوفره هذا القطاع من موارد مالية ومادية وبشرية الخ. وتكمن مساهمة الزراعة في التنمية الاقتصادية في العوامل الاتية:

1. توفير كميات اكبر من المواد الغذائية للسكان الذي ينمو بمعدلات مرتفعة، وللعاملين في الصناعة بشكل خاص.

2. زيادة الطلب على السلع الصناعية مما يؤدي إلى توسيع قطاع الصناعة والخدمات.

3. توفير الصرف الاجنبي لاستيراد السلع الراسمالية التي تحتاجها عملية التنمية وذلك من خلال الصادرات الزراعية.

4. ان الزيادة في الدخول الزراعية تسهل من عملية انتقال جزء من هذه الدخول الى الحكومة عن طريق الضرائب.

5. يوفر القطاع الزراعي مصدراً للعمالة للقطاع الصناعي .

6. الزراعة تلعب دوراً أساسياً في تمويل التنمية الصناعية.

7. يقوم القطاع الزراعي بتجهيز القطاع الصناعي بالمواد الاولية الزراعية التي تستخدم في الانتاج الصناعي.

ونناقش هذه النقاط بشيء من التفصيل تباعاً.

1. كميات متزايدة من الغذاء للسكان:

ان انتاج الغذاء في البلدان الاقل نمواً يهيمن على نشاط القطاع الزراعي، وعند نمو وتوسع الانتاج في هذا القطاع، الذي يرافق الزيادة المتحققة في مستوى الانتاجية، فانه يساهم في توفير الغذاء للسكان عموماً والذي ينمو بمعدلات مرتفعة، وكذلك للتوسع السكاني في المدن بشكل خاص وخاصة في المناطق الصناعية. كما ان التوسع في القطاع الزراعي يساهم في ارتفاع دخول المزارعين وبالتالي زيادة الطلب على المواد الغذائية، سيما وان مرونة الطلب الدخلية في مثل هذه الاقتصادات مرتفعة جداً. ولهذا يتعين ان تكون الزيادة المتحققة في الانتاج الزراعي

بمعدلات اعلى من معدلات الزيادة في الطلب على الغذاء. ولهذا فان التوسع في الانتاج الزراعي يجب ان يواجه الزيادة الحاصلة في السكان وكذلك الزيادة الحاصلة في الدخول الناجمة عن التنمية الاقتصادية عموماً والزراعية بشكل خاص.

2. المساهمة في زيادة الطلب على السلع المصنعة

ان التوسع في القطاع الزراعي يؤدي الى زيادة القدرة الشرائية، وهذا يمثل حافزاً على توسيع الطلب على السلع المصنعة وبالتالي توسيع حجم السوق المحلي للسلع المذكورة، الامر الذي يشجع القطاع الصناعي على توفير جميع المستلزمات التي يحتاجها القطاع الزراعي مثل الاسمدة والمبيدات والالات والمعدات والجرارات الزراعية وان هذا يساهم في توسيع ونمو القطاع الصناعي ذاته.

واضافة ذلك فان نقل الانتاج الزراعي الى مختلف مناطق البلد سوق يعمل على توسيع وتطوير وسائط النقل والاتصالات وكذلك الحال عند نقل السلع المصنعة الى المناطق الريفية.

3. توفير النقد الاجنبي لاستيراد السلع الراسمالية

ان القطاع الزراعي يعتبر من أهم القطاعات الاقتصادية في البلدان النامية سواء في تكوين الناتج المحلي الاجمالي أو في توفير العملات الاجنبية من التصدير الذي يتركز عادة على عدد محدود من السلع الزراعية. وعليه فان الفائض الزراعي المصدر الى الخارج يولد النقد الاجنبي وبالتالي يساهم القطاع الزراعي في تلبية احتياجات التنمية من استيراد السلع الراسمالية ومستلزمات الانتاج الى جانب السلع الاستهلاكية. وعليه فان الطريقة الافضل لتكوين راس المال هي من خلال زيادة العوائد من الصادرات الزراعية.

واذا علمنا بان القيد الاساسي على حجم الاستثمارات الصناعية هو النقد الاجنبي أدركنا أهمية الصادرات من السلع الزراعية وأهمية تنمية وتطوير القطاع الزراعي في تحقيق التنمية الاقتصادية.

4. توفير الموارد المالية لخزينة الدولة

ان نمو وتوسيع القطاع الزراعي يساهم في زيادة دخول المزارعين والعاملين في هذا القطاع وهذا بدوره يؤدي الى زيادة عوائد الحكومة من الضرائب المفروضة على الارض وعلى دخول المزارعين. وهكذا فان تطور الزراعة من شأنه ان يوفر الموارد المالية للدولة لكي تستخدمها في المجالات التنموية المختلفة.

5. توفير العمالة للقطاع الصناعي:-

ان القطاع الزراعي في معظم البلدان النامية يحتوي على فائض من العمالة ولهذا فان القطاع المذكور يشكل مصدراً يمد القطاع الصناعي بما يحتاجه من الايدي العاملة. ولهذا فان الحاجة المتنامية للقوى العاملة في القطاع الصناعي لا يمكن تلبيتها دون تطوير القطاع الزراعي ورفع مستوى الانتاجية فيه من خلال استخدام وسائل الانتاج المتطورة والتي تعمل على توفير الاعداد اللازمة من القوى العاملة للصناعة وللقطاعات الاخرى. ولهذا فان من أهم مساهمات تطوير الزراعة هي توفير العمالة المطلوبة في الصناعة.

6. دور الزراعة في تمويل التنمية الصناعية

ان أهمية القطاع الزراعي تنبع من مساهمته الكبيرة في تكوين الناتج المحلي الاجمالي. وتشير تجارب العديد من البلدان بان البلدان التي حققت تقدماً اقتصادياً كبيراً اعتمدت، وخصوصاً في مراحل نموها الاولية، على فائض الانتاج الزراعي لتمويل التنمية وخاصة في القطاع الصناعي. فالثورة الصناعية في اوربا الغربية خلال القرن الثامن عشر ادت الى تطوير القطاع الزراعي ورفع انتاجيته لكي يواجه متطلبات التصنيع. كما ان تجربة الاتحاد السوفيتي في التصنيع قد استندت على الثورة الزراعية وعلى انتزاع الفائض الزراعي في تمويل التنمية الصناعية سواء من خلال الضرائب او انتزاع اجزاء من الانتاج الزراعي. وعليه فان دور الزراعة في العديد من البلدان لا يمكن انكاره في تمويل ودفع عملية التصنيع.

7. تجهيز المواد الاولية للقطاع الصناعي

يلعب القطاع الزراعي الدور الاكبر في توفير المواد الخام للقطاع الصناعي، وخاصة للصناعات الغذائية والصناعات النسيجية وغيرها، وهذا ما يؤدي الى تطوير الصناعة وتوسيعها وكذلك تعزيز الروابط بينها وبين الزراعة. كما ان توفر المواد الاولية يغني عن الحاجة الى الاستيراد وتحمل التكاليف الباهظة من قبل الاقتصاد ككل والصناعة بشكل خاص، اضافة الى أنه يوفر النقد الاجنبي للبلد. لهذا فان القطاع الزراعي يساهم بشكل اساسي وفعال في تطوير وتنمية الصناعة من خلال توفير المواد الخام لها.

7 . 2 الاستراتيجية المعتمدة على التنمية الصناعية [2]

دور الصناعة في التنمية الاقتصادية :

ان التصنيع يمثل عملية تحويل المواد الاولية الى سلع مصنعة، استهلاكية وانتاجية، ومن واقع تجارب البلدان المتقدمة فان التصنيع هو شرط ضروري للتنمية وفي نفس الوقت، هو مرافق لعملية التنمية الاقتصادية. لذلك ليس هناك تنمية اقتصادية دون تحقق التصنيع، كما ان التصنيع الحقيقي هو الذي يساهم في تحقيق التنمية باعتبار ان القطاع الصناعي قطاع ديناميكي يحرض على تطوير العديد من القطاعات ويحقق العديد من المنافع. ومن بين الآثار الايجابية التي يتركها التصنيع للقطاعات الاخرى من الاقتصاد ما يأتي :

1. تصنيع المواد الاولية الزراعية:

ان القطاع الصناعي يعتمد في انتاجه للعديد من السلع الصناعية على المواد الاولية الزراعية، وخاصة الصناعات الغذائية وصناعات النسيج. لذلك فان تطور القطاع الصناعي في أي بلد يعتمد على المحاصيل الزراعية المختلفة وتحويلها الى منتجات مصنعة. ومن هنا فان الصناعة تعمل على تصريف الانتاج الزراعي

وتأمين الاسواق له، من جهة وكذلك رفع قيمة المواد الاولية عند تحويلها الى منتجات نهائية والاستفادة من القيمة المضافة داخل الاقتصاد الوطني.

2. توفير مستلزمات الانتاج للقطاع الزراعي:

يقوم القطاع الصناعي بانتاج العديد من السلع المصنعة التي تمثل مستلزمات انتاج في الزراعة مثل الاسمدة الكيماوية والمبيدات، التي تساعد على زيادة خصوبة التربة ومحاربة الافات والامراض الزراعية، الامر الذي يساعد على زيادة الانتاج الزراعي والانتاجية. كما يقوم القطاع الصناعي ايضاً بانتاج المكائن والالات الزراعية والتي يستخدمها القطاع الزراعي لتطوير وتوسيع انتاجه. ولهذا فان توسع وتطور الصناعة في أي بلد من شأنه ان يعمل على تطوير الزراعة ودفع عملية التنمية الاقتصادية الى الامام.

3. تعزيز الروابط مع الزراعة ومع بقية القطاعات:

حيث ان الصناعة توفر العديد من السلع المصنعة كمستلزمات انتاج للزراعة، وفي نفس الوقت فانها تستخدم المحاصيل الزراعية كمواد خام فان تطور الصناعة يعمل على تعزيز الروابط بينها وبين القطاع الزراعي لما في ذلك منفعة للقطاعين معاً وللاقتصاد الوطني ككل. وما يقال عن الروابط مع الزراعة يقال ايضاً عن القطاعات الاقتصادية الاخرى، حيث يجهز القطاع الصناعي العديد من السلع المصنعة الى القطاعات الاقتصادية الاخرى مثل قطاع النقل وقطاع انتاج الطاقة وقطاع الاسكان الخ. وبذلك فان تطور الصناعة من شأنه أن يعزز الروابط الامامية والخلفية مع الزراعة ومع بقية القطاعات الاقتصادية الاخرى. ولهذا فان زيادة الانتاجية والنمو في الصناعة تنتقل اثارهما الى القطاعات الاقتصادية الاخرى، وبالتالي الى الناتج المحلي الاجمالي.

4. توفير الطاقة الكهربائية للقطاع الزراعي ولبقية القطاعات :

ان القطاع الصناعي يقوم بانتاج وتوفير الطاقة الكهربائية التي يستخدمها القطاع الزراعي في الانتاج، وكذلك تستخدمها بقية القطاعات الاقتصادية، وهذا ما

يساهم في تطوير وتوسيع الانتاج في جميع القطاعات الاقتصادية وفي تحسين مستوى حياة المجتمع ككل. ان ذلك، بطبيعة الحال يعزز الروابط فيما بين القطاعات المختلفة. ولهذا فان تطور الصناعة يساهم في تطور الزراعة والاقتصاد الوطني ككل.

5. يساهم في تعزيز الصادرات وتنميتها:

ان القطاع الصناعي ينتج مختلف انواع السلع المصنعة، منها ما هو للسوق الداخلي ومنها ما هو للتصدير. وحتى السلع المنتجة اساساً للسوق الداخلي فان الفائض منها عن الحاجة المحلية يمكن ان يوجه للتصدير، الامر الذي ينعكس إيجابياً على الميزان التجاري وميزان المدفوعات، ويوفر العملات الاجنبية للاستفادة منها في توفير مختلف انواع السلع التي يحتاجها الاقتصاد الوطني.

6. يساهم في توفير فرص العمل واكتساب المهارات :

نظراً لحاجة القطاع الصناعي المتنامية الى القوى العاملة، فان توسع القطاع المذكور من شانه ان يوفر فرص العمل للعاطلين عن العمل كلياً وللعاطلين جزئياً كما هو الحال في القطاع الزراعي. ولذلك فان القطاع الصناعي يساهم في خلق وزيادة الدخول للعاملين. وحيث ان انتاجية العامل في الزراعة منخفضة بالمقارنة مع مستوى انتاجية العامل في الصناعة، فان توسع القطاع الصناعي يساهم في رفع مستوى انتاجية العمل ويساهم في رفع معدلات النمو في الناتج القومي. كما يساهم القطاع الصناعي في تكوين المهارات وتدريب العاملين واكتسابها الخبرة التي تساعد على رفع مستوى انتاجية العمل سواء في الصناعة او في القطاعات الاقتصادية الاخرى. كما ان تطور الصناعة من شأنه ان يعزز ويرفع مستوى التكنولوجيا في البلد، سيما وان قطاع الصناعة يتميز عن بقية القطاعات في اعتماده على العلم والتكنولوجيا .

7. تحقيق الاستقرار الاقتصادي:

ان تطور وتوسع القطاع الصناعي من شأنه ان يساهم في تعزيز الاستقرار الاقتصادي، اذ انه يساعد على تقليل الاعتماد على تصدير المواد والسلع الاولية، والتي تخضع الى التقلبات في عوائد صادراتها، وزيادة الاهمية النسبية للصادرات من السلع المصنعة. كما ان اسعار السلع المصنعة أعلى من اسعار المواد والسلع الاولية، الامر الذي ينعكس على الناتج المحلي الحقيقي وعلى ميزان المدفوعات وعلى نسب التبادل التجاري. وعليه فإن تطور الصناعة يعمل على تجنب التقلبات واثارها السلبية على الاقتصاد الوطني.

8. يساهم في تحقيق التغير الهيكلي في الاقتصاد الوطني:

حيث ان النمو والتوسع الصناعي يعمل على تنويع وتوسيع الانتاج والدخل في الاقتصاد الوطني، فإن ذلك يساهم في احداث التغيرات الهيكلية المرغوبة في الاقتصاد والقضاء على التشوهات في الهيكل الاقتصادي الذي تعاني منه معظم الاقتصادات المتخلفة. ومعلوم ان جوهر التنمية يكمن في التغيرات الهيكلية التي تصاحب النمو في الناتج المحلي الاجمالي، وتقرّب الاقتصاد الوطني من الاقتصادات المتقدمة.

9. يساهم في عملية التحديث والتحولات:

ان تطور الصناعة في البلد وتقدمها التكنولوجي يساهم في احداث التحولات في جميع نواحي الحياة الاجتماعية والثقافية والنفسية ويرفع من مستوى المعيشة. كما أنه يعمل على تحقيق التحديث المطلوب والذي يعتبر من ضمن مستلزمات التنمية الاقتصادية، ومصاحباً لها. لذلك لا يمكن تحقيق التحديث والتحولات التي ترافق عملية التنمية دون توسيع وتطوير القطاع الصناعي الذي يعتبر حجر الزاوية في العملية المذكورة.

السلبيات التي رافقت تجربة التصنيع [3]

في معرض تقييم تجارب التصنيع في البلدان النامية المختلفة فانه يمكن القول، بانه رغم الايجابيات العديدة التي تُسند الى الصناعة والتصنيع ، فقد لوحظ ان هناك العديد من السلبيات التي رافقت عملية التصنيع في العديد من البلدان النامية والتي انعكست على الاداء وعلى مستوى التنمية المتحقق. ومن جملة هذه السلبيات ما يأتي:

1. ان سياسة التصنيع التي اتبعت في العديد من البلدان النامية لم تحقق الزيادات في الدخول التي كانت متوقعة وبالتالي لم تحقق المنافع المرجوة من عملية التصنيع.

2. كما ان عملية التصنيع التي اتبعت في العديد من البلدان لم تفلح في تقليل التفاوت في الدخول والثراوات فيما بين الافراد او المناطق الجغرافية داخل البلدان.

3. ان تجربة العديد من البلدان التي طبقت التصنيع لم تنجح في القضاء على البطالة المتنامية فيها وحتى انها لم تخفف منها.

4. ادى التصنيع في بعض الحالات الى أهمال الزراعة والتركيز على التصنيع لوحده الامر الذي ساهم في تحقيق الركود في القطاع الزراعي والذي انعكس في نهاية الامر على فشل التصنيع في تحقيق اهدافه التنموية. وبطبيعة الحال يعود ذلك إلى القصور والاخطاء في تطبيق السياسات الصناعية وليس إلى طبيعة التصنيع ذاتها.

5. وفي بعض تجارب التصنيع في العديد من البلدان النامية لم ترافق عملية التصنيع نظام تعليمي متطور واستثمارات في راس المال البشري، الامر الذي انعكس سلباً على أداء الصناعة ولم يخلق نظاماً تعليمياً يتلائم مع حاجات التنمية.

6. القصور في تطبيق السياسات والاجراءات الصناعية وذلك بسبب البيروقراطية الحكومية وانتشار الفساد الاداري والمحسوبية في تطبيق السياسات والمحفزات الصناعية، الامر الذي انعكس على الانجاز الصناعي وعلى فشل التصنيع في تحقيق اهدافه المرجوة.

لكل هذه العوامل فليس هناك مبرراً كافياً واساساً قوياً للادعاء بان تحقيق التنمية الاقتصادية لا بد له من ان يستند الى التصنيع لكي يُحقق الاهداف التنموية، ذلك لان التصنيع اذا ما طبق بشكل قاصر وخاطيء لا يجلب المنافع المنشودة ولا يحقق الاهداف التنموية التي يؤمل تحقيقها من خلال التصنيع. ان نجاح التصنيع في تحقيق التنمية الاقتصادية يشترط ان يكون التطبيق مستنداً الى السياسات الاقتصادية السليمة، وان يطبق بنزاهة، وبعيداً عن الروتين والمحسوبية، وان يتم الترابط فيما بين تطوير الصناعة وتطوير الزراعة في آن واحد، لكي تتعزز وتعم الفائدة الاقتصادية لكل الاقتصاد الوطني، وان لا تشكل الزراعة عبئاً على نمو الصناعة وتطورها. كما تتطلب عملية التصنيع توفير كل ما تحتاجه هذه العملية، من توفير مستلزمات الانتاج، والخدمات، والهياكل الارتكازية المطلوبة، والسياسات الاقتصادية الحكيمة، وان تطبقها ادارة حكومية كفوءة ونزيهة بعيداً عن المصالح الفئوية وتتعامل مع المستثمرين ومع الصناعات على أساس المصلحة العامة.

3 . 7 استراتيجية الربط بين التنمية الزراعية والتنمية الصناعية

تبين مما سبق ان القطاع الصناعي يلبي حاجات القطاع الزراعي من مستلزمات الانتاج المختلفة، وكذلك يمثل سوقاً لاستيعاب منتجات الزراعة. كما ان القطاع الزراعي يوفر الغذاء ومستلزمات الانتاج للصناعة. وبذلك فان كل واحد منهما يخدم الاخر ولا يستغني عنه، لذلك فان اي تطور في القطاع الزراعي لابد

ان يصحبه تطور مماثل في القطاع الصناعي والعكس صحيح. فالتنمية الاقتصادية تحتاج إذن الى تطوير الاثنين معاً. ذلك لان تطوير الصناعة دون تطوير الزراعة سوف يؤدي بالصناعة الى ان تصطدم بعقبات، كما ان تطوير الزراعة دون تطوير الصناعة لا يخدم عملية التطور في الزراعة. لهذا فان العلاقات المتشابكة والوثيقة فيما بين القطاعين تستدعي اتباع استراتيجية الربط فيما بين الصناعة والزراعة لتأمين نجاح الاثنين معاً، وتحقيق التنمية الاقتصادية، وبالتالي لا يوجد أي مبرر للتركيز على احد القطاعين واهمال الآخر.

ولهذا فان القطاعين مكملان لبعضهما، وان توسيع الصناعة يعتمد الى حد كبير على التحسينات في الانتاجية الزراعية، وبالمثل فان التحسينات في الانتاجية الزراعية تعتمد على التجهيزات اللازمة من مستلزمات الانتاج من الصناعة، بما فيها توفير سلع الاستهلاك المصنعة التي تمثل الحوافز للمزارعين، لزيادة الانتاج. ويشير البعض الى ان التاكيد على الربط بين الاثنين هو موقف حديث نسبياً وهو يمثل تحولاً من التأكيد الكبير على التصنيع فقط، الذي تمارسه العديد من البلدان النامية، وفي نفس الوقت فان ذلك يمثل ردة فعل ضد الفكرة التقليدية الخاصة بالتكلفة النسبية والتي اذا ما اتبعت فانها تفرض على البلدان المذكورة التخصص في انتاج السلع الاولية، وبالتالي تواجه نمطاً من التجارة في غير صالحها.

7 . 4 استراتيجية الحاجات الاساسية [4] (Basic Needs Strategy)

نتيجة لخيبة الامل من الاستراتيجيات المتصلة بمقاربات النمو والعمالة وتوزيع الدخل فقد إتجه المفكرون والمعنيون بالتنمية نحو استراتيجية جديدة هي استراتيجية الحاجات الاساسية التي تهدف الى توفير الحاجات الاساسية للسكان، من غذاء وكساء وسكن وتعليم وخدمات صحية الخ. وقد ظهرت في السبعينات وأيدها البنك الدولي، وحجة اصحاب هذه الاستراتيجية هي ان توفير مثل هذه السلع

والخدمات من شانه ان يخفض من الفقر المطلق بسرعة اكبر مما تحققه الاستراتيجيات الاخرى التي تحاول تعجيل النمو ورفع الدخل والانتاجية للفقراء.

ففي المؤتمر العالمي للاستخدام المنعقد في عام 1976، تبنت منظمة العمل الدولية مفهوم الحاجات الاساسية، والتي طبقتها الهند لاول مرة في خطتها الخمسية في عام 1974، أي قبل سنتين من تبني منظمة العمل الدولية (ILO) لها وقد استهدفت هذه الاستراتيجية تحقيق ثلاثة أهداف:

الاول، رفع إنتاجية ودخل السكان في الريف وفي المدن، وخاصة الفقراء منهم، وذلك من خلال توسيع الانتاج كثيف العمل.

الثاني، التأكيد على محاربة الفقر من خلال تقديم خدمات مثل التعليم والخدمات الصحية والماء الصحي.

الثالث، تمويل مثل هذه الخدمات من قبل الحكومة.

وان المبررات التي قدمت لتبني هذه الاستراتيجية هي :

1. ان استراتيجيات التنمية تفشل عادةً في ان تكون لمنفعة المقصودين.
2. ان انتاجية ودخل الفقراء يعتمد على تقديم الخدمات الصحية والتعليم.
3. ان زيادة دخل الفقراء، لكي يحصلوا على الحاجات الاساسية، قد يستغرق وقتاً طويلاً.
4. ان الفقراء لا ينفقون دخولهم بشكل عقلاني، وان توفير الماء والخدمات الصحية يمكن ان ياتي من قبل الحكومة.
5. انه من الصعوبة بمكان مساعدة كل الفقراء بشكل موحد بدون تقديم الحاجات الاساسية.

ورغم وجود شيء من الحقيقة في هذه المبررات الا انه هناك شكوك لدى البلدان النامية بان المساعي الدولية لتحقيق هذه الفكرة هي بمثابة انتقاص من سيادتهم، وسوف يغير من طبيعة المساعدات الدولية لتجعل مسألة تحول اقتصاداتهم باتجاه التنمية الصناعية اكثر صعوبة. فهناك نوع من المقايضة بين

النمو وبين الحاجات الاساسية [5]. ويشار الى ان توفير الحاجات الاساسية هو بمثابة تحول نحو الاستهلاك وبعيداً عن الاستثمار، وان مثل ذلك يؤثر سلباً على النمو، وان هذه الاستراتيجية قد لا تكون مستدامة في المدى الطويل. الا انه من جهة اخرى فان توفير الحاجات الاساسية هو شكل من اشكال الاستثمار في راس المال البشري، والذي قد يكون منتجاً، كالاستثمار في الصناعة.

وكما يقول (Sing) فانه يجب ان يكون هناك تكامل وتداخل بين مواجهة الحاجات الاساسية وتشجيع التصنيع وتعجيل التحول الهيكلي، فهناك حاجة لتطبيق كلا الاستراتيجيتين. ولمواجهة الحاجات الاساسية بشكل مستدام من الضروري ان تتحول هياكل الانتاج لصالح الصناعة، وان استراتيجية الحاجات الاساسية الملائمة، والتي تحقق التوزيع العادل للدخل من شأنها أن تدعم عملية التصنيع. وقد اكدت منظمة العمل الدولية في حينها بأن تحقيق الحاجات الاساسية يعتمد اساساً على تأسيس النظام الاقتصادي العالمي الجديد والذي كان يهدف الى زيادة حصة البلدان النامية من الانتاج الصناعي العالمي الى 25 بالمائة في عام 2000 (كما جاء في مؤتمر ليما). وأكد (Sing) بأن تحقيق ذلك يتطلب معدلات نمو بحدود 7-8 بالمائة سنوياً، وهذا يعني تحقيق نمو في الانتاج الصناعي بنحو 10-11 بالمائة. ويشار في هذا الصدد الى ان تجربة العديد من البلدان تظهر بأن التطور السريع للصناعة وتوفير الحاجات الاساسية أمران متوافقان، فالصين الشعبية قد حققت تقدماً في كليهما.

الا ان هذه الاستراتيجية قد واجهت انتقادات من قبل كتّاب العالم الثالث، حيث اعتبروا بان التنمية الناتجة عن هذه الاستراتيجية هي بمثابة تنمية من "الدرجة الثانية " لان الاهتمام بهذه الاستراتيجية والتركيز عليها يحرم البلدان النامية من محاولة اللحاق بركب البلدان الصناعية المتقدمة. ولذلك لم يجد مفهوم الحاجات الانسانية أدنى اهتمام. واضافة الى ذلك فقد انتقدت هذه الاستراتيجية من قبل بعض الاوساط في البلدان المتقدمة على أنها تمثل بمثابة وصفة تتضمن

(Count, Cost and Deliver) اي القيام بتعداد الفقراء وتقدير تكاليف الخدمات العامة وتسليمها الى الفقراء. وعليه فقد اعتبرت هذه الاستراتيجية بانها عمل حكومي يتجه من القمة الى القاعدة. كما انها انتقدت أيضاً لانها لم توفر للفقراء أصول انتاجية ورأسمال[6].

وفي بداية الثمانينات ومع انخفاض معدلات النمو في البلدان المتقدمة، وارتفاع اسعار النفط العالمية، وتزايد المديونية في البلدان النامية، وتدهور نسب التبادل التجاري للبلدان المذكورة فقد أهملت استراتيجية الحاجات الاساسية، واتجه العديد من البلدان نحو برامج الاستقرار والتكيف الهيكلي (Stabilization and Structural Adjustment Programs) والتي عرفت فيما بعد ببرامج التصحيح الاقتصادي، والى تحرير الاقتصاد (Liberalization) والخصخصة (privatization).

وكل هذا يعني تقليص دور الدولة والغاء الاعانات والغاء السيطرة على الاسعار وفتح الاقتصادات على العالم لتقليل العجز المالي، الامر الذي أدى الى تقليل الانفاق العام على التعليم والصحة وزيادة البطالة وانتشار الفقر، وان كل هذه الاشياء تشير عكس توجهات استراتيجية الحاجات الاساسية.

7 . 5 استراتيجية التنمية البشرية المستدامة [7]

(Sustainable Human Development Strategy)

خلال الفترة التي ظهرت فيها الليبرالية وسياسات التكييف والخصخصة، جاء تأكيد الاقتصادي الهندي (Amartia Sen) على مفهوم تطوير القدرات البشرية (Human Capabilities). وطبقاً الى (Sen) فان حرية الاختيار هي في صلب الرفاهية الانسانية، والتي تتم من خلال تعزيز قدرات الناس لتحقيق مستويات اعلى

من الصحة والمعرفة واحترام الذات والقدرة على المشاركة في الحياة الاجتماعية بشكل نشط.

ويؤكد (Sen) ايضاً بان مستوى المعيشة لا يقاس بالدخل الفردي واستهلاك السلع بل يقاس بالقدرات البشرية، أي ما يستطيع الفرد عمله، وان توسيع هذه القدرات يعني حرية الاختيار.

وقد لعب برنامج الامم المتحدة الانمائي (UNDP) فيما يعد دوراً ريادياً في تبني وترويج هذا المفهوم وذلك من خلال تقارير التنمية البشرية (Human Development Reports) التي اصدرها منذ عام 1990، ولقيت هذه التقارير اهتماماً من العاملين في العلوم الاجتماعية. وقد أكدت هذه التقارير بان التنمية البشرية تتجاوز الدخل والنمو لتشمل كل القدرات البشرية، بما فيها الحاجات والآمال واختيارات الافراد. فالى جانب الدخل يحتاج الناس الى التغذية الكافية والمياه الصالحة والخدمات الصحية والمدارس والنقل والسكن. فالمفهوم اذن مفهوم واسع وانه يُعنى بالنمو وتوزيعه والحاجات الاساسية الخ. وقد عرف تقرير التنمية البشرية. مفهوم التنمية البشرية بانه يمثل "العملية التي يتم بموجبها توسيع خيارات الناس"[8].

وقد فسر تقرير الامم المتحدة العلاقة بين النمو وبين التنمية البشرية بالقول بان النمو ضروري للتنمية البشرية، وان النمو الاقتصادي والتنمية البشرية متصلان ببعضهما، فالنمو وسيلة لكن التنمية البشرية هي غاية. ورغم أن أصل مفهوم التنمية البشرية يعود إلى المدارس الاقتصادية الفكرية. الا أن المفهوم الجديد يعتبر ان الانسان هو جوهر التنمية، وان التنمية يجب ان تستجيب ليس فقط للمتطلبات الاقتصادية بل الاجتماعية والسياسية أيضاً.

ان الخيارات المتاحة للناس، والتي يؤكد عليها مفهوم التنمية البشرية تشمل ما يأتي :

1. العيش حياة طويلة وصحية.
2. الحصول على المعارف.
3. الحصول على الموارد الضرورية لتوفير مستوى المعيشة المناسب.

وللتنمية البشرية جانبان:

الاول، بناء القدرات البشرية لتحسين مستوى الصحة والمعرفة والمهارات

والثاني، انتفاع الناس بقدراتهم المكتسبة في وقت الفراغ ولاغراض الانتاج والنشاط في مجال الثقافة والمجتمع والسياسة. ولهذا فان الدخل ليس الا واحداً من الخيارات، وان الزيادة السنوية في الناتج القومي هي شرط ضروري للتنمية البشرية ولكنها ليست شرطاً كافياً. ومن المهم جداً للتنمية ان تخدم حاجات الناس.

التنمية المستدامة (Sustainable Development) [9]

في عام 1987 استخدم المجلس العالمي للبيئة والتنمية مفهوماً جديداً هو التنمية المستدامة، وعرفَّها بانها مواجهة الحاجات للجيل الحالي بدون التضحية بحاجات الجيل القادم. فالتنمية يجب أن تستمر وتكون مستدامة .

فقد لوحظ بان التنمية الاقتصادية في العديد من الحالات تعمل على تدمير البيئة وتلويثها، وتستهلك الموارد الناضبة، وان الفقراء هم الذين يعانون من ذلك بشكل كبير من خلال التلوث والمستوى الصحي المتدني ومياه الشرب الملوثة وغياب أو قلة الخدمات الاخرى الاساسية وذلك بسبب التصنيع والتحضر. فالبيئة الملوثة لا تهدد حياة الناس الفقراء فحسب بل واطفالهم أيضاً. ولهذا فان مواجهة حاجات الفقراء في الجيل الحالي ضرورية من أجل الحفاظ على حاجات الجيل القادم.

والتنمية المستدامة تسعى الى الاستخدام الامثل وبشكل منصف للموارد الطبيعية، بحيث تعيش الاجيال الحالية دون إلحاق الضرر بالاجيال المستقبلية. ويركز مفهوم التنمية المستدامة على المواءمة بين التوازنات البيئية والسكانية والطبيعية، لذا فهي تعرف بانها التنمية التي تسعى الى الاستخدام الامثل وبشكل

منصف للموارد الطبيعية. والسبب في وجود الهدر في الموارد هو ان السكان في تزايد مستمر بينما ان الموارد الطبيعية تتناقص بشكل كبير. لذلك فالهدف هو الوصول الى معدل نمو للسكان ثابت على مستوى العالم لمنع استنزاف الموارد الطبعيية وزيادة تلوث البيئة واهدار الطاقات. ان التنمية المستدامة تعالج مشكلة الفقر المتعلقة بالسكان، لان العيش في بيئة من الفقر والحرمان يؤدي الى استنزاف الموارد وتلوث البيئة. واخيراً فان التنمية المستدامة جوهرها هو الانسان، كما هو الحال مع المفهوم الاساسي للتنمية البشرية.

وعليه فقد اضيف مفهوم التنمية المستدامة الى مفهوم التنمية البشرية ليصبح مفهوم التنمية البشرية المستدامة.

6 . 7 استراتيجية التنمية المستقلة [10]

(Independent Development Strategy)

برز هذا المفهوم نتيجة للتفكير في ايجاد استراتيجية بديلة للتنمية تنطلق من الاعتماد على الذات وذلك كرد على محاولة البلدان الراسمالية المتقدمة بفرض سيطرتها على البلدان النامية. ويعتبر (Paul Baran) رائداً في الدعوة الى تحقيق التنمية المستقلة في كتابه الشهير الاقتصاد السياسي للتنمية، إذ ربطها بالسيطرة على الفائض الاقتصادي وإستغلاله أفضل استغلال ممكن. ثم أخذ الفكرة عن (Baran) اقتصاديون من القارات الثلاث، وحتى في اوروبا، وحاولوا تطوير تحليله المذكور لتحديد مفهوم التنمية المستقلة، واجمع غالبيتهم على ربطها بالتطور اللارأسمالي، ورغم ذلك لم يتبلور بعد مفهوم محدد للتنمية المستقلة في كتابات الاقتصاديين الا ان الغالبية تتفق على انها تتمثل في اعتماد المجتمع على نفسه وتطوير قدرات افراده مع اعطاء الاولوية لتعبئة الموارد المحلية وتصنيع المعدات الانتاجية وبناء قاعدة علمية وتكنولوجية محلية بكل مقتضياتها.

وهناك جملة من الشروط اللازمة لانجاز التنمية المستقلة:

1. ضرورة تدخل الدول في شؤون الاقتصاد الوطني مع وضع حدود للتدخل تضمن نجاح التنمية وتحقيقها للاستقلال وتكوين القدرات الذاتية للافراد في استغلال الموارد المحلية دون الاعتماد على الخارج الا بحدود.

2. السيطرة على الفائض الاقتصادي بشكل فاعل وتوجيه استخدامه لما يؤدي الى تحقيق أهداف التنمية مع الأخذ بالحسبان ان للسياسات التي تضعها الدولة دوراً رئيسياً في ذلك.

3. أهمية توفر الحجم الكبير والامكانات الواسعة.

4. عدم اغفال طبيعة البلدان المجاورة وطبيعة العلاقات التي تربطها بها.

5. التوجه نحو الداخل عند رسم السياسات الاقتصادية من أجل اشباع الحاجات الاساسية وتحقيق العدالة في توزيع الدخل وتغيير نمط الاستهلاك بما يتلائم ومتطلبات كل مراحله.

6. العمل على تخفيف اثر العوامل الخارجية على الاقتصاد المحلي.

ولا بد من الاشارة هنا الى ان هذه الاستراتيجية تتقاطع وتبتعد عن الاستراتيجية العالمية السائدة حالياً، والتي جاء بها الغرب وبالأخص الولايات المتحدة والهيئات الدولية، كالبنك الدولي وصندوق النقد الدولي، التي تهيمن عليها الولايات المتحدة الامريكية، وتتعارض أيضاً مع مفهوم وطروحات العولمة (Globalization) التي يتم فرضها بشتى الوسائل على بلدان العالم المختلفة.

هوامش الفصل السابع

1. لمزيد من التفاصيل انظر:

- A,P. Thirwall. Op. cit., 128-130
- M.L. Jhingan., op., cit., pp 334 - 337.

وكذلك . د. يحيى النجار و د. آمال شلاش، 350 - 354.

2. قارن:

Mil. Jhingan., Ibid., pp 337 - 341.

وكذلك د. يحيى النجار ود. آمال شلاش، ص ص 35- 357.

3. لمزيد من التفاصيل انظر:

D. Seers. The Role of Industry in Development, Some Fallacies, in Economic Policy for Development, edited by I. Livingston, penguin modern economics, Readings, 1971., pp 250-255.

4. قارن في ذلك :

A.P. Thirwall., op. cit., pp 68 - 69.

M.L. Jhingam., op. cit., pp 22 - 22.

5. A.P. Thirwall., op. cit., p 68.

6. M.L. Jhingan., op. cit., p 22.

7. Ibid., pp 22. - 22 .,

M. Todaro., op. cit., pp 72 - 75.

8. M.L. Jhingan., op. cit.

9. قارن:

A.p. Thirwall., op. cit pp 284 - 285.

M.L. Jhingan., op. cit ., p 22.

وكذلك د. عبد الهادي عبد القادر سويفي، مصدر سابق ص ص 75 - 76.

10- د. عبد الهادي عبد القادر سويفي، المصدر نفسه، ص ص 78 - 80.

الفصل الثامن

تمويــل التنميــة

الفصل الثامن

تمويل التنمية
(Financing of Development)

يعتبر التمويل العامل الاساسي في عملية التنمية الاقتصادية والتي يشكل الاستثمار جوهرها، ذلك لان مفتاح التنمية في البلدان المتخلفة اقتصادياً هو الاستثمار وان ذلك يحتاج الى وجود ادخارات حقيقية، أي عمال ومواد لاغراض الانتاج. والتمويل يعتمد اساساً على المدخرات الوطنية وتساندها في ذلك المدخرات الاجنبية (القروض والمساعدات والاستثمارات الاجنبية).

والسؤال الذي يبرز في مجال التمويل بالنسبة للبلدان المعنية هو هل تقرر الدولة وتحدد مساعيها التنموية في ضوء حجم التمويل المتاح لها أم ينبغي عليها السعي لتوفير ما هو ضروري من تمويل للتنمية؟

والجواب على مثل هذا السؤال هو ان الوسائل تختلف فيما بين البلدان بخصوص مسألة الربط بين الاهداف التنموية التي تتبناها البلدان وبين حجم التمويل المطلوب. فالسبيل الاول يقوم على اساس تحديد المقدار المطلوب من انتاج السلع والخدمات اولاً ثم تقدير الاحتياجات اللازمة من راس المال. وهناك تجري المحاولات لتحديد العلاقة بين معدل الاستثمار الصافي الجديد وبين معدل نمو الناتج، ومن ثم يتم تقدير الاحتياجات الكلية من الاستثمارات. ويمكن الاستعانة في هذا الجانب بنموذج هارود – دومار للغرض المطلوب. والسبيل الثاني الذي يمكن ان يعتمد هو اجراء تقديرات تفصيلية لاحتياجات كل قطاع من قطاعات الاقتصاد القومي للاستثمار، ثم يتم بعدها تقدير امكانات التمويل المحلي، والفرق بينهما يحدد حجم التمويل المطلوب تدبيره.

وسوف نتناول في هذا الفصل الموضوعين الآتيين :

8 . 1 : مصادر التمويل الداخلية

8 . 2: مصادر التمويل الخارجية

مصادر التمويل الداخلية:

يمكن النظر الى وسائل تمويل التنمية من جانبين:

الاول، الوجه الحقيقي، ويعني الموارد الحقيقية التي تتمثل في سلع الاستهلاك وسلع الاستثمار.

الثاني، الوجه النقدي، ويعني الموارد النقدية التي يتم بواسطتها توفير الموارد الحقيقية للتنمية.

وتتكون مصادر التمويل الداخلية من عدة انواع اهمها ما يأتي:

8 . 1 . 1 الادخارات   (Savings)

ان السياسة الرشيدة للادخار لا بد ان تنطلق من مفهوم الفائض الاقتصادي وضرورة توجيه هذا الفائض لاغراض التنمية. ومن الضروري هنا توزيع الفائض الاقتصادي بين الاستهلاك وبين الاستثمار، ذلك لان عرض السلع والخدمات يعتمد على مقدار الموارد المخصصة للاستثمار وهذا يتطلب تقليل الاستهلاك الحالي لكي تزداد الاستثمارات التي تساعد على تعجيل معدلات النمو في الانتاج.

الا ان مستوى الاستهلاك في البلدان الاقل نمواً هو أصلاً منخفض، لذلك فان التأكيد يكون على رفع الميل الحدي للادخار Marginal Propensity to Save (MPS) وفي هذا الصدد يشير بعض الاقتصاديين الى ان هناك الكثير من فائض العمل في البلدان الاقل نمواً على شكل بطالة مقنعة. وان مثل هذه البطالة يعتبرها (Nurkse) بانها بمثابة ادخار كامن، وان استخدامه لا يتضمن تخفيضاً في الاستهلاك الجاري.

الشكل البياني رقم (8-1)

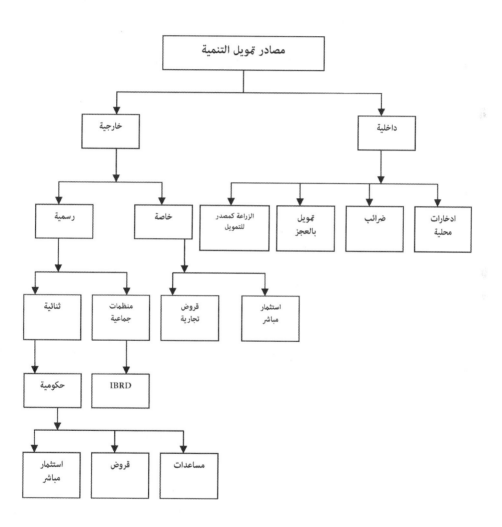

ويرى بعض الاقتصاديين بأن مشكلة الادخار في البلدان النامية لا تتمثل في نقص حجم الفائض الاقتصادي وانما تعود الى تبديد هذا الفائض. وتجدر الاشارة الى ان العبرة ليست في الادخار فحسب ولكن العبرة في توجيه هذه المدخرات نحو الاستثمارات المنتجة لغرض زيادة راس المال الاجتماعي واستصلاح الاراضي وانشاء الصناعات.

وقد اختلفت المدارس الاقتصادية الفكرية في مواقفها من الادخار والاستثمار، فالكلاسيك اعتقدوا بان الادخار يتحول اوتوماتيكيا وبشكل كامل الى استثمار. اما الكينزيون فقد اختلفوا مع الكلاسيك في هذا الجانب واكدوا ان الادخارات قد لا تتحول بالضرورة الى الاستثمار، كما أكدوا بأن الاستثمار يجب ان لا يتقيد بحجم الادخارات المتاحة.

ففي الاقتصاد الكينزي عندما يكون العمال عاطلين عن العمل، وهناك صناعات لسلع الاستهلاك غير مستغلة فان الاستثمار من قبل الحكومة يمكن ان يتحقق من خلال خلق النقود الجديدة. ومع استخدام الموارد العاطلة فإن الانتاج والدخل سوف يزدادان لكنه عندما تكون هذه الموارد مستغلة بالكامل فان الاستثمار من خلال خلق النقود سوف يعمل على زيادة مستوى الاسعار.

إن مصادر الادخار ثلاثة وهي:

1. الادخار العائلي.
2. ادخار قطاع الاعمال (الشركات).
3. الادخار الحكومي .

وفيما يلي شرح موجز لكل من مصادر الادخار الثلاثة .

1. **الادخار العائلي: (Family Savings)**

ويتخذ هذا النوع من الادخار صوراً عديدة، منها الاستثمار المباشر، والذي يشكل جانباً مهماً من الادخار في الريف وذلك عندما يقوم المزارعون باصلاح مزارعهم واقتناء التجهيزات الزراعية وبناء المساكن. ويتميز هذا النوع بعدم وجود

وسيط بين المدخر والمستثمر. ومن صور الادخار العائلي الاخرى هي المدخرات التعاقدية مثل عقود التامين على الحياة أو التأمينات الاجتماعية، وكذلك الزيادة في الاصول السائلة من خلال الاسهم والسندات.

ويؤكد البعض بان الدخول العالية تقترن، عادة بمعدلات عالية من الادخار، لكن البعض الاخر يرد بالقول ان الفئات الغنية لا توفر بالقدر الذي يتناسب مع امكاناتها. ويشار هنا بأن العوامل الاساسية التي تحكم معدل الادخار ليس مستوى دخل الفرد وانما نمط توزيع هذا الدخل، ونسبة الدخل من الملكية الى الدخل القومي. حيث يرتفع مستوى الادخار كلما كان التفاوت في توزيع الدخل أكبر. الا ان البعض يلاحظ بانه في البلدان النامية ان هذا التفاوت ليس في صالح الادخار، اذ تذهب النسبة الكبرى من الدخل لدى الملاك والتجار والسماسرة نحو الاستهلاك. ولهذا فان السياسات التي ترمي الى استخلاص الادخار العائلي لا بد ان تكون سياسات ترشيد الاستهلاك وتشجيع الادخار بمختلف الوسائل الفعالة.

ومن جملة الوسائل الفعالة لتعبئة المدخرات هي تشجيع الافراد على الادخار وتوجيه هذه المدخرات نحو الاستثمار المنتج. ومن بين أشهر الوسائل الاختيارية لتعبئة المدخرات هي بنوك القرى وصناديق التوفير والمحفزات التي تمنح المدخرين في البنوك الجوائز المختلفة الى جانب سعر الفائدة. وهناك وسائل اخرى لتشجيع الادخار مثل شهادات الاستثمار والايداع وعقود التأمين.

2. ادخار قطاع الاعمال (Corporate Savings)

ويتمثل هذا النوع من الادخار بالارباح المحتجزة لدى الشركات، والتي تمثل مصدراً لتمويل الاستثمار. ان حجم مدخرات قطاع الاعمال في البلدان النامية يتناسب، بطبيعة الحال، مع حجم هذا القطاع. فكلما كان القطاع كبيراً إزداد حجم المدخرات والعكس صحيح. ويقسم قطاع الاعمال في البلدان النامية الى قطاع منظم (Formal Sector) وقطاع غير منظم (Informal Sector) الذي يضم المحلات التجارية الصغيرة والصناعات الصغيرة والوحدات الخدمية الصغيرة.

ومن الصعوبة بمكان تقدير مدخرات هذا القطاع أو تقدير حاجاته الى الاستثمار، كما ان تعبئة مدخراته ليست ممكنة بالوسائل التقليدية. لهذا فان القطاع المنظم هو الذي يعول عليه في توليد الفائض.

ويتكون قطاع الاعمال المنظم من قطاع الاعمال الخاص وقطاع الاعمال الحكومي، ويعتمد حجم الادخار لديه على حجم الفائض المتولد (الارباح).

3. الادخار الحكومي: (Government Savings)

الادخار الحكومي يمثل الفرق بين ايرادات الحكومة من الضرائب والانفاق الجاري الحكومي. ومن المعتاد ان تكون نفقات الحكومة اكبر من ايراداتها، مما يضطرها الى الالتجاء لمدخرات قطاع الاعمال لسد العجز. ان ارتفاع حصيلة الضرائب يساعد على زيادة حجم الادخار الحكومي فقط في حالة كون الميل الحدي للاستهلاك (MPC) لدى الحكومة (من الضرائب المتزايدة) هو أدنى من الميل الحدي للاستهلاك لدى القطاع الخاص (من الدخل الحدي الذي يدفع منه الضرائب).

ولقد لعب الادخار الحكومي المتحقق من خلال فائض الميزانية (budget surplus) دوراً كبيراً في التنمية الاقتصادية في اليابان، وخصوصاً في المراحل الاولى للتنمية.

8 . 1 . 2. الضرائب: (Taxes)

تعتبر الضرائب الوسيلة التي يتم بموجبها تحويل جزء من الدخول لدى الافراد والشركات الى الحكومة. ان هذه الضرائب تستخدمها الحكومة لاغراض الانفاق الجاري وكذلك لاغراض الاستثمار، وان النوع الثاني من الانفاق هو الذي يساعد على تحقيق التنمية ويرفع من معدل نمو الناتج ونمو تراكم راس المال.

والسياسة الضريبية الناجحة والتي تساعد على دفع عملية التنمية الاقتصادية يجب ان تهدف الى جملة امور أهمها:

أ- يجب ان تستهدف تعبئة الفائض الاقتصادي وتوجيهه لاغراض التنمية.

ب- يجب ان تستهدف الحد من الاستهلاك وخاصة غير الضروري.

جـ- يجب ان يكون الهيكل الضريبي مرناً بحيث يستجيب للتغيرات الاقتصادية الجارية.

د- يجب ان تستهدف أيضاً تغيير نمط الاستثمار، وكذلك الحد من تفاوت مستويات الدخول ومستويات الاستهلاك المختلفة.

8 . 1 . 3. التمويل بالعجز (التمويل التضخمي) Deficit Financing

ان مصطلح التمويل بالعجز او ما يسمى احياناً التمويل التضخمي يشير الى قيام الحكومة بتوفير التمويل لاغراض الاستثمار وذلك من خلال طبع النقود من قبل الحكومة او توسيع الائتمان من قبل البنوك بدون الحاجة الى وجود ادخار مسبق. وتلجأ الحكومة إلى التمويل بالعجز عندما تريد تغطية العجز الحاصل في الموازنة العامة (اي عندما تكون نفقاتها تتجاوز ايراداتها) وذلك من أجل دفع النمو الاقتصادي من خلال الانفاق الحكومي والذي تغطيه من خلال طبع النقود او بيع الاوراق المالية التي تصدرها الى البنوك التجارية وتحصل على الائتمان مقابلها. إن هذا النوع من التمويل يجعل الاستثمار يتجاوز حجم الادخار المتاح وبالتالي يولد نوعاً من التضخم.

ان اسلوب التمويل التضخمي هذا يستند على حجه مفادها ان زيادة عرض النقد يؤدي الى زيادة الاستثمار وذلك استناداً الى :

1. ان ارتفاع الاسعار يؤدي، في قطاعات معينة، الى ارتفاع مستوى الارباح.

2. ان التوسع السريع في الائتمان المصرفي، مع ثبات اسعار الفائدة الاسمية، يجعل بعض المستثمرين يحصلون على قروض ذات فوائد حقيقية سالبة.

3. ان التضخم يعتبر آلية لتحرير الاموال لغرض الاستثمار، وتحدث العملية التضخمية عن طريق احداث زيادة في الطلب النقدي الكلي عن العرض الحقيقي للسلع والخدمات عند مستوى الاسعار السائد. وبالطبع فان مصدر

زيادة المعروض النقدي ناجم عن لجوء الحكومة الى تمويل الاستثمارات عن طريق الاقتراض من البنك المركزي او لجوء النظام المصرفي الى خلق الائتمان.

ويتلخص جوهر هذه العملية بتزويد المستثمرين أموال اضافية ليتسنى لهم بمقتضاها اقتناص الموارد الحقيقية (عوامل الانتاج وخاصة الايدي العاملة) من صناعات الاستهلاك بما يترتب على هذا من انخفاض انتاج سلع الاستهلاك، وبالتالي ارتفاع اسعارها. ولما كانت الاجور، وان ارتفعت، لم تبلغ في ارتفاعها مبلغ ارتفاع الاسعار فسيترتب على ذلك انخفاض الكمية المطلوبة من سلع الاستهلاك وعلى هذا النحو يتحول هيكل الناتج القومي لصالح السلع الاستثمارية، وبمعنى آخر لصالح عملية التنمية.

وتجدر الاشارة الى ان فكرة التمويل بالعجز لاغراض الاستثمار أُلهمت من قبل الفكر الكينزي، التي تنظر الى الاستثمار كأهم عامل من عوامل التنمية، وان الاستثمار لا يتقيد بالادخار. وعليه فان تشجيع الاستثمار سوف يولد الادخارات وان هذه الفكرة هي عكس فكرة المدرسة الكلاسيكية الي ترى بان الادخار يجب ان يسبق الاستثمار. وعليه فان النظرية الكينزية تؤكد بان الادخارات تتولد كنتيجة للاستثمار وان هذا يحدث من خلال الوسائل الآتية :

1. ان الادخار يحدث عندما يزداد الدخل، وعندما تكون هناك موارد معطلة فان كلا من الانتاج الحقيقي والادخارات تزداد من خلال قيام الحكومة بالتمويل بالعجز.
2. وحتى عندما تكون الموارد مستخدمة بالكامل فان التمويل بالعجز يزيد من الادخارات من خلال اعادة توزيع الدخل وهذه العملية تفضل فئة اصحاب الارباح. كما ان ارتفاع الاسعار يقلل من القوة الشرائية لاصحاب الاجور وبذلك يتم تحرير الموارد.

3. ان التضخم يشجع الاستثمار، وذلك لان التضخم يرفع من معدل العائد على الاستثمار وفي نفس الوقت فانه يقلل من سعر الفائدة الحقيقي. ومع انخفاض التكاليف وارتفاع العوائد فأن التضخم يصبح وسيلة لتأسيس الاستثمار.

الاهمية للبلدان النامية: ويشير البعض بان اسلوب التمويل بالعجز قد تم استخدامه من قبل البلدان النامية وذلك استناداً الى الحجج الاتية:

1. ان هذا المصدر لتوفير الموارد يؤدي إلى تنفيذ مشروعات انتاجية.

2. ان التمويل بالعجز لا يكون مرئياً للناس، كما انه لا ياخذ شيئاً منهم.

3. ان هذه الطريقة تنهي نفسها بنفسها لان التوسع النقدي يؤدي الى ارتفاع الاسعار، لكن هذا يحدث لفترة قصيرة فقط.

4. ان التمويل بالعجز يخدم غرض مواجهة الطلب على النقود والمرتبط مع نمو البلدان النامية. ولهذا فإن التمويل بالعجز، في نظر البعض، يخدم غرضين معاً هما مواجهة حاجات الاقتصاد النامي وتشجيع التنمية. [6]

محدودية التمويل بالعجز:

يشكك العديد من الكتاب في نجاح التضخم كوسيلة لتمويل التنمية نظراً لما يترتب عليه من آثار سلبية ترتبط عادة بمشكلة التضخم. ويشير البعض هنا الى ان التمويل بالعجز مفيد للبلدان النامية لكن هذا يحدث فقط اذا بقي ضمن حدود ضيقة، لان هناك العديد من القيود عليه وهي:

1. ان المحدودية تظهر من عدم قدرة صناعات سلع الاستهلاك على التوسع، لان الزيادة في الطلب الناجمة عن تشغيل العمال في المشروعات الاستثمارية سوف توجه نحو السلع الاستهلاكية. وحيث ان التوسع في الصناعات المنتجة للسلع الاستهلاكية مقيدة بندرة السلع الراسمالية والعمل الماهر والمواد الخام فان التأثيرات الثانوية للاستثمار الابتدائي على الدخل والانتاج والتشغيل سيكون محدوداً كثيراً. وان الاقتصادي الهندي (V.K.R. Rao) كان من الاوائل الذين تبنوا هذا التفسير .

2. والقيد الاخر يرتبط مع نوع البطالة السائدة في البلدان النامية والتي لم تكن من النوع الكينزي، فالعاطلون عن العمل في البلدان المذكورة معضمهم من نوع البطالة المقنعة وليس السافرة.

3. وأخيراً فأن التمويل بالعجز يخلق مشكلات في ميزان المدفوعات و/أو يرفع الاسعار مما يسبب عدم توازن او عدم استقرار في الاقتصاد.[7] فالتضخم من شأنه أن يعمل على تثبيط الادخار الاختياري ورفع معدلات الاستهلاك، ودفع الافراد الى توجيه مدخراتهم نحو شراء الاصول الثابتة. اما الاستثمار فإنه يصاب بالتشويه هو الآخر من جراء التضخم حيث تنحاز المدخرات بشكل حاد نحو الاستثمارات غير المنتجة مثل شراء الاراضي والعقارات وما شابه[8].

ونظراً الى المحاذير المذكورة اعلاه واضطرار البلدان النامية الى اسلوب التمويل بالعجز لدفع التنمية الاقتصادية الى امام فان البعض يؤكد على بعض الوسائل الحمائية التي يمكن ان تحول دون استخدام هذه الوسيلة بالشكل غير المناسب، ومن هذه الوسائل[9] :

(1) عند اقرار حجم التمويل بالعجز يجب ان يتم اختيار المشروعات التي تمول بحيث تكون مولده لفرص العمل وسريعة العائد.

(2) يجب تحديد كمية التمويل بالعجز بحيث تتوافق مع حاجة الاقتصاد الذي ينمو.

(3) عند استخدام التمويل بالعجز فان جهوداً يجب ان تبذل لامتصاص الفائض من النقود التي تم حقنها في الاقتصاد.

(4) واخيراً يتعين فرض ضوابط على اسعار السلع وخاصة السلع الأساسية أو ما يعرف بـسلع الاجور (wage goods).

8 . 1 . 4 استخدام القطاع الزراعي كوسيلة للتمويل

استخدم القطاع الزراعي، في عدد من البلدان التي اصبحت صناعية اليوم، كوسيلة لتمويل الصناعة، سيما وان الزراعة في العديد من الحالات تمثل القطاع

الرئيسي لتوليد الدخل والاستخدام (employment) وخاصة في بداية مرحلة التنمية فيها. لذلك تم تحميل القطاع الزراعي النصيب الاكبر من تكلفة التصنيع، كما هو الحال في فرنسا او الاتحاد السوفيتي واليابان الخ. وفي البلدان النامية فان القطاع الزراعي يتصف بوجود بطالة مقنعة، والذي يعني وجود ادخار كامن يمكن ان يساهم في زيادة معدل الاستثمار والناتج الكلي اذا ما تم سحب فائض العمل من الزراعة وتشغيله في مشروعات اخرى وخاصة في الصناعة. واضافة الى هذا الجانب فان الزراعة تعرضت الى فرض الضرائب المرتفعة لغرض تمويل التصنيع، وكذلك ابقاء اسعار السلع الزراعية منخفضة بشكل متعمد لتحويل نسب التبادل التجاري الداخلي فيما بين الزراعة والصناعة لصالح الاخيرة. وقد مثلت هذه الاساليب ادوات اخرى لتحويل المدخرات من الزراعة الى الصناعة. لكن نجاح اساليب معينة في تجارب الماضي قد لا يبرر بحد ذاته تطبيقها في ظروف مختلفة، الا انها تبقى، مع ذلك، قادرة على المساهمة بدور معين في تمويل التنمية من خلال الاستثمارات الصغيرة وانتقال فائض العمل.

2. 8 مصادر التمويل الخارجية [10]

ان البلدان التي لا تستطيع تدبير الادخارات المحلية الكافية لدفع عملية التنمية الاقتصادية الى الامام تلجأ عادة الى تدبير التمويل اللازم من الخارج. وقد فعلت ذلك الولايات المتحدة الامريكية خلال الفترة (1855-1860) وكذلك روسيا خلال العقود الثلاثة التي سبقت الحرب العالمية الاولى. الا ان اليابان التي اصبحت دولة حديثة وغنية بعد عام 1868 لم تقم بتشجيع المدخرات والاستثمارات الخارجية. لهذا يعتبر البعض بأن المدخرات الاجنبية يمكن ان تساعد عملية التنمية لكنها ليست ضرورية لها. وتجدر الاشارة هنا الى اختلاف مفهوم التدفق الصافي للموارد المالية عن مفهوم الموارد الحقيقية، حيث ان مفهوم صافي الموارد المالية

لا يتضمن مدفوعات الفوائد وتحويلات الارباح في حين ان مفهوم الموارد الحقيقية يتضمن مدفوعات الفوائد وتحويلات الارباح .

وتنقسم مصادر التمويل الخارجية الى قسمين هما:

8 . 2 . 1 . مصادر التمويل الخاصة

8 . 2 . 2 . مصادر التمويل الرسمية

وسنتناول كل واحدة منها بالشرح تباعاً :

8 . 2 . 1 . مصادر التمويل الخاصة:

وتنقسم مصادر التمويل الخاصة بدورها الى قسمين هما:

1. الاستثمار الاجنبي المباشر (Foreign Direct Investment)

2. القروض التجارية (Commercial Lending)

وقد سجلت التدفقات الراسمالية الخاصة زيادات مضطردة من حوالي 30.7 بليون دولار في 1987 الى 51.8 بليون في 1990 ثم لتصل في عام 1995 الى حوالي 159 بليون دولار. ونستعرض في ادناه كل واحد من مكوني التدفقات الخاصة.

الاستثمار الاجنبي المباشر: وهو استثمار من قبل جهات غير مقيمة بالبلد في منشآت اقتصادية تقع داخل البلد المضيف للاستثمار. وان كلمة المباشر تعني سيطرة (كاملة او جزئية) على المنشآت التي توجد داخل البلد المضيف. وبعبارة اخرى هي الاستثمار في مشروعات يملكها ويديرها الاجانب، سواء بملكية كاملة أو بحصة تكفل السيطرة على ادارة المشروع وغالباً ما تكون في صورة مشروعات تمارس نشاطها في البلدان النامية أو فروع لشركات أجنبية في الخارج. [11]

ويقسم هذا النوع من الاستثمار الى قسمين:

أ. الاستثمارات الاجنبية المباشرة الخاصة، ويقصد بهذا النوع تملك اصحاب راس المال الاجنبي للمشروعات المقامة ملكية تامة. وقد تزايد هذا النوع منذ بداية السبعينات.

ب. الاستثمارات الاجنبية المباشرة الثنائية، وهي تأخذ الشكل الثنائي في النشاط وتأخذ واحداً أو أكثر من الاشكال التالية:

(1) شركات تتوزع فيها الملكية بين راس المال الاجنبي وراس المال الوطني العام (الحكومي).

(2) شركات تتوزع فيها الملكية بين راس المال الاجنبي وراس المال الوطني الخاص.

(3) شركات تتوزع فيها الملكية بين راس المال الاجنبي من جهة وراس المال الحكومي وراس المال الوطني من جهة اخرى.

ج. الشركات متعددة الجنسية، ويعرفها المجلس الاقتصادي والاجتماعي للامم المتحدة بانها شركات يمتد نشاطها الاقتصادي ليغطي كافة المشروعات التي تشرف على او تدير مصنعاً أو منجماً في دولتين أو أكثر.

الاستثمار الاجنبي والشركات متعددة الجنسية: لقد مثلت الاستثمارات الاجنبية المباشرة نحو 11% من اجمالي الادخارات الداخلة الى البلدان النامية في عام 1980، بعد ان كانت نحو 23% في عام 1960. الا ان الاستثمار المباشر بقي يثير معظم الاهتمام وذلك لسببين:

الأول : ان الاستثمار الاجنبي يأتي ضمن حزمة (package) التي تشمل ليس فقط تمويل الملكية (equity finance) بل كميات اكبر من تمويل القروض (Loan finance) والخبرة الادارية (management expertise) وتكنولوجيا حديثة ومهارات فنية وامكانية الوصول الى الاسواق الدولية.

الثاني: ان هذه الحزمة تسيطر عليها الشركات متعددة الجنسية التي يكون حجمها وتاثيرها الاقتصادي يفوق حجم وتاثير حكومة البلد المضيف.

ان الحصة الاكبر للاستثمار الاجنبي المباشر في بلدان العالم الثالث تتم بواسطة الشركات متعددة الجنسية (MNCs) . وخلال معظم الفترة التي تلت الحرب العالمية الثانية أجبرت البلدان النامية على قبول الحزمة الخاصة بالاستثمار بكاملها او تحرم من الحصول عليها نهائياً.

منافع الاستثمار الاجنبي: يزعم البعض بان البلدان المستلمة للاستثمارات الاجنبية تحصل على الكثير من المنافع، ذلك لان الاستثمار يمثل مصدراً للتمويل دون ان يشكل ديناً على المستلم. كما ان الاستثمار الاجنبي يمثل ايضاً حزمة انتاجية، تصاحبها خدمات ذات طبيعة انتاجية، لانها تجلب راس مال مادي متضمناً تكنولوجيا متقدمة وخبرة ادارية وتسويقية وسلع ذات نوعية جيدة وتطبيقات حديثة في الدعاية.

ان التشريعات التي تصدرها البلدان النامية بخصوص الاستثمارات الاجنبية تظهر بأن مثل هذه البلدان التي تبحث عن الاستثمار الاجنبي تتوقع مختلف انواع المنافع المادية وغير المادية من الموارد التي تحصل عليها من الاستثمار. وربما من أهم أهداف البلدان المذكورة من هذه الاستثمارات هي خلق فرص العمل، ونقل التكنولوجيا والمهارات، وتوفير النقد الاجنبي وكما يأتي [12] :

1. خلق فرص العمل: ان البلدان المضيفة للاستثمار الاجنبي تأمل في كسب الكثير من فرص العمل من الشركات متعددة الجنسية، لكن الشواهد تشير الى ان مثل هذا التوقع نادراً ما يتحقق. ومن أحد الاسباب لذلك هي ان البلدان النامية المضيفة غالباً ما تحدد دخول هذه الشركات الى قطاعات مثل المعادن والنفط والكيماويات والتي تتصف بكونها كثيفة راس المال وبالتالي لا تحتاج الى الكثير من العمالة.
2. نقل التكنولوجيا: والمنفعة الثانية التي تأمل البلدان المضيفة للاستثمار الأجنبي الحصول عليها هي نقل التكنولوجيا والمعرفة (know-how) ذلك لان معظم نشاطات البحوث والتطوير تجري من قبل منشآت في امريكا الشمالية واوروبا

واليابان. وقد استطاعت بلدان مثل الهند والمكسيك من تدريب اعداد كبيرة نسبياً من الفنيين الصناعيين، كما استطاعت هذه البلدان من استيعاب التكنولوجيا الجديدة. لكن معظم البلدان النامية الاخرى لا تملك الاعداد الكافية من الكوادر المتعلمة لادارة الصناعات المعقدة تكنولوجياً. ان آفاق نقل التكنولوجيا تختلف بشكل واضح بين الشركات متعددة الجنسية والبلدان النامية.

3. منافع الصرف الاجنبي: ان الهدف الثالث للبلدان التي تبحث عن الاستثمار الاجنبي هو توفير وكسب الصرف الاجنبي. وفي دراسة نشرت في عام 1973 والتي غطت نحو مائة من الشركات متعددة الجنسية تستخلص بانه في نهاية الستينات كانت الاثار الايجابية الصافية للشركات المذكورة على ميزان المدفوعات للبلدان النامية ضئيلة. وفي الحقيقة فانه في نصف الحالات المذكورة اعلاه وجد بأن الشركات تصدر الصرف الاجنبي (من خلال الاستيراد من الخارج وتحويل الارباح) اكثر مما تحصل عليه. ولهذا فان التأكيد يجب ان يكون على العائدات الصافية وليس العائدات الاجمالية من الصرف الاجنبي.

4. والى جانب ما ذكر اعلاه فان البعض الآخر يذكر بان تأسيس المشروعات في البلدان النامية من قبل الشركات متعددة الجنسية يمكّن البلدان النامية من الحصول على العديد من المنافع ومنها: ان المستهلك المحلي في البلدان المذكورة ينتفع من خلال الاسعار المخفضة والنوعية الجيدة للمنتجات التي تقوم الشركات بانتاجها، اضافة الى انتفاع الحكومة من الضرائب التي تفرضها على الشركات، وكذلك الوفورات الخارجية للاستثمار الاجنبي وخاصة الخدمات المرافقة للاستثمار والادارة الافضل للاعمال. كما ان المشتريات الكبيرة التي تقوم بها الشركات من المجهزين المحليين يمكن ان تحفز على النمو في البلدان المضيفة. وقد اشارت بعض الحالات الدراسية بان هونك كونج والمكسيك قد استفادت من وجود الشركات الاجنبية في انتشار

التكنولوجيا الحديثة في هذين البلدين. كما ان وجود الشركات الاجنبية قد ساهم في توسيع فرص العمل، ففي سنغافورة فان نحو 60% من التشغيل في القطاع الصناعي ولدته الشركات الاجنبية. كل هذه المنافع التي يشير البعض بانها يمكن ان تجنبها البلدان النامية من الاستثمار الاجنبي في بلدانها لكن النتيجة النهائية تعتمد على تجربة كل بلد من البلدان النامية وكذلك سلوك الشركات المتعددة الجنسية في التعامل.(13)

تكاليف الاستثمار الاجنبي (آثاره السلبية) :

لغرض الوصول الى الحكم النهائي لتقييم الاستثمار الاجنبي يجب مقارنة المنافع المتوقعة مع التكاليف واهمها:

1. يقدم البلد المضيف عادة الكثير من المحفزات للاستثمار الاجنبي ومنها الخدمات مثل الارض والسكن والاتصالات والمياه والكهرباء والمساعدات المالية. وغالباً ما يتم توفير هذه الاشياء باسعار متدنية ومدعومة وبالتالي قد يكون لهذه الخدمات آثار غير مرغوبة على البلد المضيف، وقد تكون اكثر من الحد الضروري. لهذا فان المغالاة في تقديم المحفزات للاستثمار الاجنبي تقلل من منافع ذلك الاستثمار للبلد المضيف.
2. التأثيرات السلبية على الادخار: يدعى البعض بان الارباح التي تحققها الشركات المحلية قد تتأثر سلباً من جراء وجود الشركات الاجنبية وبالتالي فان الادخارات المحلية قد تتأثر سلباً هي الاخرى.
3. التأثيرات السلبية على عوائد الصرف الاجنبي: في أحيان كثيرة تكون ما تخرجه الشركات متعددة الجنسية من عوائد النقد الاجنبي خارج البلد اكثر مما توردە الى داخل البلد، وان البلد المضيف قد لا يمتلك القدر الكافي من الاحتياطات لهذا فان تأثير ذلك يمكن ان يضر بامكانات التنمية.
4. التأثير السلبي على تطور البلد المضيف: ان التركيز على السلع الاستهلاكية التي يركز عليها المستثمر الاجنبي قد يكون كبيراً بحيث يحرم

الصناعات المنتجة للسلع الرسمالية من الموارد. كما قد يميل المستثمر الاجنبي الى استغلال بعض الموارد الناضبة بشكل اكثر من المعقول لاغراض التصدير. وحتى التكنولوجيا التي يجلبها المستثمر الاجنبي غالباً ما تكون كثيفة راس المال بحيث لا تناسب حاجة البلد وموارده الاقتصادية. وكذلك يفضل المستثمر الاجنبي ان يتوطن في المدن مما قد يفاقم من مشكلة عدم التساوي في الدخول فيما بين الاقاليم والمناطق الجغرافية.

5. ويشير البعض بان نتائج الحالات الدراسية حول الاثار السلبية للاستثمار الاجنبي لا تثبت بالضرورة بان هذه الاثار السلبية ناتجة عن الاستثمار الاجنبي المباشر، ولكن بسبب السياسات المشوهة المتبعة من قبل البلدان المضيفة للاستثمار الاجنبي، مثل السياسات الحمائية ضد المنافسة الاجنبية، وكذلك تركيز الشركات المحلية على السوق المحلي اكثر من تركيزها على التصدير مما ادى إلى اعاقة نمو الصرف الاجنبي. [14]

سياسات البلدان النامية تجاه الاستثمار الاجنبي:

بهدف تحقيق الاهداف المرجوة من الاستثمار الاجنبي للبلدان النامية المضيفة يتعين عليها تصميم السياسات التي تعظم المنافع من الاستثمار الاجنبي وتقلل الى الحد الادنى من التكاليف. ويتعين على البلدان المضيفة للاستثمار الاجنبي العمل على ازالة التشوهات القائمة في اقتصاداتها وفتح الاقتصاد نحو العالم، والسيطرة على الاستثمار الاجنبي بحيث يستخدم ذلك لمصلحة البلاد. ولتنفيذ ذلك يجب على البلد المضيف استخدام السياسات المختلفة لجذب الشركات متعددة الجنسية، ومن بين هذه الادوات هي المحفزات والقيود وكما يأتي:

1. المحفزات الضريبية : تمنح معظم البلدان النامية محفزات إيجابية للمستثمرين الاجانب تشمل اعفاءات ضريبية (Tax Holidays) ، وتمنح حقوق الاحتكار في السوق المحلي، وضمانات لتحويل الارباح للخارج. ومن بين أهم هذه المحفزات والتي تستخدم بشكل واسع هي المحفزات الضريبية الممنوحة للشركات الاجنبية

والتي تشمل اعفاءات من ضريبة الدخل لفترة محددة. ويتراوح معدل الضريبة على الارباح بين 40-50 بالمائة، وتحصل الشركات الجديدة على اعفاء من ضريبة الارباح للسنوات الاولى من عملها تتراوح بين 3-6 سنوات.

2. ومن جملة القيود التي تفرضها البلدان المضيفة على الشركات الاجنبية ما يعرف بمتطلبات الانجاز (Performance Requirements) وتهدف هذه الى خدمة اهداف البلدان المضيفة في مجال توسيع فرص العمل ونقل التكنولوجيا والنشاطات الموجهة نحو التصدير وعوائد الصرف الاجنبي. ومن بين الشروط التي تفرض على الشركات الاجنبية هي الاستفادة من العناصر المحلية سواء في الصناعات كثيفة العمل او كثيفة راس المال. هذا الشرط لا يهدف فقط الى خلق فرص العمل بل ايضا لتوسيع الطاقة الاستيعابية لنقل التكنولوجيا من الشركات الاجنبية. وتتضمن هذه الشروط عادة على جدول زمني واهداف محددة لتشغيل العمالة المحلية والمدراء. وقد استغلت البلدن النامية عدداً من الشروط هذه في تشجيع نقل التكنولوجيا، اضافة الى تشجيع برامج التدريب.

3. ومن السياسات المستخدمة بشكل واسع لتفعيل نقل التكنولوجيا هي اصرار البلدان النامية على وجود شركاء محليين مع الاجانب من خلال اسلوب المشروعات المشتركة (Joint. Ventures) مع شركات محلية، وهذه المتطلبات والشروط متضمنة في ما أصبح يعرف بقوانين التشبع (Saturation Laws). فمن خلال ذلك يستطيع الشركاء المحليون من مراقبة التكنولوجيا المنقولة وتطويعها، وادخالها الى الاقتصاد الوطني.

ومن القيود الاخرى المستخدمة، بشكل واسع، في البلدان النامية هي وضع حدود عليا على الارباح المحولة الى الشركات الاجنبية الام، وتشجيع اعادة استثمار الارباح في البلد المضيف للاستثمار الاجنبي، اضافة الى ضرائب مرتفعة على الارباح المحولة الى الشركات في الخارج.

4. قد لا تحصل البلدان النامية على شروط جيدة ومناسبة من الاستثمار الاجنبي، وقد لا تحصل على توزيع عادل للمكاسب، لهذا على البلدان المذكورة السعي لتقليص الشروط المضرة في اتفاقيات الاستثمار الاجنبي، وهذا يتطلب معرفة كبيرة وقدرة من جانب المفاوضين عند وضع شروط الاتفاقيات.

5. يتعين النظر الى الاستثمار الاجنبي باعتباره مكملاً للاستثمار المحلي وليس بديلاً عنه. وحيث ان الموارد الاجنبية أفضل من الموارد المحلية من حيث النوعية فانها يمكن ان تساهم في تطوير الاقتصاد الوطني. ومن الضروري استغلال راس المال الاجنبي في مجالات يوجد فيها فراغات لا يمكن للاستثمار المحلي ان يملؤها وفي مجالات نشر التكنولوجيا الحديثة والمهارات البشرية. [15]

6. واخيراً فان منتقدي الشركات متعددة الجنسية قد أشاروا دائماً الى لجوء الشركات المذكورة الى استخدام اسلوب التسعير الذي يطلق عليه تسعير التحويلات (Transfer Pricing) كوسيلة لتقليل حصة البلدان النامية من المكاسب الناجمة عن الاستثمار الاجنبي، وزيادة حصة الشركات وكذلك حصة البلدان التي تنتمي اليها هذه الشركات. ان هذه الطريقة الاستغلالية في التسعير والمعروفة بـ (Transfer Pricing) تلجأ اليها الشركات كوسيلة للتهرب من دفع ضرائب الدخل في البلدان المضيفة للاستثمار. ويتم ذلك من خلال الرفع المصطنع لأسعار المواد ومستلزمات الانتاج التي تستوردها الشركات متعددة الجنسية من شركاتها الفرعية في الخارج بهدف رفع التكاليف الانتاجية وبالتالي تقليل حجم الأرباح الظاهرة ومن ثم تقليل حجم الضرائب المفروضة عليها في البلد المضيف. وعليه فان اسلوب تسعير التحويلات هو بمثابة وسيلة لتقليل الضرائب المفروضة على هذه الشركات .

كما ان الشركات متعددة الجنسية لديها دوافع قوية لتقليل ارقام الارباح المتحققة لشركاتها الفرعية الموجودة في البلدان المضيفة، والتي تضع حداً اقصى على تحويلات الارباح الى الشركة الام. واضافة الى هذا السبب فقد تلجأ الشركة الى ممارسة أسلوب تسعير التحويلات لاسباب سياسية قد تدفع البلد المضيف لاعادة

التفاوض مع الشركة الاجنبية اذا علمت انها تحقق ارباحاً طائلة. لهذا هناك مجال واسع للتلاعب بالاسعار والاستغلال من خلال العملية المذكورة.

وقد استجابت البلدان النامية الى مشكلة تسعير التحويلات من خلال محاولاتها تشديد القيود والضوابط المعتمدة، وكذلك من خلال التحقق من نشاط الشركات المعروفة بهذه الممارسات، وخاصة صناعة الادوية. فمن خلال اليقضة والحذر من قبل البلد المضيف يمكن ايقاف ممارسات تسعير التحويلات في الحالات التي تكون التجارة فيما بين الشركات تتم بالسلع القياسية (Standardized) مثل مركزات النحاس، ونترات الامونيوم والخشب المعاكس (Plywood) والتي لها اسعار عالمية معروفة، وبالتالي تسهل عملية التحقق من تلاعب الاسعار فيها. [16]

2. القروض التجارية (Commercial Lending)

تعتبر القروض التجارية من أكبر انواع المدخرات الاجنبية المتدفقة للبلدان النامية والتي نمت بشكل سريع. وتتكون هذه القروض من ثلاثة انواع هي (1) قروض السندات و (2) القروض المصرفية التجارية و (3) إئتمانات التصدير. وفيما يلي شرح موجز لكل من هذه الانواع من القروض.

أ- **القروض المالية (قروض السندات) (Bond Loans)** : وهي أحد اشكال استثمارات المحفظة، والشكل الآخر هو شراء الاسهم (Equities) في منشآت البلدان النامية. ففي السوق الدولية للسندات (Bonds) تقوم الحكومات بالأقتراض طويل الامد (من 5 – 25 سنة) وذلك من خلال اصدار السندات، والتي يقوم المستثمرون في البلدان المتقدمة بشراء هذه السندات من خلال الوسطاء (Brokers). والاستثمارات المالية اصبحت منذ التسعينات عنصراً متنامياً في تدفقات راس المال. فمع مناخ الحرية الاقتصادية وانفتاح البلدان على بعضها فان الاستثمارات المالية تمثل حوالي ثلث تدفقات الموارد. وتتمثل هذه الاستثمارات في شراء الاجانب للاسهم والسندات وشهادات الايداع والاوراق التجارية من البلدان

النامية. وبين عامي 1989 و 1997 ازداد حجم الاستثمارات المالية من 7.5 الى 86.3 بليون دولار.

ب- **القروض المصرفية التجارية (Commercial Bank Lending)** : والقناة الاخرى والاحدث لتحويلات راس المال (أي للتمويل) هي القروض المصرفية التجارية، وخاصة من سوق العملات الاوربي (Eurocurrency Market) ويعود تاريخ سوق العملات الاوربي الى الستينات، وقد بلغ حجم هذا السوق في عام 1979 نحو 475 بليون دولار. والعملات الاوربية هي عملات مودعة في بنوك خارج البلد الذي أصدر تلك العملات. لهذا فهناك دولار أوربي (Eurodollar) ومارك اوربي (Euro mark) وهكذا. وتمنح القروض من العملات الاوربية عادة لفترات أقصر من قروض السندات، وان سعر الفائدة التقليدي لهذا الغرض هو سعر الاقراض في بنوك لندن والمسماة (LIBOR) والمقترضون يدفعون علاوة (Premium) على الـ (LIBOR)، وذلك استناداً الى تقديرات السوق بالنسبة للمخاطر، وان العلاوة المدفوعة من قبل البلدان النامية هي عادة اعلى نظراً لارتفاع المخاطر فيها.

وحتى الستينات فان القروض التجارية التي تحصل عليها البلدان النامية كانت صغيرة الحجم بالمقارنة مع اجمالي تدفقات راس المال، الا ان ظهور سوق العملات الاوربي كمصدر للادخار الاجنبي للبلدان النامية كان تطوراً مفيداً. والاقتراض من العملات الاوربية يعتبر مكلفاً بالمقارنة مع المساعدات الرسمية من البلدان الصناعية. فخلال السبعينات فان المعدل الموزون لسعر الفائدة بالنسبة للمساعدات الاجنبية المقدمة للبلدان النامية لم يتجاوز 3%، في حين ان سعر الفائدة لمقترضي العملات الاوربية لم يقل عن 8%، ثم ارتفع عن هذا المستوى في نهاية السبعينات.

جـ- **إئتمانات التصدير (Export Credits):** إن الشركات المصدرة ومصارفها التجارية تعرض إئتمانات التصدير الى البلدان المستوردة كوسيلة لتشجيع المبيعات

من خلال السماح لتاخير الدفع عن الاستيرادات، وغالباً ما تكون هذه الائتمانات باسعار فائدة تجارية. ومعنى ائتمانات التصدير هو قيام الحكومة البريطانية على سبيل المثال بضمان الدفع عن الصادرات التي يقوم بها المصدر البريطاني وذلك في حالة حدوث خسائر له من جراء أي عارض يمنع المستورد من دفع ما يستحق عليه من جراء استيراده للبضاعة مثل نكوص المستورد عن الدفع أو عدم قدرته على الدفع خلال الفترة المقررة الخ.

وبعبارة أخرى فان ائتمانات التصدير تمثل نوعاً من التأمين يمنح للمصدرين ضد احتمالات حدوث الخسائر للمصدرين من جراء عدم دفع المستوردين عن البضاعة المستوردة.

8 . 2 . 2 مصادر التمويل الرسمية: (17)

ان تدفقات الرساميل الرسمية تشمل نوعين من التدفقات:

1. التدفقات الثنائية (الحكومية).

2. التدفقات متعددة الاطراف، والتي تتم من خلال النظمات والوكالات الدولية.

والمساعدات الانمائية الرسمية (Official Development Assistance) والتي تسمى اختصاراً (ODA) تشمل المنح الثنائية، والقروض، والمساعدات الفنية، وكذلك التدفقات متعددة الاطراف، التي تقدم من قبل المنظمات والوكالات الدولية. وتشمل المساعدات الانمائية الرسمية كلاً من التدفقات المتضمنة لعنصر المنحة وكذلك التدفقات التي لا تتضمن عنصر المنحة، **فالاولى** يمكن تسميتها بالتدفقات التفضيلية (Concessionary Flows) **والثانية** تسمى تدفقات غير تفضيلية(Non concessionary Flows) ومن أجل ان تعتبر التدفقات الرسمالية ضمن مفهوم المساعدات يجب ان يكون عنصر المنحة فيها لا يقل عن 25%.(18)

وقد ازدادت المساعدات الانمائية الرسمية من 56.7 بليون دولار في عام 1987 الى نحو 69.8 بليون دولار في عام 1990 ثم لتحافظ على نفس مستواها في عام

1995. والجدول رقم (8-1) يبين صافي تدفقات الموارد للبلدان النامية خلال الفترة 1987-1995 حسب الانواع المختلفة من التدفقات، الرسمية والخاصة.

جدول رقم (8-1) يبين اجمالي صافي التدفقات للبلدان النامية (بليون دولار)

	1987	1990	1995
تمويل التنمية الرسمية	56.7	69.8	69.4
1. مساعدات رسمية	34.9	52.9	60.1
2. اخرى	12.8	16.9	9.3
التدفقات الخاصة	30.7	51.8	158.9
استثمار مباشر	19.4	26.4	53.6
قروض مصرفية دولية	7	15	70
قروض سندات	-1.0	0.9	19.3
الأجمالي	85.8	126.3	239.3

المصدر:-

A.P. Thirwall., op. cit., P 381. Table (15.2).

ويتبين من الجدول اعلاه بان تدفقات التنمية الرسمية شكلت حوالي 29% من اجمالي تدفقات الموارد للبلدان النامية.

ونستعرض في أدناه كل واحد من مكونات التدفقات الرسمية.

1. التدفقات الثنائية (الحكومية):

إن معظم التدفقات الرسمية يتم منحها على اسس تفضيلية، اي انها تتضمن عنصر المنحة، ولهذا تسمى مساعدات انمائية رسمية (Official Development Assistance) ، أو ما يعرف اختصاراً (AID). وتتكون التدفقات الثنائية من العناصر الاتية:

(1) المساعدات او المنح (grants)، و (2) القروض و (3) الاستثمار المباشر.

أ- **المنح:** ان المنح لا تمثل أية التزامات على البلدان المستلمة لها، بل انها تمثل انتقال رؤوس الاموال الاجنبية من البلدان المانحة الى البلدان النامية. وفي مثل هذه الحالة فان البلد المستلم للمنحة ليس ملزماً بدفع أي شيء، لأ أقساط ولا اسعار فائدة.

والحكومات تقدم المنح، عادة (وكذلك القروض) من خلال مؤسسات انمائية خاصة، مثل المؤسسة الامريكية للتنمية الدولية (U.S. Agency for International Development (USAID)) وكذلك وزارة التنمية الخارجية البريطانية. (Overseas Development Ministry (ODM)). ان معظم الهيئات المانحة للمساعدات تقدم هذه المساعدات على شكل راس مال أو مساعدات فنية، ومعظمها تأخذ شكل مساعدات للمشروعات (project aid) لكن بعض الهيئات الثنائية تقدم مساعداتها على شكل قروض لبرامج (Programes Loans)، وهي نوع من المساعدات العامة لغرض دعم ميزان المدفوعات.

ومما يلاحظ على تدفقات المساعدات الانمائية الرسمية الثنائية هو الطريقة التي توزع بها هذه المساعدات والتي تعتبر غريبة وتحكمية، ذلك ان جنوب اسيا، والتي يسكن بها نصف فقراء العالم قد استلمت حوالي 4 دولارات للفرد كمعدل، بينما ان منطقة الشرق الاوسط قد استلمت حوالي ستة اضعاف ما استلمه الفرد في جنوب اسيا، مع ان وضع الشرق الاوسط افضل بكثير من جنوب اسيا من حيث معدل دخل الفرد. ويؤكد البعض بانه نادراً ما تتحدد المساعدات طبقاً للحاجات الفعلية للبلدان النامية، بل إن معظم المساعدات الثنائية غير مرتبطة باولويات التنمية في البلدان المستلمة، بل استناداً الى اعتبارات سياسية وعسكرية واقتصادية.

والحقيقة ان الدوافع وراء تقديم المساعدات الانمائية الثنائية عديدة وتشمل الآتي:

- الدوافع الاخلاقية الانسانية، أي مساعدة البلدان الفقيرة.

- الدوافع السياسية والعسكرية والتاريخية، حيث ان معظم المساعدات الامريكية وجهت بهدف منع انتشار الشيوعية. كما ان المساعدات البريطانية والفرنسية تركزت في البلدان التي كانت مستعمرات قديمة لها.

- الدوافع الاقتصادية للبلدان المتقدمة، فالاستثمار في البلدان النامية لا يهدف فقط الى زيادة معدل النمو للبلد النامي ولكن لتحسين مستوى الرفاهية في البلد المقدم للمساعدات. وهكذا فان المساعدات الدولية هي نافعة للطرفين معاً.

ب- القروض: وهي نوعان، الاول قروض طويلة الاجل والثاني قروض قصيرة الاجل. والقروض طويلة الاجل تنقسم بدورها الى قسمين:

الاول قروض ميسرة (Soft Loans) اي بفائدة منخفضة وبفترة سداد طويلة. اما القروض غير الميسرة فالفائدة فيها تكون مرتفعة وتضاهي اسعار الفائدة السائدة في السوق العالمي، وان فترة السداد فيها تكون قصيرة.

كما تمنح الحكومات ايضاً قروضاً قصيرة وعلى اسس تجارية، كما هو الحال مع ائتمانات التصدير (Exports Credits)، رغم انه هناك انواع اخرى من ائتمانات التصدير التي لا تكون قصيرة الامد.

وتشير البيانات المتوفرة الى ان حجم القروض المقدمة الى البلدان النامية قد ازداد خلال الفترة 1990 – 1995 من نحو 20.3 بليون دولار الى نحو99.3 بليون دولار.

جـ- الاستثمار الاجنبي الخاص المباشر:

(Direct Private Foreign Investment)

ويمثل ذلك استثمار الموارد الاجنبية الخاصة في اقصادات البلدان النامية مع امتلاك هذه النشاطات سواء بشكل تام أو جزئي، ويكون في غالب الاحيان من قبل الشركات متعددة الجنسيات. والشركة متعددة الجنسيات هي الشركة التي تقوم بنشاطات انتاجية في اكثر من بلد. وقد سجلت مثل هذه الاستثمارات نمواً كبيراً خلال العقود العديدة الماضية، حيث ارتفعت من معدل 2.4 بليون دولار في عام

1960 الى نحو 11 بليون دولار في عام 1980 ثم الى 35 بليون دولار في 1990. ثم لترتفع بشكل كبير الى نحو 120 بليون دولار في عام 1997 [19] وان حوالي 60 بالمائة منها يذهب الى آسيا. وبطبيعة الحال فان الاستثمار الاجنبي المباشر لا يقتصر على راس المال، بل يتضمن ايضاً تكنولوجيا الانتاج وفلسفات الادارة وممارسات رجال الاعمال، والتي تتضمن اجراءات تقييد التسويق والدعاية وظاهرة تسعير التحويلات (Transfer Pricing) التي تقوم بها الشركات متعددة الجنسية. ولابد من الاشارة إلى ان العديد من هذه الممارسات لا تمت بصلة الى مصلحة البلدان التي تتواجد فيها هذه الاستثمارات.

ان مؤيدي الاستثمار الاجنبي يستندون عادة على حجة مليء الفراغ في الادخارات والنقد الاجنبي والعوائد وضعف الادارة وشح المنظمين التي تعاني منها البلدان النامية المضيفة للاستثمار. الا ان معارضي الاستثمار الاجنبي يردون على حجة مليء الفراغات المذكورة اعلاه بما يأتي:

(1) رغم ان الشركات متعددة الجنسية توفر راس المال الا انها قد تخفض من مستوى معدل الادخارات والاستثمارات من خلال خنق المنافسة بواسطة اتفاقات الانتاج مع حكومات البلدان المضيفة وكذلك عدم اعادة استثمار معظم الارباح المتحققة، كما انها تحقق دخول محلية للمجموعات التي يكون لها ميل منخفض للادخار الخ.

(2) رغم ان الاثر المباشر للشركات متعددة الجنسية هو تحسين وضع الصرف الاجنبي للبلد المضيف الا انه بالامد الطويل ربما يكون الاثر هو في تقليل عوائد الصرف الاجنبي الناجم عن استيرادات السلع الوسيطة والانتاجية من جهة ومن تحويل الارباح للخارج من جهة اخرى.

(3) رغم ان الشركات المذكورة تساهم في خلق الدخول من خلال الضرائب فان تأثيرها الفعلي هو أقل مما هو متوقع من جراء الاعفاءات الضريبية التي تتمتع بها هذه الشركات.

(4) ان المهارات الادارية والافكار والتكنولوجيا قد يكون أثرها ضعيفاً في تطوير الموارد المحلية، وقد تعمل على اعاقة تطويرها في البلدان المضيفة بسبب هيمنتها على الاسواق الداخلية.

وعلى الجانب الاقتصادي أيضاً هناك اعتراضات وانتقادات عديدة اخرى على الاستثمارات الاجنبية منها تركيز الاستثمار الاجنبي في انتاج المواد الخام (الزراعية والمنجمية) وكذلك القطاعات المكملة في مجال التصدير، كالنقل والتأمين والموانيء كما ان الاستثمار الاجنبي لم يكن له اثار توسعية تذكر على الاقتصاد المحلي، لكونه معزولاً نسبياً عن الاقتصاد الوطني، بل انه ساهم في استنزاف الفائض الاقتصادي المتحقق للبلدان النامية. [20] وعلى الصعيد السياسي ينتقد البعض الشركات متعددة الجنسية بسبب الخوف من امكانية سيطرة هذه الشركات على الاصول المحلية وعلى فرص العمل وبالتالي تستطيع من خلال ذلك التأثير على القرارات السياسية في البلد المضيف على كـل المستويات. [21]

2. تدفقات المساعدات متعددة الاطراف (Multinational Assistance Flows)

تتمثل المصادر الرئيسية لتدفق المساعدات متعددة الاطراف في البنك الدولي للاعمار والتنمية (World Bark for Reconstruction and Development IBRD) ثم وكالة التنمية الدولية (International Development Association IDA) ثم وكالة التمويل الدولية. (International Finance Corporation) وكذلك الامم المتحدة والبنوك التنموية الاقليمية مثل بنك التنمية الاسيوي (ADB) والصندوق الافريقي للتنمية (ADB) الخ. وقد بلغت تدفقات راس المال متعددة الاطراف في عام 1995 حوالي 24 بليون دولار، منها نحو 20 بليون دولار أو ما يزيد على 80% بشروط تفضيلية (concessional).

وتجدر الاشارة الى ان تدفق الموارد من الوكالات متعددة الاطراف الى البلدان النامية لا تعتمد فقط على مساهمات البلدان المتقدمة، بل تعتمد ايضاً على الفوائد التي تحصل عليها من اسواق راس المال وكذلك من سداد القروض السابقة.

ان معظم راس المال الذي يقدمه البنك الدولي لا يتضمن عنصر المنح، ذلك لان البنك يحصل على موارده من خلال الاقتراض من الاسواق العالمية لراس المال عند سعر الفائدة السائد، وان البنك يعيد اقراض هذه الاموال للبلدان النامية بفائدة أعلى بقليل. كما أن وكالة التمويل الدولية (IFC) هي الاخرى تقرض راس المال بموجب المعايير التجارية. اما وكالة التنمية الدولية (IDA) فانها تقرض بشروط ميسرة ولهذا فان اقراضها يندرج ضمن المساعدات الانمائية، حيث ان اسعار الفائدة لديها منخفضة وفترة سداد القروض طويلة. وتعتبر (IDA) أهم مجهز للمساعدات التفضيلية متعددة الاطراف، وان البلدان التي تحصل على مثل هذه القروض هي تلك التي يقل دخل الفرد فيها عن حد معين. واضافة الى ذلك فان مجلس المجتمعات الاوربية (Commission for Euopean Communities) اصبح هو الاخر مجهزاً رئيسياً للمساعدات التفضيلية في السنوات الاخيرة، وذلك من خلال صندوق التنمية الاوربي، وفي عام 1995 قدم المجلس المذكور نحو 407 بليون دولار كمساعدات، وهذا يقارب المبلغ الذي قدمته (IDA). وقد دخلت منظمات اقليمية اخرى في مجال تقديم المساعدات الانمائية مثل منظمة الاقطار المصدرة للنفط (OPEC) والتي تركز في منحها على البلدان العربية والاسلامية.

أما المجهز الرئيسي للمساعدات غير التفضيلية (اي التي لا تتضمن عنصر المنح) في السنوات الاخيرة فهو مؤسسة التمويل الدولية (IFC) والتي تركز في منحها على تشجيع المنشآت الخاصة في البلدان النامية، من خلال الاستثمار المباشر equity investment ، وكذلك البنوك الاقليمية مثل بنك التنمية الامريكي (IDB) الذي يقوم باقراض امريكا اللاتينية، وبنك التنمية الاسيوي (ADB) .

وفي معرض المقارنة بين المساعدات التي تقدمها الحكومات (الثنائية) وتلك الي تقدمها المنظمات متعددة الاطراف، يشير البعض الى ان المساعدات التي تقدمها المنظمات تكون على اسس اقتصادية وعقلانية، وليس كما هو الحال مع المساعدات الثنائية. والحقيقة هي انه حتى المنظمات الدولية فانها عادة ما تخضع الى تأثيرات

الدول الكبرى التي تسيطر عليها، ولهذا فان علاقة البلد النامي بالبلدان الكبرى المؤثرة في هذه المنظمات هي التي تتحكم في توزيع المساعدات الانمائية.

وبخصوص توجهات البنك الدولي في مجال تقديم القروض فقد تغيرت توجهاته الاقراضية عبر السنين. فخلال الستينات كان التاكيد لدى البنك على تمويل مشروعات البنى الارتكازية في مجال الطاقة وتوزيعها والنقل والموانيء والاتصالات ومشاريع الارواء. وقد ادرك البنك فيما بعد بان تمويل البنى الارتكازية وحدها لم يعد كافياً بل يجب ان يلعب البنك دوراً في اقراض دعم النشاطات الانتاجية المباشرة. كما أدرك البنك قصوره في مجال التعليم وخلق المهارات الادارية . وخلال السبعينات بدأ البنك يلعب دوراً أكبر في مجال الزراعة ومساعدة الفقراء.[22]

هوامش الفصل الثامن

1. قارن في ذلك: د. يحيى النجار ود. آمال شلاش، مصدر سابق ص ص 411-446.
وكذلك د. عبد الهادي عبد القادر سويفي، مصدر سابق/ ص ص 187 - 220.
وكذلك A.N. Agrawal., op. cit., pp (30.1 - 33.3)
2. للمزيد من التفاصيل راجع :
د. يحيى النجار ود. آمال شلاش ، مصدر سابق.

3. A.N. Agrawal., op. cit., p 30.2.
4. M. Gills et al., op. cit., pp 274 - 275.

5. قارن:

A.N. Agrawal., op. cit., pp (30.9 - 30.10) .
6. Ibid., p 30.10.
7. Ibid.

8. د. يحي النجار ود. آمال شلاش، مصدر سابق، ص 437.

9. A.N. Agrawal., op. cit., pp (30.12 - 30.13).

10. قارن: M.Gills et al., op. cit., pp (365 - 400).
وكذلك:

A.N. Agrawal., op. cit., pp (30.13 – 32.17).

ود. عبد الهادي عبد القادر سويفي، مصدر سابق، ص ص 195 – 220.
ود. يحيى النجار ود. آمال شلاش، مصدر سابق 439 – 444.
11. انظر الجدول رقم (8 – 1).
12. د. عبد الهادي عبد القادر سويفي، مصدر سابق ، ص 215.

13. M. Gills et al., op. cit., pp 384 – 386.
14. Ibid., pp 387 – 389.
15. A.N. Agrawal., op. cit., pp (32.14 – 32.15).

.16 للمزيد من التفاصيل راجع:

M. Gills et al., op. cit., pp 395 – 397.

.17 قارن في ذلك :

- A.P. Thirwall., op. cit., 337 – 388.
- M. Todaro., op. cit., pp 593 – 594.
- M. Gills et al., pp 372 – 373.

18. A.P. Thirwall., op. cit., p 380.

19. M. Todaro., op. cit., P 578.

.20 قارن: د. يحيى النجار و د. آمال شلاش، مصدر سابق ص 439.

.21 للمزيد من التفاصيل راجع: : M.Todaro. op. cit., pp 584 – 585.

22. A.P. Thirwall., op. cit., P 390.

الفصل التاسع

سياسات التنمية الاقتصادية

الفصل التاسع

سياسات التنمية الاقتصادية

يقصد بالسياسات الاقتصادية (Economic Policies) بانها عبارة عن بيان للاهداف الاقتصادية التي تتبناها الدولة (أو الشركة) والادوات التي تستخدمها لتحقيق هذه الاهداف. والسياسات الاقتصادية تشمل جميع قطاعات وجوانب الاقتصاد الوطني، ولهذا فهناك سياسات نقدية وسياسات مالية وسياسات تجارية وسياسات صناعية وسياسات زراعية الخ. وسوف نتناول في هذا الفصل السياسات الاقتصادية الفرعية والتي تهدف الى تحقيق التنمية الاقتصادية.

9 . 1 السياسة النقدية والتنمية الاقتصادية [1]

يقصد بالسياسة النقدية (Monetary Policy) النشاطات التي يقوم بها البنك المركزي والمصممة للتأثير على المتغيرات النقدية مثل عرض النقد واسعار الفائدة[2] . والتعريف الاوسع والاشمل للسياسة النقية هو انها تمثل الوسائل التي يستخدمها البنك المركزي للسيطرة على عرض النقد وحجم الائتمان الممنوح للنشاط الاقتصادي والتحكم بهيكل اسعار الفائدة بما يؤمن استمرار نمو النشاط الاقتصادي وتحقيق الاستخدام الكامل للعمالة مع استقرار المستوى العام للاسعار[3]. ويرتبط عرض النقد بمستوى النشاط الاقتصادي ارتباطاً مباشراً، حيث يؤدي التوسع النقدي الى تحفيز التوسع في النشاط الاقتصادي عن طريق زيادة القدرة الشرائية لاستهلاك السلع والخدمات.

وتلعب السياسة النقدية في البلدان النامية دوراً مهماً في تعجيل التنمية من خلال التأثير على توفير تكاليف الائتمان، والسيطرة على التضخم، والمحافظة على توازن ميزان المدفزعات. وتعمل السياسة النقدية في الاتجاهات الاتية: 1. تأمين

الهيكل المرغوب لاسعار الفائدة 2. تحقيق التوازن المطلوب بين الطلب على النقود والعرض منها 3. توفير الائتمان المطلوب للتوسع الاقتصادي المرغوب وتوجيه الائتمان نحو المستخدمين 4. خلق وتوسيع وتطوير المؤسسات التمويلية 5. ادارة الدين العام. وسنقوم في أدناه يشرح كل واحدة من النقاط اعلاه بايجاز:

1. تأمين الهيكل المرغوب لاسعار الفائدة:

يلاحظ على هيكل اسعار الفائدة في البلدان النامية بأنه يتحدد بمستويات عالية، وان التفاوت فيما بين اسعار الفائدة طويلة الاجل واسعار الفائدة قصيرة الاجل قائم، وكذلك فيما بين القطاعات الاقتصادية المختلفة. ومعلوم ان ارتفاع اسعار الفائدة يعيق النمو الاقتصادي، حيث ان سعر الفائدة المنخفض يساهم في تشجيع الاستثمار الخاص في الزراعة والصناعة. ان اتباع سياسة سعر الفائدة المنخفض يسمى بسياسة النقود الرخيصة (Cheap Monetary Policy)، والتي تساهم في تقليل تكلفة الاقتراض، وكذلك تخفيض تكلفة خدمة الدين (Debt Service) العام وبالتالي تسهيل عملية تمويل التنمية. ومن وجهة نظر المستثمرين الاجانب فان وفرة النقود الرخيصة تشجع الاستثمار الاجنبي.

ومن جهة اخرى فان اسعار الفائدة المنخفضة لها مضارها، حيث انها تشجع الاقتراض لاغراض المضاربة (S-peculation) والتي تعرقل تمويل الاستثمار المنتج (Productive Investment)، بالاضافة الى انها تؤثر سلباً على نمو الادخارات. ولغرض عدم تشجيع تدفق الموارد للاقراض لأغراض المضاربة فيتعين على البنك المركزي ان يتبع سياسات تميزية لاسعار الفائدة حيث يقوم بفرض اسعار فائدة مرتفعة للاغراض غير الضرورية وغير الانتاجية واسعار فائدة منخفضة للاغراض الانتاجية، رغم ان الادخارات ليست مرنة بالنسبة لاسعار الفائدة في البلدان النامية. وحيث ان مستوى الدخل متدني في هذه البلدان فان سعر

الفائدة المرتفع قد لا يرفع من الميل للادخار. علماً ان السياسة النقدية " الرخيصة " قد تقود الى التضخم اذا لم تتزامن مع وسائل الرقابة المادية.

2. التوازن المطلوب بين العرض والطلب على النقود

ان عدم التوازن فيما بين العرض والطلب على النقود لابد ان ينعكس على مستوى الاسعار، وإن أي نقص في عرض النقد سوف يعرقل النمو. ومع تطور النشاط الاقتصادي فان الطلب على النقود سوف يميل الى الزيادة وخاصة الطلب لاغراض المعاملات والمضاربة. ولهذا يتعين على الحكومة ان تسيطر على نشاطات المضاربة، من خلال وسائل السيطرة المادية المباشرة، وكذلك السيطرة على عرض النقود والائتمان لكي تمنع احتمال ارتفاع الاسعار شريطة أن لا يؤثر ذلك سلباً على الاستثمار والانتاج.

3. توفير الائتمان للتوسع الاقتصادي

ان هدف السياسة النقدية من السيطرة على الائتمان وهو للتأثير على نمط الاستثمار والانتاج. والهدف الرئيسي من ذلك هو السيطرة على الضغوط التضخمية وذلك من خلال استخدام الوسائل الكمية والنوعية للسياسة النقدية. ومن بين الوسائل الكمية او العامة فان عمليات السوق المفتوحة تعتبر غير ناجحة للتأثير على الائتمان، وبالتالي السيطرة على التضخم في البلدان النامية، وذلك بسبب صغر حجم الاسواق المالية ومن جهة وكونها ليست متطورة من جهة اخرى. كما ان البنوك التجارية تحتفظ بنسبة سيولة عالية لديها لان سيطرة البنك المركزي على البنوك التجارية ليست كاملة. كما ان سياسة استخدام سعر الخصم ليست فعالة هي الاخرى بسبب قلة الاوراق المخصومة من جهة وعادة البنوك التجارية للاحتفاظ باحتياطيات نقدية كبيرة لديها، كما ان قدرة البنوك التجارية على خلق الائتمان اكبر في البلدان النامية. والوسيلة الوحيدة الفعالة في البلدان النامية للتأثير على حجم الائتمان هي نسبة الاحتياطي القانوني لانها وسيلة مباشرة ومؤثرة.

وبالمقابل فان ادوات الرقابة النوعية هي اكثر فعالية وتأثيراً من الوسائل الكمية في التاثير على الائتمان والسيطرة على نشاطات المضاربة.

4. إقامة وتوسيع المؤسسات التمويلية

ان أحد اهداف السياسة النقدية في البلدان النامية هو تحسين نظام العملة والائتمان، ولذلك ينبغي إقامة العديد من المؤسسات المالية المعنية بتقديم الائتمان والخدمات لتوجيه الادخارات نحو قنوات انتاجية. ولهذا يتوجب ان يكون هناك بنك مركزي قوي ليعمل كوكيل مالي للحكومة وادارة الدين العام واصدار السندات الحكومية. ويمكن للبنك المركزي ان يساعد على تأسيس البنوك الصناعية والشركات المالية لتمويل الصناعات الصغيرة والكبيرة.

5. ادارة الدين العام

ويقوم البنك المركزي بهذه المهمة حيث يقوم باصدار السندات الحكومية وتخفيض تكلفة خدمة الدين العام. والهدف الاساسي من ادارة الدين هو خلق الظروف المواتية لزيادة الاقتراض العام. وبهدف تعزيز واستقرار السوق للسندات الحكومية فان سياسة سعر الفائدة المنخفضة ضرورية، حيث ان ذلك يؤدي الى ارتفاع اسعار السندات الحكومية ويجعلها اكثر جاذبية للافراد. ومعلوم ان الحفاظ على هيكل اسعار فائدة متدني يساعد على تخفيض تكلفة خدمة الدين، وان نجاح إدارة الدين كوسيلة للسياسة النقدية يعتمد على وجود اسواق مالية ونقدية متطورة.

ولا بد من الاشارة في هذا الصدد الى ان آلية عمل السياسة النقدية يشوبها شيء من التعقيد، ولا سيما في البلدان النامية، حيث تفتقد الحكومات القدرة على التحكم في عرض النقد والودائع لعدم وجود الاسواق المالية والمؤسسات المصرفية المنظمة وذات الكفاءة العالية. لهذا فان السياسة النقدية عموماً لا تعمل بشكل جيد في البلدان النامية وذلك بسبب العوامل الاتية [4]:

أ- ان البنوك التجارية في البلدان النامية ينحصر نشاطها بشكل خاص في تمويل المشروعات الكبيرة والمتوسطة الحجم في القطاع الحديث، اما المزارعون الصغار

ومنظموا المشروعات الصغيرة (الصناعية والتجارية) فيلجأون عادةً الى المصادر الخارجية للاقراض، ذات الفوائد العالية، وعليه يمكن ان نصف الاسواق النقدية في البلدان النامية بانها تخضع لحالة النظام النقدي المزدوج، الذي يعكس هياكلها المزدوجة، حيث يتعايش قطاعان احدهما منظم والآخر غير منظم.

ب- كما ان محدودية فعالية السياسات النقدية على البلدان النامية ترجع الى ان قرارات الاستثمار لا تتأثر كثيراً بحركة اسعار الفائدة، اضافة الى وجود قيود شديدة على العرض والتي تحول دون توسع الناتج في حالة زيادة الطلب. وعليه فان جمود العرض يعني ان الزيادة في الطلب على السلع والخدمات لن تقابلها زيادة في العرض بل تؤدي الى ارتفاع مستوى الاسعار ومعدلات التضخم.

ورغم ان البنوك المركزية وكذلك بنوك التنمية تلعب دوراً في توجيه ودفع عملية التنمية الاقتصادية الا ان لها محدوديتها هي الاخرى. فالبنك المركزي يعاني من ضعف دوره في التأثير على السياسة النقدية بسبب ضعف ومحدودية الاسواق المالية في البلدان النامية. أما بنوك التنمية فرغم انها تقوم بتقديم القروض المتوسطة وطويلة الاجل لاغراض التنمية الصناعية والزراعية وغيرها الا انها تمتنع عن اقراض المشروعات الصغيرة.

9 . 2 السياسة المالية والتنمية الاقتصادية [5]

السياسة المالية بالمعنى العام تعنى بكيفية استخدام الضرائب والانفاق الحكومي والاقتراض العام من قبل الحكومة لتحقيق الاستقرار الاقتصادي أو التنمية الاقتصادية. وفي البلدان النامية فقد بدأت حديثاً حكومات هذه البلدان باستخدام السياسة المالية لتحقيق التنمية الاقتصادية، من خلال التعجيل في معدل التكوين الرأسمالي، وليس لتحقيق الاستقرار في معدل النمو الاقتصادي كما أكد عليه (Keynes) بالنسبة للبلدان المتقدمة، التي تعاني من التقلبات في النشاط الاقتصادي.

ولذلك فان البلدان النامية بدأت تستخدم وسائل السياسة المالية لتوجيه النشاط الاقتصادي، والمحافظة على التوازن الداخلي، وتوزيع الدخل، وضبط الطلب على مختلف انواع السلع والخدمات، وحماية الانتاج المحلي، والسيطرة على التضخم.

وحيث ان مستوى الدخول في البلدان النامية منخفض جداً وان الميل للاستهلاك مرتفع جداً، فان الميل للادخار يكون عادة منخفضاً جداً. والدخول لدى الاغنياء تتجه عادة للاستهلاك البذخي وان نسبة كبيرة من الادخارات تضيع في قنوات غير انتاجية وفي العقارات والاكتناز، لذلك فعلى السياسة المالية في هذه البلدان ان تسعى الى تحويل كل هذه المدخرات نحو القنوات الانتاجية ومن خلال ادوات السياسة المالية.

وبسبب انخفاض مستوى الادخارات في البلدان النامية وقلة حجم الادخارات التي تتوجه نحو الاستثمارات فان الضرائب تصبح هي الوسيلة الفعالة لتحقيق الادخارات الاجبارية وفي نفس الوقت تخفض من مستوى الاستهلاك البذخي بشكل فعال.

9 . 2 . 1 اهداف السياسة المالية

للسياسة المالية جملة اهداف اهمها :

1. **زيادة معدل الاستثمار**: ويتحقق ذلك من خلال السيطرة على الاستهلاك الفعلي والممكن من خلال زيادة نسبة الادخار الحدية. ويتعين استخدام ادوات السياسة المالية لتشجيع بعض الانواع من الاستثمارات وعرقلة البعض الاخر غير المرغوب به. والمشكلة الرئيسية في البلدان النامية هي ايجاد موارد مالية كافية لاغراض الاستثمار في غياب المدخرات الاختيارية الكافية. وهنا يتوجب العمل على تخفيض الاستهلاك وفرض الضرائب الجديدة وزيادة معدل الضرائب القائمة بشكل تصاعدي. ويمكن ايضاً الاستفادة من المصادر الخارجية لمليء الفراغ الحاصل في

الادخارات المحلية. واخيراً فان المحفزات المالية مثل الاعفاءات الضريبية يمكن ان تساهم في نمو الاستثمارات في القطاع الخاص.

2. **زيادة فرص العمل:** تهدف السياسة المالية ايضاً الى معالجة مشكلة البطالة من خلال زيادة فرص العمل والتي يمكن ان تتحقق من خلال اقامة المشروعات العامة، وتشجيع القطاع الخاص من خلال الاعفاءات الضريبية والقروض الميسرة والاعانات. وتبرز اهمية توفير فرص العمل في ضوء معدلات النمو المرتفعة في السكان في هذه البلدان.

3. **تشجيع الاستقرار الاقتصادي:** فالبلدان النامية، كما هو معروف، عرضه للتقلبات الدورية العالمية بسبب طبيعة اقتصاداتها وارتباطها بالأسواق الدولية، حيث تصدر المنتجات الاولية الزراعية والمعدنية للاسواق الدولية وتستورد السلع المصنعة والسلع الراسمالية. وعند انخفاض اسعار المنتجات الاولية في الاسواق الدولية فان نسب التبادل التجاري تميل لغير صالح هذه البلدان، مما يؤدي الى انخفاض قيمة عائداتها من العملات الاجنبية وانخفاض القيمة الحقيقية للدخل القومي. وعندما ترتفع اسعار هذه المنتجات في الاسواق الدولية فان البلدان النامية لا تستطيع الاستفادة من ذلك بسبب تدني مرونة العرض للمنتجات الاولية .

ولغرض تقليل أثر التقلبات الدورية العالمية خلال فترة الرواج فان الضرائب على الصادرات والواردات يمكن ان تستخدم لهذا الغرض، وان نجاح السياسة المالية يعتمد على مدى استخدام القيود على الاستيرادات الكمالية، وفرض الضرائب لزيادة الادخار المحلي والتكوين الراسمالي.

4. **مواجهة مشكلة التضخم:** تهدف السياسة المالية ايضاً الى محاربة التضخم النقدي، فعند وجود ضخ متزايد للقوة الشرائية والذي يؤدي الى زيادة الطلب على السلع والخدمات، وفي ظل عدم مرونة العرض الناجم عن الجمود النسبي وعدم اكتمال الاسواق، فان الاسعار تميل الى الارتفاع، وهذه تعمل على تعزيز طلبات

رفع الاجور في القطاع المنظم. وتعتبر الضرائب المباشرة والتصاعدية المعززة بضرائب على السلع احدى الوسائل الفعالة لمواجهة الضغوط التضخمية.

5. **اعادة توزيع الدخل القومي:** ان التفاوت الكبير في الدخول يؤدي الى مشكلات اجتماعية وسياسية قد تؤدي إلى زعزعة الاستقرار الاقتصادي، لهذا تهدف السياسة المالية نحو إزالة التفاوت وتوجيه الموارد نحو القنوات الانتاجية لتحقيق التنمية الاقتصادية.

وتجدر الاشارة الى ان نجاح السياسة المالية في تحقيق هذه الاهداف يعتمد على:

أ- حجم الايرادات العامة التي تحققها السياسة المالية.

ب- حجم واتجاه الانفاق العام.

9 . 2 . 2 ادوات السياسة المالية:

تشمل أدوات السياسة المالية على ما يأتي :

1. الضرائب (المباشرة وغير المباشرة).
2. الانفاق الحكومي (الجاري والاستثماري).
3. الاقتراض العام.

وفي أدناه شرح موجز لكل واحدة من هذه الادوات :

1. الضرائب (Taxes)

تشكل الضرائب الاداة الرئيسية للسياسة المالية، وهي الوسيلة الاكثر فاعلية لتخفيض الاستهلاك الخاص، وتوفير الموارد الى ميزانية الدولة لتمويل نشاطاتها ولخدمة أهداف التنمية الاقتصادية. ويتعين ان لا يكون الهدف الأساسي من الضرائب الحصول على اكبر قدر من الايرادات بل تستخدم ايضاً كمحفز للادخار وتقليل التفاوت بين الدخول وتحويل الفائض الاقتصادي نحو النشاطات التنموية. وتجدر الاشارة الى ان قدرة البلدان النامية على جمع الضرائب لتمويل برامج

الانفاق العام لا تعتمد على التشريعات الضريبية الجيدة فحسب، بل تعتمد كذلك على كفاءة ونزاهة السلطة الضريبية.

ويؤكد البعض بان للسياسة المالية دورين في تمويل التنمية: **الاول**، المحافظة على النشاط الاقتصادي عند مستوى الاستخدام الكامل بحيث ان الطاقة الادخارية للاقتصاد لا تتضرر **والثاني**، تصميم السياسة الضريبية بحيث تعمل على زيادة الميل الحدي للادخار (MPS) للاقتصاد الوطني فوق مستوى الميل المتوسط للادخار (APS)، دون اعاقة جهود العمل والاستثمار التي يبذلها الافراد، وان تكون هذه السياسة منسجمة مع التوزيع العادل للعبء الضريبي[6].

وبخصوص العلاقة بين الضرائب ومهام التنمية الاقتصادية فان للضرائب هدفين في البلدان النامية وهما:

أ- ان الاعفاءات الضريبية والمحفزات المالية هي وسيلة لتشجيع المنشآت الخاصة.

ب- ان الموارد المالية الناتجة عن الضرائب تذهب لتمويل الانفاق العام، وهذا هو الجانب الاهم.[7]

ان التقدم الاقتصادي والاجتماعي في البلد يعتمد على قدرة الحكومة على توليد ايرادات كافية لتمويل برنامجها الانمائي والذي يشمل تقديم الخدمات العامة (مثل الصحة والتعليم والنقل والاتصالات وبقية البنى الارتكازية). فالضرائب بنوعيها (المباشرة وغير المباشرة) تمكّن الحكومة من تمويل نفقاتها الراسمالية والجارية اضافة الى تمويل نفقات المنشآت العامة، والتي يعاني معظمها من الخسائر المالية في العديد من البلدان النامية. وفي السنوات الاخيرة واجهت العديد من البلدان مشكلات ازدياد العجز المالي، اي تفوق الانفاق العام على الايرادات العامة، بسبب برامجها التنموية الطموحة، وبسبب الصدمات الخارجية غير المتوقعة. لهذا اضطرت هذه البلدان لتخفيض انفاقها المالي وزيادة عوائدها من الضرائب اضافة الى محاولة جعل طرق جباية الضرائب اكثر كفاءة.

وتنقسم الضرائب الى نوعين: (1) الضرائب المباشرة (2) الضرائب غير المباشرة.

(1) الضرائب المباشرة (Direct Taxes)

وهي الضرائب المفروضة على الافراد وعلى الشركات وعلى الممتلكات، وتشكل هذه حوالي 20 - 40 بالمائة من اجمالي ايرادات الضرائب لمعظم البلدان النامية. وإن حصة الضرائب على الدخول من الناتج القومي هي أقل في البلدان النامية مما هي عليه في البلدان المتقدمة، حيث ان الضرائب في البلدان المتقدمة هي تصاعدية، اي تزداد نسبة الضريبة على الدخل مع تزايد حجم الدخل. اما الضرائب على دخول الشركات المحلية والاجنبية فتصل الى ما دون 3 بالمائة من الناتج المحلي الاجمالي في معظم البلدان النامية، بالمقارنة مع اكثر من 6 بالمائة في البلدان المتقدمة[8]. والاسباب الرئيسية لذلك هي ان هناك القليل من الشركات العاملة في البلدان النامية، كما ان الحكومات في هذه البلدان تمنح اعفاءات ضريبية كثيرة ومتنوعة. وفي حالة الشركات متعددة الجنسية فان قابلية البلدان النامية لجمع كميات كبيرة من الضرائب تواجه عراقيل بسبب ممارسة الشركات المذكورة اجراءات تسعير التحويلات او ما يعرف (Transfer Pricing).

(2) الضرائب غير المباشرة (Indirect Taxes)

وهي الضرائب المفروضة على السلع، مثل الضرائب على الاستيرادات والضرائب على الصادرات ورسوم الانتاج (excise duties) والضرائب على الاستهلاك (ضرائب المبيعات).

وتمثل الضرائب غير المباشرة المصدر الرئيسي للعوائد الضريبية في البلدان النامية، لسهولة جمعها واتساع نطاقها. وتجدر الاشارة إلى ان ضرائب الصادرات والاستيرادات يمكن ان تكون بديلاً جيداً للضرائب على دخول الشركات، ذلك لان ضريبة الصادرات تمثل وسيلة فعالة من وسائل فرض الضرائب على الارباح على الشركات المنتجة، بما فيها الشركات متعددة الجنسية العاملة في البلدان

النامية، والتي تمارس تسعير التحويلات. ومعلوم ان ضرائب الصادرات مصممة لتوليد الدخل، لكنها يجب ان لا تكون مرتفعة الى الحد الذي لا يشجع، او يعرقل المنتجين المحليين من التوسع في صادراتهم.

وعند اختيار السلع الخاضعة للضرائب هناك جملة من المباديء الاقتصادية والاجتماعية العامة التي يتعين اتباعها بغية تقليل تكلفة جمع الضرائب وأهمها: (1) العمل على تقليص ظاهرة التهرب من الضريبة (2) ان تكون مرونة الطلب السعرية للسلعة التي تخضع للضريبة واطئة بحيث ان الطلب الكلي لا ينخفض بشكل كبير نتيجة ارتفاع اسعار السلع الاستهلاكية (3) ان تكون مرونة الطلب الدخلية للسلعة المعنية عالية بحيث عندما يرتفع الدخل تزداد عوائد الضريبة من تلك السلعة (4) لاغراض تحقيق العدالة من الافضل فرض ضريبة على السلع الكمالية التي تستهلك من قبل اصحاب الدخول المرتفعة، والابتعاد عن فرض الضريبة على السلع الاساسية (Basic Goods) [9].

2. الانفاق العام (Public Expenditure)

من المعروف ان المستثمرين في القطاع الخاص يترددون عادة في الاستثمار في المجالات التي تحتوي على المخاطر الكبيرة وكذلك المشروعات التي لا تعطي مردودات سريعة. وفي مثل هذه الحالة فان الحكومة، ومن خلال الانفاق العام، يمكن ان تتجه لتأسيس مثل هذه المشروعات، كما هو الحال بالنسبة للصناعات الثقيلة، وفي بداية مرحلة التنمية الاقتصادية، وكذلك بالنسبة لتوجيه الانفاق نحو رفع مستوى الانتاجية في الزراعة لمواجهة الطلب المتزايد على المواد الخام والغذاء. كما ان الانفاق على التعليم والصحة العامة والخدمات الصحية يساعد على تكوين راس المال البشري، ومثل هذا يساعد على تعزيز قدرة الافراد على كسب الدخول. فالانفاق العام يعمل على تشجيع المشروعات الخاصة، من خلال توفير الخدمات الضرورية والتمويل، كما هو الحال مع مشروعات البنى الارتكازية والمؤسسات التمويلية [10].

والانفاق الحكومي ينقسم الى قسمين: (1) الانفاق الجاري، والذي يخصص لتقديم الخدمات العامة وغيرها و (2) الانفاق الاستثماري، والذي يخصص لبناء محطات الكهرباء والطرق والجسور والمستشفيات او المدارس والخ. وتستخدم الحكومة الانفاق ايضاً لمعالجة الاوضاع الاقتصادية. فعندما يكون هناك تضخم نقدي ناتج عن ارتفاع مستوى النشاط الاقتصادي تعمل الحكومة على تخفيض حجم الانفاق الحكومي لتقليص الطلب الكلي وبالتالي تخفيض مستوى الاسعار. ويحدث العكس في حالة وجود ركود اقتصادي وبطالة، حيث تعمل الحكومة على زيادة حجم الانفاق وبالتالي زيادة الطلب والانتاج والدخول وكذلك العمالة.

9. 3 السياسات التجارية والتنمية
9. 3. 1 التجارة والتنمية:

تحقق البلدان الاقل تطوراً العديد من المنافع من خلال التجارة الدولية، ومن أهم هذه المنافع: (1) المنافع الناجمة عن التخصص، إذ ان الاقتصاديين الكلاسيك يؤكدون على ضرورة توزيع الموارد على الانتاج بموجب الميزة النسبية (Comparative Advantage) والتي تؤدي الى زيادة الدخل الحقيقي للبلد (2) المنافع الناجمة عن توسيع السوق، والذي يتحقق من خلال التصدير (3) المنفعة المتحققة من خلال زيادة الادخار (وتراكم راس المال) نتيجة زيادة الدخل (4) المنفعة الناجمة عن زيادة عوائد الصادرات، والتي تمكن البلد من زيادة استيراد مختلف انواع السلع (5) المنافع الناجمة عن امكانية تحسن نسب التبادل التجاري [11] لهذه البلدان.

ولهذه الاسباب تسعى البلدان النامية الى توسيع تجارتها الخارجية بما يحقق العديد من المنافع للاقتصاد الوطني وذلك من خلال رسم السياسات التجارية التي

تخدم متطلبات التنمية الاقتصادية. ونناقش في أدناه العلاقة بين التجارة والتنمية الاقتصادية[12].

ان التجارة يمكن ان تكون حافزاً للنمو الاقتصادي السريع. وقد ثبت هذا من خلال تجارب بلدان مثل ماليزيا وتايلاند والبرازيل وشيلي وتايوان وسنغافورة وكوريا الجنوبية. ذلك لان الوصول الى اسواق البلدان المتقدمة يمكن ان يوفر محفزاً مهماً للانتفاع الاكبر من الموارد الراسمالية والبشرية العاطلة. كما ان عوائد الصرف الاجنبي المتنامية الناجمة عن الاداء الجيد للصادرات توفر الامكانية التي تستطيع بواسطتها البلدان النامية من تنمية مواردها المادية والمالية. والخلاصة هي انه عندما تتوفر الفرص للانتفاع من التبادل فان التجارة الخارجية يمكن ان توفر محفزاً مهماً للنمو الاقتصادي بموجب الخطوط العريضة للنظرية التقليدية للتجارة الخارجية.

الا ان النمو السريع للناتج القومي قد لا يكون له، بالضرورة، تأثير كبير على التنمية. فاستراتيجية النمو الموجهة للتصدير، وخاصة عندما يتحقق جزء كبير من عوائد الصادرات للاجانب، قد تؤدي الى حصول تحيز (bais) في هيكل الاقتصاد في الاتجاه الخاطيء، وكذلك قد تعزز ظاهرة الازدواجية.

ومن العدل الادعاء بأن المنافع الرئيسية للتجارة الدولية قد حصلت بشكل غير متناسب لصالح المقيمين الاجانب وكذلك للمواطنين الاغنياء من البلدان النامية. الا ان ذلك يجب ان لا يشكل ادانة للطبيعة الخاصة للتجارة، بل انها تعكس طبيعة النظام الاقتصادي والاجتماعي والمؤسسي والعالمي غير المتكافيء، حيث ان عدداً قليلاً من البلدان القوية وشركاتها المتعددة الجنسية تسيطر على كميات كبيرة من الموارد العالمية. وان استنتاج النظرية التقليدية بان التجارة الحرة تميل الى تحقيق المساواة فيما بين الدخول هي مجرد بناء نظري (Theoretical Construct). فالتجارة، مثل التعليم، تميل الى تعزيز عدم التساوي القائم، ولكن لها تاثير اضافي كونها تمارس توزيع المكاسب او اعادة استثمارها لتشجيع التنمية في المناطق غير

المستفيدة. ان عوامل عديدة ومختلفة يفترض أن لا تكون موجودة في النظرية التقليدية مثل: تزايد العوائد، والتوزيع غير المتكافيء للاصول الاقتصادية، والتأثير المتزايد للشركات الكبرى، والتواطؤ فيما بين الحكومات القوية والشركات، وكذلك قدرة الحكومات والشركات للتلاعب بالاسعار والانتاج وانماط الطلب، كل هذه هي عوامل مؤثرة وحاسمة في واقع الحال. ان كل ذلك يقود للاستنتاج بان العديد من البلدان النامية استفادت بشكل غير متناسب في تعاملها الاقتصادي مع البلدان المتقدمة[13].

واضافة الى ما سبق فان هناك العديد من العراقيل التي تقف بوجه البلدان النامية في محاولاتها الاستفادة من التجارة الخارجية، سواء من جانب الطلب ام من جانب العرض [14]. فمن جهة الطلب على صادرات البلدان النامية فان معظم تلك الصادرات هي منتجات اولية، وان معدل نمو الطلب عليها، في الماضي القريب، كان متدنياً بالمقارنة مع معدل زيادة الانتاج والدخول في البلدان المتقدمة. كما ان البلدان المتقدمة ذاتها اصبحت كفوءة في انتاج السلع الاولية، وخاصة الغذاء، وان انتاج البدائل يؤدي الى انخفاض الطلب على السلع الاولية.

ومن جانب العرض فان العقبة امام توسيع الصادرات يقود الى الشروط المتعلقة بالانتاج وتوفر السلع في البلدان النامية. ان هذه البلدان غير كفوءة في انتاج السلع التي تطلبها البلدان المتقدمة، سواء من حيث السعر أو من حيث النوعية. لهذا فانها لا تستطيع منافسة البلدان المتقدمة في الاسواق الدولية.

وفضلاً عن ذلك فان الشروط التي تتاجر بموجبها البلدان النامية هي شروط غير تفضيلية، ولهذا فان العوائد الصافية التي تحصل عليها هذه البلدان من التجارة تبقى ضئيلة، وان هناك اتجاهاً طويل الامد لنسب التجارة (Terms of Trade) ان تميل ضد مصلحة هذه البلدان، وان دراسات عديدة قد اثبتت ذلك، من بينها دراسة (R. Prebisch)[15].

ان الشروط المطلوبة لكي تكون التجارة قادرة على مساعدة البلدان النامية لتحقيق تطلعاتها هي مدى امكانياتها على الحصول على تنازلات تجارية (Trade Concessions) من البلدان المتقدمة، وخاصة تلك التي تعمل على ازالة القيود امام صادرات البلدان النامية من السلع كثيفة العمل (Labour Intensive). وان اتفاقية جولة اورجواي (Uruguay Rourd) لمنظمة الغات (GATT)، والتي خفضت القيود الجمركية على التجارة الدولية هي بداية مشجعة ومفيدة. كذلك فان القدر الذي تستطيع به البلدان النامية من التصدير بحيث يمكنها من الاستغلال الكفء لمواردها النادرة من راس المال، وتنتفع، الى الحد الاقصى من موردها الفائض وغير المستغل بالكامل، من العمل، فان مثل هذا سوف يقود الى الحد الذي تكون فيه عوائد الصادرات تنفع المواطن العادي.

والسؤال المطروح بخصوص السياسة التجارية الملائمة للبلدان النامية هو أنه هل من الافضل لهذه البلدان التوجه للخارج ام للداخل من أجل تحقيق التنمية؟ ويجيب البعض بانه من الممكن ان يفضل كلا الخيارين، تجارة حرة عالمية فيما بين البلدان المختلفة، وتعاون متبادل فيما بين المجموعات من البلدان النامية بصورة الاعتماد الجماعي على الذات. والجدير بالذكر هو ان التجارة في الماضي، لم تكن حرة رغم ادعاءات نظرية التجارة النيوكلاسيكية، فبينما إغتنت بعض البلدان المصنعة حديثاً تحت انظمة التجارة فان معظم البلدان النامية انتفعت بدرجة قليلة، وان بلداناً اخرى بقيت في حالة تبعية اقتصادية.

لهذا فان البلدان النامية يجب ان تكون انتقائية (Selective) في علاقاتها الاقتصادية مع البلدان المتقدمة، حيث يتعين عليها ان توسع مبادرتها ما امكن ذلك، بينما تحترس من الدخول في اتفاقيات ومشروعات انتاج مشتركة تؤدي إلى فقدان سيطرتها عليها. وعلى البلدان النامية، وهي تفتش عن وسائل لتوسيع حصتها من التجارة العالمية، ان توسع علاقاتها التجارية مع بعضها البعض.

ورغم انه من المستحيل على البلدان النامية ان تكون معتمدة على نفسها بشكل انفرادي فان شكلاً من اشكال التعاون الاقتصادي، فيما بين البلدان المتساوية، هو أفضل من ان يذهب كل بلد وحيداً في عالم تجاري غير متكافيء وهيمنة تكنولوجية وعدم اكتمال الاسواق. لهذا من الممكن للبلدان النامية الحصول على بعض المكاسب من التخصص والتجارة فيما بينها، وفي نفس الوقت تعمل على الحد من بعض العراقيل التي يضعها الاقتصاد الدولي والنظام التجاري الذي تسيطر عليه مجموعة صغيرة من البلدان الكبيرة وشركاتها متعددة الجنسية [16].

9. 3. 2. السياسات التجارية (Trade Policies) [17]

السياسات التجارية هي إجراءات تتخذها الدولة لتنظيم التجارة الخارجية وعلاقات الاستيراد والتصدير مع الخارج. والسياسات التجارية ذات أهمية كبيرة وخاصة بالنسبة للبلدان النامية التي تعتمد اعتماداً كبيراً على التجارة الخارجية في توفير الفائض الاقتصادي والعوائد من العملات الاجنبية للإيفاء بمتطلبات التنمية الاقتصادية. ولهذا يتعين على البلدان المذكورة ان تصمم سياساتها التجارية بالشكل الذي يعمل على توسيع عوائد الصادرات والتقليل من الاثار السلبية للتجارة الخارجية. ويتعين على البلدان النامية ان توجه التجارة بالشكل الذي يجعلها مكملاً للجهود التنموية المحلية، ولا يمكن للتجارة ان تعمل كمحرك للنمو في ظل الظروف المتغيره، وفي أحسن الاحوال انها تستطيع ان تكمل الجهود المحلية للتنمية.

وحيث أن معدلات زيادة الطلب العالمي على السلع الاولية متدنية لهذا يجب ان تتركز جهود البلدان النامية على سلع مختاره للصادرات، وان تعمل على رفع انتاجيتها لتصبح منافسه في الاسواق الدولية. ومن المفيد ان تسعى البلدان النامية لتصنيع بعض السلع الاولية لتوسيع فرص الصادرات وكذلك للاستفادة من هذه المنتجات كمدخلات للعديد من الصناعات.

ومن العناصر الاخرى للسياسة التجارية في البلدان النامية هي ان تلعب الحكومة دوراً في خدمة التجارة الخارجية. فنظراً لعدم وجود حالة التجارة الحرة فان البديل هو تدخل الحكومة في دعم وترويج الصادرات . اما في جانب الاستيراد فيمكن للحكومة ان تتدخل من أجل الحفاظ على حجمها ضمن حدود الصرف الاجنبي المتاح والسماح بدخول الاستيرادات الضرورية .

ومن المفيد ان تتضمن السياسة التجارية منظومه من الوسائل المحلية والدولية لتعزيز التجارة الخارجية . ومن بين الوسائل المحلية [18] :

1. هناك الحاجة لتوسيع الصادرات والسعي لتقليل التكلفة وتحسين نوعية السلع. والتجربة الحديثة للبلدان التي حققت توسعاً في الصادرات مثل هونج كونج وتايوان ويوغسلافيا وسنغافورة وغيرها تبين ان السلع الصناعية الجديدة كانت هي الاساس في اداء الصادرات. واضافة الى أهمية تنويع الصادرات هناك حاجة أيضاً لتنويع اسواق الصادرات .
2. هناك حاجة لزيادة الادخار المحلي ، من خلال زيادة الدخل وتقليص الاستهلاك وبما يمكّن من زيادة حجم الصادرات .

اما الوسائل الدولية فتشمل ما يأتي :

1- العمل على الغاء القيود التي تفرضها البلدان المتقدمة بوجه صادرات البلدان النامية. كما ان نظام التعرفه الجمركية النافذ في البلدان المتقدمة والذي تتصاعد فيه معدلات التعرفة طبقاً لدرجة التصنيع فانه لا يشجع عمليات التصنيع في البلدان النامية .
2- العمل على ضمان استقرار اسعار السلع الداخله في التجارة الدولية وذلك من خلال الاتفاقات الدولية للسلع ، كما كان جارياً بالنسبة للقهوة والسكر وزيت الزيتون .
3- العمل على اصلاح المؤسسات الدولية مثل صندوق النقد الدولي وتغيير محتوى المساعدات لتكون مساعدات حقيقية للبلدان النامية .

4- توسيع التجارة فيما بين البلدان النامية نفسها [19] .

وهناك حزمة من الوسائل التي يمكن استخدامها لتحقيق الاستقرار في الاسعار العالمية للمواد الاولية والتخفيف من آثار التقلبات في الطلب العالمي على الصادرات، ومنها ما يعمل على المدى القصير ومنها ما يعمل على المدى الطويل. وتشتمل هذه الوسائل على سياسات الموازنة المخزنية، وسياسات تحديد الحصص للصادرات، والسياسات الهادفة لتوسيع الصادرات من المواد الأولية والسلع الصناعية [20] .

سياسة ترويج الصادرات ام سياسة التعويض عن الاستيرادات [21]

في مجال الإختيار للسياسة التجارية الملائمة لتحقيق التنمية الاقتصادية في البلدان النامية يبرز خياران، احدهما التوجه نحو الخارج من خلال تبني استراتيجية ترويج الصادرات (Export Promotion) والآخر هو التوجه نحو الداخل من خلال تبني استراتيجية التعويض عن الاستيراد (Import Substitution). وقد ظهر حوار منذ الخمسينات بين مؤيدي التجارة الحرة الذين يؤيدون التوجه نحو الخارج باتباع استراتيجية التصنيع المروج للصادرات، وبين الداعين للحماية، الذين يؤيدون استراتيجية التصنيع المعوض عن الاستيراد. وقد سيطر توجه التعويض عن الاستيراد (IS) في الخمسينات والستينات ، فيما سيطر توجه ترويج الصادرات (EP) في نهاية السبعينات وخاصة لدى الاقتصاديين في الغرب ولدى اوساط البنك الدولي في الثمانينيات والتسعينيات .

ان مؤيدي التعويض عن الاستيراد (IS) يعتقدون بان البلدان النامية يجب ان تعمل على احلال الانتاج المحلي محل السلع الاستهلاكية المستوردة ، وتمثل المرحلة الاولى من الاحلال. وبعدها يتم احلال الانتاج المحلي محل السلع الانتاجية المستوردة (وسيطة واستثمارية)، وهذه هي المرحلة الثانية، وكل ذلك يتم خلف جدار من الحماية الجمركية (Tariff Protection) المرتفعة وحصص الاستيراد (Important Quotas) وربما حتى المنع التام (Ban).

ويشير مؤيدوا التعويض عن الاستيراد (IS) بانه في الامد الطويل تظهر المنافع الناتجة عن التنويع الصناعي (Industrial Diversification) ، مما يمهد الطريق لاحقاً لتصدير السلع التي كانت محميه، مع ظهور وفورات الحجم وانخفاض تكلفة العمل، والوفورات من التعلم بالعمل (Learning by Doing) التي تجعل الاسعار المحلية تنافسية مع الاسعار العالمية.

وبالمقابل فإن مؤيدي ترويج الصادرات (EP) للسلع الاولية والسلع الصناعية الاخرى يشيرون الى كفاءة ومنافع النمو من التجارة الحرة والمنافسة، وأهمية إحلال الاسواق الكبيرة محل الاسواق المحلية الصغيرة ، وتجنب تاثيرات تشوه الاسعار، والتكاليف المرتفعة للحماية . ويستشهدون في ذلك بالنجاح الكبير الذي حققته اقتصادات جنوب شرق اسيا في هذا المجال .

وفي الواقع فان معظم البلدان النامية استخدمت كلا الاستراتيجيتين مع درجات مختلفة من التأكيد في فترة دون اخرى . ففي الخمسينات والستينات توجهت بلدان عديده في امريكا اللاتينية واسيا نحو التعويض عن الاستيراد. وفي نهاية الستينات بدأت بعض بلدان افريقيا شبه الصحراء بهذه الاستراتيجية. إلا أنه منذ السبعينيات بدأ عدد متزايد من البلدان باتباع استراتيجية ترويج الصادرات، وفي مقدمتهم كوريا الجنوبية وتايوان وسنغافورة وهونج كونج، وبعدها جاءت البرازيل وشيلي وتايلاند وتركيا ، حيث تحولوا من استراتيجية التعويض عن الاستيراد الى استراتيجية ترويج الصادرات. وحتى ان البلدان الاربعة الناجحة في ترويج الصادرات في شرق اسيا قد اتبعت استراتيجيات التعويض عن الاستيراد الحمائية بالتتابع (Sequentially) وكذلك في آن واحد (Simultaneously) في بعض الصناعات ، لهذا ليس من الصحيح اعتبار تلك البلدان من اتباع التجارة الحرة رغم اتباعهم الاستراتيجية الموجهة للخارج .

ونستعرض كلاً من الاستراتيجيتين في أدناه :

أ- استراتيجية ترويج الصادرات (التوجه للخارج) .

توسيع الصادرات من السلع الاولية : لقد نمت صادرات السلع الاولية بمعدلات متدنية بالمقارنة مع نمو التجارة العالمية ككل . فقد انخفضت حصة البلدان النامية من هذه الصادرات خلال العقود الماضية وذلك لاسباب تتعلق بجانب الطلب وجانب العرض: ففي جانب الطلب هناك مجموعة العوامل التي تعرقل التوسع في صادرات السلع الأولية بالنسبة للعالم الثالث منها :

(1) انخفاض مرونة الطلب الدخلية للمواد الغذائية والمواد الخام بالمقارنة مع المحروقات وبعض المعادن والسلع المصنعة (2) ان معدلات نمو السكان في البلدان المتقدمة كانت مقاربة لمعدل استبدال السكان (اي المعدلات التي تعمل على الحفاظ على ثبات حجم السكان) ولهذا فان اثر النمو السكاني ضعيف جداً (3) انخفاض مرونة الطلب السعرية لمعظم السلع الاولية . والعاملان الرابع والخامس هما تطور انتاج البدائل التركيبية ، وتزايد الحماية الزراعية في البلدان المتقدمة وهما العاملان الاكثر اهميه في عرقلة نمو الصادرات من السلع الأولية للبلدان النامية . وقد تزايدت عوائد صادرات السع التركيبية مقابل انخفاض عوائد صادرات المنتجات الطبيعية، كما ان حماية المنتجات الزراعية كان تأثيرها مدمراً للعالم الثالث . وعلى جانب العرض هناك الجمود الهيكلي لانظمة الانتاج الريفي في البلدان النامية .

ونستنتج من ذلك بان الاثر الفعال لتشجيع الصادرات من المنتجات الأولية لا يمكن ان يتحقق ما لم يكن هناك اعادة تنظيم للهياكل الاجتماعية والاقتصادية في الريف من اجل رفع الانتاجية الكلية للزراعة وتوزيع المكاسب بشكل واسع .

توسيع الصادرات من السلع المصنعة : لقد كان للإداء التصديري الرائع لبلدان مثل كوريا الجنوبية وتايوان وسنغافورة وهونك كونج والبرازيل خلال العقود الثلاثة (1970-2000) أثر في نمو الصادرات الصناعية للبلدان النامية . إلا أنه رغم هذا النمو فان حصة هذه البلدان من التجارة العالمية في مجال الصناعة قد بقيت صغيره نسبياً رغم نمو الضادرات بمعدل من 7% في 1965 الى نحو 18%

في 1990 . ان نجاح الصادرات قد وفر الدافع للمفكرين من الكلاسيك المحدثين والبنك الدولي وصندوق النقد الدولي ليؤكدوا بان النمو الاقتصادي لمجموعة البلدان النامية يتحقق بشكل افضل من خلال السماح لقوى السوق والمؤسسات التنافسية والاقتصادات المفتوحة، مع الحد من تدخل الدولة. لكن حقيقة وضع بلدان شرق اسيا وتجربتها لا تؤيد هذه الفكرة، ففي كوريا الجنوبية وتايوان وسنغافورة فان الانتاج وتركيبة الصادرات لم تترك للسوق بل تركت للتدخل الحكومي والتخطيط(22) .

ولسنوات عديدة كان هناك استخدام واسع للحماية في البلدان المتقدمة بوجه الصادرات الصناعية للبلدان النامية، فالرسوم الجمركية والحصص والقيود الاخرى في اسواق البلدان الغنية شكلت العقبة الرئيسية امام الصادرات الصناعية للبلدان النامية . وخلال الثمانينات قام نحو 20-24 بلداً صناعياً برفع مستوى الحماية لديها يوجه الصادرات الصناعية للبلدان النامية بحيث ان معدلات الحماية هذه كانت اعلى من تلك المفروضة على منتجات البلدان الصناعية الاخرى. وهناك القيود غير الجمركية ضد صادرات بلدان العالم الثالث واهمها ترتيبات الالياف المتعددة (MFA) Multi Fiber Arrangements ، ويقدر برنامج الأمم المتحدة الانمائية (UNDP) بان ترتيبات (MFA) تكلف العالم الثالث خسائر سنوية تقدر بحوالي 24 بليون دولار من المنسوجات والملابس المصدرة الضائعة .

ب- التعويض عن الاستيراد (التوجه للداخل) .

شهدت البلدان النامية خلال الخمسينات والستينات انخفاضاً في حصتها من المنتجات الاولية المصدرة إلى الاسواق الدولية، وتزايداً في العجز في ميزان مدفوعاتها (الحساب الجاري). وبسبب الانبهار الكبير بالتصنيع ونسب التبادل التجاري غير الملائمة فقد تحولت هذه البلدان نحواستراتيجية التعويض عن الاستيراد من خلال التصنيع. وهنا يقوم البلد بانتاج السلع التي كانت تأتي سابقاً عن طريق الاستيراد من السلع الاستهلاكية المختلفة. وان الاسلوب النمطي لهذه

الاستراتيجية هي أولاً إقامة جدار من التعرفة الجمركية أو الحصص على بعض السلع المستوردة أو كلاهما ، ثم بعدها محاولة إقامة صناعات محلية لانتاج هذه السلع. ومن الطبيعي ان تقييد الاستيراد لاغراض حماية الانتاج الصناعي المحلي يجعل المنتج المحلي في وضع أفضل بالنسبة للمنتج الاجنبي من حيث المنافسة السعرية، وذلك لان الرسوم الجمركية على المستوردات وكذلك القيود غير الجمركية تؤدي الى رفع اسعار هذه السلع في السوق المحلي ، وبذلك يكون المنتج المحلي في وضع تنافسي افضل بالمقارنة مع المنتج الاجنبي وبالتالي تمكنه من رفع اسعار منتجاته في السوق المحلية لتغطية تكاليف انتاجه المرتفعة .

ان ارتفاع السعر يؤدي في اغلب الاحوال الى زيادة ربحية الاستثمار في الصناعات الوطنية المتمتعة بالحماية ، الامر الذي يشجع راس المال الوطني على الدخول إلى الصناعات التي تنتج السلع التي كانت تأتي عن طريق الاستيراد في السابق، وبذلك يتوسع القطاع الصناعي المحلي على حساب الاستيراد [23]. وغالباً ما يتم ذلك من خلال مشروعات مشتركة مع شركات اجنبية، التي يتم تشجيعها من خلال الحماية وتحصل على مختلف انواع المخفزات الضريبية والاستثمارية. ورغم ان التكاليف الاولية قد تكون اكبر من السلع المستوردة المنافسه فان المبرر الاقتصادي لهذه الصناعات هو أنه بعد فترة تبدأ الصناعة بجني منافع وفورات الحجم، وتنخفض التكاليف الانتاجية (حجة الصناعة الناشئة) أو إن ميزان المدفوعات سوف يتحسن مع تقلص حجم الاستيرادات، أوالاثنان معاً [24]. وبالنهاية سوف تنمو الصناعة الناشئة وتستطيع المنافسة في الاسواق العالمية ، وتجني العوائد من العملات الاجنبية حالما تنخفض تكاليفها الانتاجية، وعندها يتم إلغاء الحماية عن الصناعة وتستطيع أن تنتج للسوق المحلي وتصدر للأسواق الخارجية. وهكذا فإن استراتيجية التعويض عن الاستيراد تصبح شرطاً ضرورياً لاستراتيجية الترويج للصادرات على المستوى النظري على الأقل .

إن نظرية الحماية للصناعة الناشئة هي نظرية قديمة تعود الى الالماني (F.List) وهي مسألة جدلية في حقل التجارة الدولية . ففي الاجل القصير فإن تأثير التعرفة الجمركية هو معاقبة المستهلكين وإعانة المنتجين المحليين ، وعمالهم ، من خلال الاسعار المرتفعة للسلع المحمية. إلا أنه في الأجل الطويل فإن مؤيدي الصناعة الناشئة يؤكدون بأنه سينتفع الجميع وتنخفض الاسعار دون السعر العالمي. ويمكن استبدال التعرفة الجمركية بالضرائب على الدخول المرتفعة للمنتجين المحليين للتعويض عن الخسائر الناجمة عن فقدان الموارد لخزينة الدولة. ولكن السؤال الذي يطرح هو كيف جرى ذلك في الواقع العملي ؟ .

نتائج استراتيجية التعويض عن الاستيراد

لقد صاحب تطبيق الاستراتيجية المذكورة مشكلات عديده منها ما يتعلق بالادوات (Tools) والسياسات (Policies) التي استخدمت لتطبيقها ،ومنها ما يتعلق بالظروف الاقتصادية والاوضاع السياسية والاجتماعية القائمة في البلدان النامية، ومنها ما يتعلق بطبيعة النظرة الخاطئة للإستراتيجية والتي تهمل إهمالاً شبه تام مسألة تشجيع وتوسيع الصادرات . ورغم ما تحقق من قدر من البناء الصناعي في البلدان النامية منذ الحرب العالمية الثانية، من جراء تطبيق التصنيع المعوض عن الإستيراد، إلا أن هناك شبه إجماع في الرأي بأن الاستراتيجية لم تنجح في تحقيق الاهداف التنموية المتوخاه منها [25] للاسباب الاتية :

1. إن حماية الصناعة وابعادها عن جو المنافسة أدى الى قيام صناعات استهلاكية صغيرة الحجم ومرتفعة التكاليف، وتنتج بمستويات انتاجية واطئة بالنسبة الى طاقاتها الانتاجية المتاحة، الا ان هذه الحماية تتضمن قدراً من الأرباح حتى في ظل الإستغلال المنخفض للطاقات الإنتاجية .

2. إن المستفيدين الرئيسيين من العملية هم الشركات الاجنبية، التي استطاعت ان تقيم صناعات خلف جدار الحماية والإعفاءات. وبعد استبعاد الفوائد

والارباح والاتاوات (Royalties) وعوائد الادارة، ومعظمها يذهب للخارج، فإن القليل الذي يبقى يذهب الى الصناعيين المحليين الاثرياء .

3. إن معظم هذا النوع من التصنيع تم من خلال استيرادات الحكومة للسلع الرأسمالية التي تحصل على الاعانات والسلع الوسيطة من قبل الشركات المحلية والاجنبية. وفي حالة الشركات الاجنبية فإن الصناعات التي تقام هي من النوع كثيفة رأس المال لاشباع طلب الاغنياء، وليس لها تأثير ايجابي على العمالة. وبدلاً من ان يتم تحسن ميزان المدفوعات فإن هذا النوع من التصنيع غير المخطط يؤدي الى تفاقم وضع الميزان التجاري بسبب استيراد السلع الوسيطة والسلع الراسمالية .

4. والتأثير السلبي الكبير لمثل هذه الاستراتيجية هو تأثيرها على الصادرات من المنتجات الأولية التقليدية. فمن اجل تشجيع التصنيع المحلي من خلال استيراد السلع الرأسمالية والسلع الوسيطة الرخيصة نسبياً فإن سعر الصرف يميل ان يكون مغالي به (Overvalued) ، مما يرفع من اسعار الصادرات ويخفض اسعار الواردات بالنسبة للعملة الوطنية ، وان التاثير الصافي لذلك هو تشجيع طريقة الانتاج كثيفة رأس المال ومعاقبة الصادرات من السلع الاولية التقليدية من خلال ارتفاع اسعار الصادرات بالعملة الاجنبية ،وهذا يجعل المزارعين المحليين أقل تنافسية في الأسواق الدولية .

5. إن استراتيجية التعويض عن الاستيراد غالباً ما تؤدي إلى عرقلة التصنيع. فالعديد من الصناعات الناشئة لم تنضج بل تبقى تعتمد على الحماية في استمرارها .

6. وبسبب ارتفاع تكاليف المستلزمات الإنتاجية للصناعات التي من المؤمل أن تقام ارتباطاً بالصناعة الاولى فإنها تميل الى استيراد هذه المستلزمات من الخارج لأنها ارخص من مثيلاتها المحلية، وبالتالي تعرقل قيام صناعات متكاملة في داخل البلد .

7. ومن الإنتقادات الأخرى التي وجهت الى استراتيجية التصنيع المعوض عن الاستيراد هي أن النمو الصناعي يميل الى التباطؤ بعد إنجاز المرحلة الاولى من التصنيع، اي مرحلة انتاج السلع الاستهلاكية ، وان عملية التصنيع تواجه صعوبات معينة في التحول الى المرحلة الثانية وهي مرحلة انتاج السلع الوسيطة والانتاجية . حيث ان هذه الصناعات تحتاج الى كميات كبيرة من رأس المال ومستوى عالي ومتطور من التكنولوجيا، ثم أن السوق المحلي الصغير نسبياً قد لا يكون كافياً لاستيعاب السلع الاستثمارية بالحجم الاقتصادي المناسب الذي يحقق وفورات الحجم. إضافة الى ان هيكل الحماية (Protection Structure) القائم يميل لغير صالح انتاج السلع الاستثمارية .

والنتيجة النهائية هي قيام قطاع صناعي غير كفوء يعمل دون طاقته الإنتاجية ويولد فرص عمل محدودة جداً ولا يوفر الكثير من النقد الاجنبي وليس لديه افاقاً لزيادة الانتاجية الأمر الذي ينعكس سلباً على الصادرات الصناعية .

الاستنتاج :

يمكن تقييم الجدل القائم حول التوجه للخارج أو التوجه للداخل على المستويين: التجريبي والفلسفي [26] . ففي دراسة عن تجربة البلدان النامية للعقود الثلاثة الماضية (1970-1990) يؤكد (Rostan Karoussi) بان الشواهد التجريبية تبين بوضوح بأنه لا المتفائلون في التجارة ولا المتشائمون هم في الجانب الصحيح في كل الأوقات، والامر يعتمد على التقلبات في الاقتصاد العالمي. عندما كان الاقتصاد العالمي يتوسع بسرعة خلال الفترة 1960-1973 فإن الاقتصادات المفتوحة بشكل اكبر من بين البلدان النامية تجاوزت صادراتها ونموها الاقتصادات المغلقة. ولكنه عندما تباطأ الاقتصاد العالمي بين عامي 1973 و 1977 فإن الاقتصادات الاكثر إنفتاحاً (باستثناء البلدان الاسيوية الاربعة المصنعة حديثاً) واجهت اوقاتاً صعبة .

وتجدر الاشارة إلى إن النمو السريع لعوائد الصادرات يحدث فقط عندما يكون الطلب الخارجي قوياً، وان التغيرات في السياسة التجارية لوحدها لا أثر لها: ويؤكد (H.Singer) و (P.Gray) بأنه على عكس موقف البنك الدولي فإن سياسة التوجه للخارج ليست بالضرورة مناسبة لكل البلدان النامية .

وفي نهاية المطاف فان التوجه للخارج أوالتوجه للداخل ليس بحد ذاته هو الذي يحدد النتيجة، ذلك لان ادوات سياسة التوجه الداخلي الحمائية لا تتضمن بالضرورة فرص عمل أكثر ودخل اعلى وغذاء كافي وصحة افضل أو تعليم مناسب، اكثر من سياسة التوجه للخارج . ويظهر إن سياسة التوجه للخارج ساهمت بقدر اكبر في نمو الناتج من سياسة التعويض عن الاستيراد خلال الستينات والسبعينات، وإن نجاح الصادرات في التسعينات اختلف كثيراً من منطقة الى اخرى ومن بلد لآخر .

هوامش الفصل التاسع

1. لمزيد من التفاصيل راجع :

-M.L. Jhingan., op. cit ., pp 342-347

وكذلك د. يحيى النجار و د. آمال شلاش ، مصدر سابق ، ص ص 447-449 .

2. M. Todaro., op. cit ., p 754 .

3. M. L. Jhingan. , op., cit., p 342.

4. قارن د. يحيى النجار و د. آمال شلاش ، ص ص 448-449

5. قارن في ذلك :

-M.L. Jhingan., op. cit ., pp 348-362

-M. Todaro., op. cit ., PP 669-676

-A.P.Thirwall., op . cit., p 347

وكذلك د. يحيى النجار و د. آمال شلاش ، ص 451

6. M. Todaro., op. cit ., p 670

7. Ibid., pp 672-674

8. Ibid., p 675

9. A.P. Thirwall., op.cit ., p 347

10. M.L. Jhingan., op. cit ., pp 360-362

11. قارن : A.N.Agrawal ., op.cit., pp (33.1-33.5)

12. M. Todaro., op. cit ., PP 486-489

A.P.Agrawal., op.cit ., pp (33.5-33.7)

13. M. Todaro., op. cit ., PP 486-487

14. A.N.Agrawal., op. cit., pp (33.6-33.7)

15. ويعود سبب ميل نسب التجارة ضد مصالح البلدان النامية الى سببين : الأول : هو الصعوبات في مجال التجارة التي تواجهها البلدان النامية فيما بينها، وذلك لإنخفاض القوة الشرائية لديها وهي انعكاس للانتاجية المنخفضة ، والثاني، هوأن هذه البلدان لا تنتج الكثير من السلع المصنعة وخاصة السلع الانتاجية التي تكون اسعارها مرتفعة . انظر :

A.N.Agrawal., op.cit ., pp 33.7

16. M. Todaro., op. cit ., PP 487-489

17. قارن في ذلك :

- A.N.Agrawal., op.cit ., pp (33.8-33.11)

- M. Todaro., op. cit ., PP (489-509)

- A.P.Thirwall., op.cit ., pp (437-447)

18. A.N. Agrawal., op.cit ., pp (33.9-33.11)

19. لمزيد من التفاصيل راجع :

A.P. Thirwall. op.cit., p 450-4656

كذلك د. يحيى النجار ود . آمال شلاش ص ص 470-480

20.للمزيد من التفاصيل راجع :

M. Todaro., op. cit ., PP 498-509

وكذلك د. مدحت كاظم راضي القريشي ، استراتيجية التصنيع في البلدان النامية، ورقة مقدمه لمؤتمر واقع النمو الصناعي في منطقة الخليج العربي وعلاقته بمستقبل التكامل الاقتصادي العربي، إتحاد الصناعات العراقي والاتحاد العام للغرف التجارية والصناعية والزراعية العربية بغداد ، 26- 1979/5/29 .

21. M.Todaro., op.cit ., p 503 .

22. د. مدحت كاظم راضي القريشي، استراتيجية التصنيع في البلدان النامية، مصدر سابق، ص 5 .

23. M.Todaro., op.cit ., p 504

24. للمزيد من التفاصيل حول الانتقادات والردود عليها راجع : د. مدحت كاظم راضي القريشي ، مصدر سابق ، ص ص 12-13 .

25. المصدر نفسه .

26. قارن : M.Todaro., op.cit., pp 519-521

الفصل العاشر

توزيع الموارد الإقتصادية

الفصل العاشر

توزيع الموارد الاقتصادية

هناك عدد من الموضوعات المهمة ذات العلاقة بتوزيع الموارد الاقتصادية وبالتالي بالتنمية الإقتصادية مثل دور السوق ودور الدولة في التنمية الاقتصادية، وكذلك دور المنظم ودور التقدم التكنولوجي في التنمية . ونستعرض في هذا الفصل كل من هذه الموضوعات تباعاً .

1.10 دور السوق ودور الدولة في التنمية الإقتصادية

مفهوم السوق ومفهوم الدولة :

يعرف البعض السوق بأنها مؤسسة تتكون من مجموعة قواعد للسيطرة على الصفقات الاختيارية من خلال الاسعار. والدولة هي بمثابة مؤسسة لانها تتكون من منظومة من القواعد التي تنظم أمور الحاكمية (Governance) ، وانها ايضاً جهاز وظيفي يتكون من وكالات مختلفة ومكاتب يتم تنظيمها طبقاً لهذه القواعد . ومن ناحية الوظائف الاقتصادية لهما فإن السوق هي تنظيم يقوم بتنسيق الانتاج والاستهلاك للسلع والخدمات من خلال الصفقات أوالتعاملات الاختيارية، في حين ان الدولة هي تنظيم لتحريك السلطة الشرعية التي تستخدم القوة للإجبار. والمؤسسة تعرف بأنها الحكم (Rule) في المجتمع[1]. وكجزء من القواعد المذكورة فإن الدولة تقوم بمهام توظيف الموارد مثل الضرائب وتجنيد الاشخاص للجيش وغيرها. ان السوق والدولة يعتمدان على بعضهما البعض وإن مثل هذا الاعتماد قد لا يوجد في اقتصادات الكفاف الصغيرة لكنه ضروري بالنسبة للدولة القومية والسوق القومية[2].

وتجدر الاشارة الى ان القضية المركزية التي تواجه كل الاقتصادات هي كيفية توزيع الموارد بين الاستخدامات المتنافسة، وان المسألة هذه تكتسب اهمية اكبر في البلدان النامية منها في البلدان المتقدمة، ذلك لأن الموارد تكون اكثر ندرة في البلدان النامية كما أن الحاجات الاساسية لديها أكبر .

كفاءة السوق التنافسي

ان الاقتصاد التقليدي، منذ زمن (Adam Smith) والمدرسة الكلاسيكية وحتى المدرسة الكلاسيكية المحدثة (Neoclassical) ، يبين لنا بأن المنافسة في السوق الحرة تؤدي الى توزيع اجتماعي أمثل (Optimal) للموارد. ففي الاقتصادات ذات الاسواق الحرة فإن الموارد توزع من خلال ما اسماه (Smith) باليد الخفية وذلك طبقاً لطلب المستهلكين . فالسعر يحقق حالة التوازن ، وبالتالي لن يكون هناك مشترون لا يجدون السلع المطلوبة أو بائعون لا يستطيعون بيع السلع المعروضة، وأن عملية اتخاذ القرارات حول ماذا ينتج ليست مركزية بل أنها متروكه للسوق. فإذا أزداد الطلب على سلعة ما فإن السعر سوف يرتفع وان المنتجين سوف يتحفزون لزيادة عرض السلع أو تقليل عرضها طبقاً للتغيرات الحاصلة في الارباح والناجمة عن الانتاج .

وطبقاً للنظرية الخاصة بالرفاهية الاقتصادية فإذا كان المستهلكون يستهلكون الى الحد الذي تتساوى عندها المنفعة الحدية للاستهلاك Marginal Utility of Consumption (MUC) مع سعر السلعة Price (P) ، وأن المنتجين ينتجون الى النقطة التي تتساوى عندها التكلفة الحدية للانتاج (MC) مع السعر فان الموارد سوف توزع بشكل أمثل لانه في هذه الحالة سوف تتساوى المنفعة الحدية (MU) مع التكلفة الحدية (MC) ، وان المجتمع هنا سوف يصل الى اعلى مستوى من المنفعة التي تتفق مع إمكانات الانتاج [3] .

فشل السوق

ان الشروط المطلوبة لكي تقوم الاسواق بوظائفها التوزيعية بشكل أمثل شروطاً متشددة ، ومن غير المتوقع ان تتوفر في الاقتصادات ، وخاصة الاقتصاد النامي. لذلك فإن المنفعة الحقيقية للانتاج قد لا تنعكس في السعر، وذلك بسبب الوفورات الخارجية. فالسعر قد لا يعكس التكلفة الحدية بسبب عدم كمال السوق (Market Imperfection) ، وان عدداً من السلع التنموية والخدمات قد لا يتم انتاجها لان الاسواق غير كاملة. وبتعبير آخر هناك حالة فشل في السوق[4] (Market Failures) .

واضافة الى ما سبق هناك مشكلة اخرى هي أنه ليس هناك في آلية السوق ما يضمن تحقيق توزيع عادل للدخل في المجتمع ، أو توجيه موارد كافية ، بعيداً عن الاستهلاك الحالي، ونحو بناء وسائل انتاج تحقق مستوى اعلى من الإستهلاك الحالي في المستقبل . إن كل هذه الانواع من خيبات السوق (Market Failurs) قد قادت في الماضي اقتصادي التنمية للمطالبة بتدخل الدولة في عملية التنمية باستخدام اشكال مختلفة من التخطيط لتوزيع الموارد[5] .

ويظهر فشل السوق في مجال عرض السلع العامة (Public Goods). فالسوق يمكن ان يحقق توزيع كفء للموارد فقط للسلع الخاصة (Private Goods) التي تمتلك حقوق ملكية خاصة . أما بالنسبة للخدمات التي تقدمها الشرطة والمحاكم من أجل المحافظة على السلم والنظام فان عدداً غير محدود من الناس يمكن ان يستخدمونها، ولهذا فمن الصعب فرض مبالغ لتدفع من قبل المستخدمين (Users). وحيث ان هدف كل شخص هو البحث عن الربح فسوف لن يهتم بانتاج مثل هذه السلع. لهذا فان توفيرها سوف يقع بالضرورة على الحكومة .

ويمكن ان يحدث فشل السوق في حالة السلع الخاصة ايضاً . فمن أجل ان تحقق آلية السوق الامثلية الاجتماعية (Social Optimality) ، فان شرط المنافسة التامة يجب ان يتوفر، ويتعين ان يمتلك كل المشاركين في السوق المعلومات

الكاملة. ولكنه في واقع الحال فان المعلومات غير كاملة ، ومن الصعب على المواطنين العاديين ان يحكموا على نوعية الخدمات الحرفية [6] .

الحاجة الى تدخل الدولة

بسبب فشل السوق في تحقيق الاهداف التنموية، وحيث ان عمل السوق بشكل جيد يتطلب شروطاً اجتماعية وثقافية ومؤسسية وقانونية غالباً ما تكون مفقودة في البلدان النامية، اضافة الى انتشار الغش والفساد والاحتكار وغياب المنافسة او ضعفها، لكل هذه الاسباب فقد عملت حكومات البلدان التي نالت استقلالها على التدخل في الحياة الاقتصادية والمبادرة الى تبني عملية التنمية بشكل رئيسي .

ومما عزز من هذا التوجه لدى الحكومات هو عدم توفر مستلزمات النمو، في هذه البلدان مثل الادخار والاستثمار وامكانات التحسن في تقنيات الانتاج والتعليم وتكوين المهارات وعدم توفر روح المبادرة للإستثمار. وفي مثل هذه الحالة برزت الحاجة الى ان تلعب الدولة دوراً كوكيل لعملية التنمية الاقتصادية من خلال مبادراتها بإقامة المشروعات الاستثمارية الانتاجية لتوفير السلع والخدمات ، واستخدام السياسات المالية والنقدية لتحريك المدخرات وتوجيهها نحو الاستثمارات الانتاجية. كما بادرت الدولة ابتداءً الى تأسيس البنية التحتية الاقتصادية والاجتماعية، مثل مشروعات الطاقة والنقل والاتصالات والموانيء، وكذلك تأسيس المصارف بمختلف انواعها لتشجيع الاستثمار الخاص. وهكذا تحملت الدولة في معظم البلدان النامية مسؤولياتها من خلال عملية التخطيط التي قد تكون بشكل مباشر، مثل بلدان التخطيط المركزي، أو قد تكون ذات طبيعة توجيهية (guiding) لنشاط القطاع الخاص ، كالهند على سبيل المثال ، التي تشارك بشكل مباشر في عملية التنمية من خلال نشاطات القطاع العام وكذلك تقود وتحفز القطاع الخاص من خلال أدوات السياسة الاقتصادية المختلفة [7] .

مبررات تدخل الدولة في التنمية الاقتصادية

قبل الدخول في مناقشة المبررات ذاتها من المفيد ان نستعرض الخلفية التاريخية حول الموقف من الدولة .

خلفية تاريخية للموقف من تدخل الدولة [8] : تعود بداية الافكار المؤكدة على دور الدولة في الاقتصاد الى دعاة مذهب التجاريين (Mercantilists) حيث دعا هؤلاء الى تدخل الدولة الواسع في الصناعة والتجارة . ثم جاء التوجه المضاد لذلك من خلال كتابات (A.Smith) وذلك كرد فعل لمذهب التجاريين ، حيث طرح (Smith) مبدأ "اليد الخفية " كمبرر لتحرير الاسواق من تدخل الدولة . وقد تلا ذلك بروز مذاهب مضادة رئيسية كالماركسيه والفاشية والكينزية في اواخر القرن التاسع عشر واوائل القرن العشرين. وقدمت كل من هذه الجهات افكارها الخاصة عن اسباب وضرورة تدخل الدولة لتحقيق النتائج الاجتماعية والاقتصادية المرغوبة .

واليوم تعود أفكار المدرسة الكلاسيكية الجديدة (Newclassical) إلى الصدارة حول تفوق السوق، على الرغم من الانتقادات الحادة التي وجهت للاسس النظرية لهذا الادعاء. ولقد تأرجح الموقف من هذين النقيضين ، وقد عكست سياسات التنمية الاقتصادية في أقطار العالم الثالث هذا التأرجح في الافكار المتعلقة بدور الدولة .

وفي عقدي الخمسينات والستينات من القرن العشرين تبنت معظم البلدان النامية اسلوب تخطيط التنمية، وتولت الدولة دوراً رئيسياً في مهام التحول الاقتصادي عن طريق التدخل في الاسواق وعبر تأسيس المنشآت الحكومية الانتاجية والخدمية. الا ان أزمة الديون في عقد الثمانينات منحت المقرضين ومؤسساتهم المالية الفرصة لنبذ هذه السياسات، واعتمدت فكرة الاصلاحات الهيكلية (Structural Reforms) على مفهوم ضيق لدور الدولة يقتصر على تأمين حقوق الملكية وتطبيق السياسات الاقتصادية الكلية المتوازنة وتوفير التعليم المناسب وبناء بعض البنى التحتية .

وقد واكب التوجه الحديث نحو العولمة والشعور بإنتصار الرأسمالية، في أعقاب تفكك الاتحاد السوفيتي السابق، تحول الكثير من الاقتصاديين الى ما سمى من قبل البعض "اصولية جديدة" بشأن فضائل السوق وتقليص سيطرة الدولة على الاقتصاد.

وهناك موقفان متعارضان بشأن تدخل الدولة في الحياة الاجتماعية :

الموقف الأول ، والذي يعكس وجهة النظر الانجلو أمريكية، والتي تعارض بشدة تدخل الدولة، وتستند في هذا الرأي على أفكار المدرسة الكلاسيكية والكلاسيكية المحدثة، والتي تدعو الى حرية عمل الاسواق والتفاعل بين قوى السوق، وتؤكد على عدم امكانية التنبؤ بالاقتصاد وعدم امكانية تخطيطه . **والموقف الثاني**، والذي استند الى المدرسة الالمانية، والتي ركزت على فشل السوق. وكان الالماني (Fredrick List) قد أكد على الحاجة لحماية الصناعة الالمانية من المنافسة البريطانية، والحاجة الى تدخل الدولة لضمان مصالح الاطراف الضعيفة في المجتمع. وقد استند (List) الى التجارب التاريخية حيث اشار الى ان حكومة بريطانيا كانت قد عملت على تشجيع قيام الصناعة بمختلف الوسائل . كما عمدت الحكومة الامريكية من جهتها إلى عدم تشجيع المنافسين الاجانب ومهدت لاقامة مشروعات البنى التحتية. وفي فرنسا عمد (Colbair) لدعم النشاط الصناعي وعمل كل ما من شأنه دعم التنمية الصناعية [9] .

مبررات تدخل الدولة :

الى جانب العوامل المسؤولة عن فشل السوق أحياناً ، والتي تمت مناقشتها آنفاً، هناك العديد من المبررات النظرية التي تؤيد تدخل الدولة، في النشاط الاقتصادي أهمها:

1. في معظم الحالات ان سيطرة الدولة وتدخلها يكون مبرراً عندما تكون السلع المنتجة سلعاً عامة مثل الدفاع والقانون والأمن.. الخ أو ان الصناعة المعنية بالسيطرة تعتبر نوعاً من الاحتكار الطبيعي. وفي مثل هذه الحالة فإن ملكية الدولة أوالسيطرة والرقابة الحكومية تكون ضرورية لتفادي

احتمال عدم تحقق الكمية المطلوبة من السلع ، أو لمنع حدوث اساءة الاستخدام.وفي مثل هذه الحالة فإن اقتصادات الحجم (Scale Economies) تكون غير مستنفذه بعد، وتنعكس هذه من خلال منحنى متوسط التكاليف المتجه الى الاسفل، مما يمكّن من انتاج السلع بإقل التكاليف عندما يكون هناك منتج واحد .

2. وتستند سيطرة الدولة في بعض الحالات على المقاربة النشطة والتخطيطية للسياسة الصناعية، حيث تقوم بعض الحكومات بتأسيس وتملك وادارة بعض المنشآت الصناعية التي تنتج السلع والخدمات .
3. وبخصوص البلدان النامية فإن الاوضاع الاقتصادية فيها تتميز بحالة الجمود، وبالتالي فإن التغلب على هذه الحالة يفرض على الدولة إن تلعب دوراً ايجابياً في الحياة الاقتصادية. ذلك لأن تحقيق النمو يتطلب الادخار والاستثمار وروح المبادرة الضرورية، وان البلدان النامية تعاني من ندرة في كل هذه العوامل . ولذلك حتى لو توفرت الموارد الطبيعية وعرض العمل فإن هذه البلدان لن تستطيع تحقيق التنمية ما لم تتدخل الدولة كوكيل للتنمية الإقتصادية [10] .
4. إضافة الى ما تقدم فإن مشكلات البلدان النامية هي من السعة والشمول بحيث لا يمكن ان تترك للتفاعل الحر للقوى الاقتصادية وللسوق ، ولهذا فالعمل الحكومي يكون ضرورياً لتسهيل مهمة الاصلاح الاقتصادي والاجتماعي .
5. هناك حاجة لتحقيق نوع من الموازنة في معدلات النمو في القطاعات المختلفة ، مما يفرض عليها تنظيم وسائل رقابة مادية ونقدية ومالية لهذا الغرض .
6. واخيراً يتعين على الحكومة، في بداية مرحلة التنمية، ان توجه الاستثمارات نحو الاتجاهات التي تشجع الوفورات الخارجية، أي خلق رأس المال

الاجتماعي مثل مشروعات الطاقة والنقل والصحة لكي تمهد الطريق لظهور النشاطات الانتاجية المباشرة [11]. وانه بدون قيام الحكومة بمشروعات البنية التحتية فلن يضطلع بها القطاع الخاص .

مجالات عمل الدولة [12] .

ان للدولة مجالات عمل كثيرة ومتعددة لا يمكن لغيرها ان يقوم بها لكي تساهم في عملية التنمية الاقتصادية ومن اهمها :

1. التغيرات في الاطار المؤسسي : يجري التأكد هنا على ضرورة العمل على تغيير مواقف الافراد وقيمهم الاجتماعية والثقافية في البلدان النامية .

2. التغيرات التنظيمية : وتشمل هذه توسيع السوق الداخلي، من خلال تطوير وسائل النقل والاتصالات ، وكذلك تنظيم سوق العمل، وتطوير المؤسسات المالية التي تعمل على توسيع الزراعة والصناعة .

3. تطوير البنى التحتية الاقتصادية والاجتماعية: فالحاجة الى الخدمات الاساسية مثل السكك الحديدية وطرق النقل البرية والاتصالات والغاز والكهرباء واعمال الري هي ضرورية جداً للتنمية ، وان تطويرها يحتاج الى استثمارات كبيرة تفوق قدرة القطاع الخاص في مثل هذه البلدان. إضافة الى ذلك فان التنمية الاقتصادية ليست ممكنه بدون التعليم، لأن نوعية العمل هي العامل الاهم بالنسبة للتنمية ، وان الاستثمار في التعليم والتدريب من شأنه ان يرفع من مستوى الانتاجية. وعلى الحكومة ايضاً ان تسعى الى تحسين مستوى الصحة العامة من خلال تحسين البيئة والاسكان وتوفير الماء الصالح للشرب وخدمات الصرف الصحي والسيطرة على الامراض السارية وتقديم الخدمات الصحية والتعليمية .

4. وفي مجال القطاع الزراعي على الدولة ان ترسم الخطط وتنفذ عمليات الاصلاح الزراعي ورفع معدلات الانتاجية الزراعية، وان نجاح خطط الانتاج في القرى يعتمد على درجة التنظيم للفلاحين .

5. وفي مجال الصناعة فان على الحكومة ان تضطلع بدورها لتطوير الموارد وان تقوم بمسوحات للموارد وترسم السياسات الملائمة لاستغلالها واقامة الصناعات

الملائمة بضمنها الصناعات الاساسية كالحديد والصلب والكهربائيات والكيماويات الثقيلة والاسمدة وادوات المكائن الخ. ويتعين العمل على دعم وتطوير الصناعات الصغيرة الى جانب الكبيرة ، وتوفير التمويل الميسر وتقديم الحوافز المالية والخدمات والاراضي لتطوير المناطق الاقل تطوراً .

6. وفي مجال السياسات المالية والنقدية يتعين على الحكومة اتباع سياسات مناسبة لازالة الاختناقات ومعالجة المشكلات الاقتصادية كالبطالة والتضخم وتخفيض تكلفة الائتمان.
7. في مجال توسيع التجارة الخارجية يتعين على الحكومة ان تعمل على تشجيع الصادرات لتحقيق التوازن في الميزان التجاري وميزان المرفوعات وتوسيع السوق.

فشل تجربة التخطيط

لقد كان عقد الستينات والسبعينات عقد التخطيط الاقتصادي والتدخل الحكومي في النشاط الاقتصادي في البلدان النامية، اضافة الى تجربة التخطيط المركزي في الاتحاد السوفيتي السابق ودول اوروبا الشرقية وبعض البلدان الاشتراكية الاسيوية كالصين الشعبية وكوريا. وقد استأثر القطاع العام في الاستثمار والانتاج وادارة النشاط الانتاجي وتقلص أو انعدام آلية السوق في تحديد الاسعار وتوزيع الموارد. حيث كانت الاسعار تحدد ادارياً، وكذلك سعر الفائدة وتوزيع الدخل بين الاستثمار والاستهلاك الخ . الا أنه بعد تجربة طويلة نسبياً من التخطيط والتدخل الحكومي اتضح للعديد من هذه البلدان بأن مستوى الانتاجية في صناعات القطاع العام منخفضة والخسائر المالية متراكمة ، والتي تغطيها ميزانية

الدولة ، والتنافسية الدولية لديها ضعيفة، الامر الذي ادى الى خيبة أمل من اسلوب التخطيط المركزي وفشل التدخل الحكومي في معظم الحالات .

ولهذا فقد بدأ العديد من الاقتصاديين ووزراء المال في البلدان النامية ورؤساء المنظمات الدولية في الثمانينات بالدعوة الى التحول نحو استخدام آلية السوق كاداة رئيسية لتحسين الكفاءة والنمو الاقتصادي السريع ، وتقليص تدخل الدولة في الحياة الاقتصادية. واذا كان عقد السبعينات يوصف بأنه عقد نمو وتوسيع القطاع العام كسبيل للتنمية فإن الثمانينات والتسعينات شهدت اعادة ظهور اقتصادات السوق الحر كسبيل للتنمية وتقليص دور القطاع العام وانهاء حالة التشوه (distortion) في الاسعار وفي اسعار الفائدة والاجور .

ومن بين هذه البلدان الهند وسريلانكا وتنزانيا وجامايكا وتركيا ، ثم امتدت فيما بعد الى بلدان عديدة حتى وصلت الى دول الإتحاد السوفيتي السابق ودول اوروبا الشرقية .

وقد تزعم التوجه نحو اقتصاد السوق صندوق الدولي (IMF) والبنك الدولي (IBRD). وقد استندوا في هذا التوجه الى ما اعتبر قضية النجاح الشرق اسيوية وبشكل خاص كوريا الجنوبية وتايوان، التي اعتمدت علىالمشروعات الخاصة وخاصة في المراحل المتأخرة من التنمية ، وكذلك حالة عدم الكفاءة والهدر التي رافقت نمو القطاع العام . ويؤكد البنك الدولي بإن تشوهات الاسعار (اي ابتعادها عن الاسعار العالمية) قد أبطأت نمو الناتج المحلي الاجمالي في العديد من البلدان النامية[13].

2.10 اقتصاد السوق ومدى ملائمته للبلدان النامية

ان التحول نحو الاسواق الحرة واستخدام آلية السوق بدلاً من التخطيط وتدخل الدولة في النشاط الاقتصادي هي في الواقع مسألة شائكة، فلكي يعمل السوق

بشكل جيد يتطلب شروطاً اجتماعية وثقافية ومؤسسية وقانونية ، وغالباً ما تكون هذه الاشياء مفقودة في البلدان النامية . كما ان ممارسات الغش والفساد والاحتكار لا تختفي من البلدان المذكورة بسرعة حالما يتجه البلد نحو اقتصاد السوق [14] .

ويشترط كل من (Nathan Keyfitz) و (Robert Dorfman) توفر العديد من المتطلبات والشروط المؤسسية والثقافية لكي تعمل الاسواق بشكل فعال .ومن بين هذه الشروط ما يأتي :

(1) القانون والنظام (2) حماية الافراد والممتلكات (3) الموازنة بين المنافسة والتعاون (4) القيم المادية كمحفز للإنتاج الاكبر (5) العقلانية التي لا تتقيد بالتقاليد (6) الاستقامة والعدالة لدى الحكومة (7) حرية تداول المعلومات الخ .

واضافة الى الشروط المذكورة فإن الاداء الجيد لاقتصاد السوق يتطلب ايضاً العديد من الممارسات القانونية والاقتصادية التي تسهل عمل السوق ومن اهمها :

(1) القوانين التجارية التي تحمي وتضمن حقوق الملكية (2) الحرية لاقامة مؤسسات الاعمال في جميع القطاعات ، ماعدا تلك التي تحتوي على الوفورات الخارجية (3) المراقبة العامة لاداء الاحتكارات الطبيعية (4) توفير المعلومات الكافية في كل الاسواق (5) الادوات اللازمة لتنفيذ واستقرار السياسات النقدية والمالية (6) توفير شبكات الحماية من خلال توفير الاستهلاك المناسب للافراد الذين يتأثرون سلباً بالاجراءات الاقتصادية مثل البطالة الاجبارية والاصابات الصناعية [15] .

وهكذا نرى بأن اصلاحات السوق تتطلب اكثر من ازالة التشوهات في الاسعار وخصخصة المنشآت العامة وتحديد الاسواق .ويعتبر البعض بأن تعثر اصلاحات السوق في بلدان اوروبا الشرقية وروسيا وفي عدد من البلدان الاسيوية يعود في نظر البعض الى عدم توفر الشروط المؤسسية وممارسات السوق الملائمة. وكما اشار السيد مهاتير محمد، رئيس وزراء ماليزيا السابق، عندما

فرض قيوداً على العملة وعلى راس المال، بان السوق الحر قد فشل بشكل كارثي بسبب اساءة التصرف (abuses) [16].

ويؤكد البعض بأن دوراً معيناً للدولة ضروري لتوفير البيئة المؤسسية للاسواق لكي تتطور وتعمل بكفاءة ، وبهذا المعنى فإن الاسواق والتدخل الحكومي مكملان لبعضهما. وقد أكد تقرير التنمية الدولية لعام 1997 على دور الدولة في عملية التنمية بالنقاط الآتية [17]:

1. ان التنمية بدون التدخل الفعال للدولة مستحيل ، وان وجود الدولة الفعالة هو أمر مركزي ولكن كشريك ومسهل وليس كمدير، ويجب ان تعمل الدولة كمكمل للسوق وليس بديلاً عنه .

2. هناك العدد الكبير من الشواهد على اهمية السياسات الحكومية الجيدة مثل تشجيع الاستقرار في الاقتصاد الكلي وتطوير رأس المال البشري وانفتاح الاقتصاد على العالم.

3. ويؤكد التقرير ايضاً بأن العديد من البلدان النامية لم تؤدي واجباتها بشكل صحيح في مجال حماية الممتلكات وضمان النظام والقانون وحماية الضعفاء في المجتمع . وفي مسح للنمو المتحقق لنحو 69 بلداً وجد بأن مصداقية الحكومة هي أعلاها في جنوب وجنوب شرق اسيا وادناها في افريقيا شبه الصحراء وبلدان الاتحاد السوفيتي السابق .

وقد لوحظ بان البلدان التي تتوفر فيها سياسات صحيحة وحاكميه جيده (Good Governance) قد حققت معدلاً للنمو نحو 3% كمعدل خلال الفترة 1964-1993، ويستنتج البنك الدولي من ذلك بانه بدون حصول تحسن في كفاءة الدولة فليس هناك افاقاً للتحسن الكبير في الرفاهية الاقتصادية والاجتماعية . ويرسم البنك المذكور استراتيجية للحكومة لكي تعزز مصداقيتها وفعاليتها تعتمد على أمرين:

الأول ، ان تعمل الحكومة على تحقيق التوازن بين دورها وبين قدرتها ، وان لا تفعل اكثر مما يجب .

الثاني ،يجب ان تعمل الحكومة على تحسين القابليات من خلال احياء مؤسسات الدولة [18] .

وبخصوص الموازنة بين الاعتماد على التخطيط والاعتماد على السوق يستنتج البعض بان هناك درجات مختلفة للبلدان النامية للإعتماد على آلية السوق لتشجيع التنمية الاقتصادية . إن بلدان الدخل المنخفض، في مراحلها الاولية للتنمية، يجب ان تستمر بالاعتماد على التخطيط الاقتصادي، لأن الشروط المؤسسية والثقافية لإقتصاد السوق غير قائمة، وانها سوف تواجه تغيرات هيكلية في المستقبل. وان بلدان الدخل المتوسط من الممكن لها تدريجياً ان تصبح متوجهة اكثر فاكثر نحو السوق ، رغم أنها تبقى اقتصادات مختلطة مع مشاركة حكومية متباينة. أما البلدان التي هي في المراحل الاخيرة من التنمية فلديها الشروط التي تسمح لها الاعتماد على الاسواق الخاصة والاسعار التنافسية. ومن المقبول بشكل واسع بان عدم تدخل الدولة نهائياً يقود الى تشوه توزيع الموارد ، والى استثمار منخفض وهروب راس المال. لهذا يستنتج هؤلاء بان هناك حاجة إلى الدور المنظم للحكومة وبحاجة ايضاً الى تدخل الحكومة لحماية الفئات الفقيرة من خلال برامج اجتماعية [19] .

10. 3 تجارب عملية لدور الدولة في التنمية (بلدان شرق اسيا والبلدان العربية)

وكمثال على الدور الايجابي والفعال الذي لعبته الدولة في التنمية الاقتصادية يشار الى تجربة بلدان شرق اسيا. ان هذه البلدان لعبت دوراً مؤثراً في رفع معدلات الادخار والاستثمار في رأس المال المادي والبشري، والتوزيع المتساوي للدخل والثروة، والحفاظ على الاستقرار الاقتصادي الكلي. كما ان البلدان

المذكورة منحت الاسبقية للاقتصاد وليس للسياسة، ونظمت الاسواق ووجهت الاستثمار نحو النمو العالي ونحو القطاعات التصديرية العالية ، وخلقت بيئة مواتية للاستثمار الخاص، وخلقت نظام خدمة مدنية مستنداً الى الكفاءة ، وحاربت الفساد، واوجدت نظام لهيكل المكافأة المستند الى الاداء ، وقدمت الاعانات الحكومية[20]. كل هذه المهام قد ساعدت على نجاح التجربة التنموية في بلدان شرق اسيا ، الامر الذي دفع البعض إلى تسمية هذه التجربة بالمعجزة الاسيوية (The Asian Miracle) .

اما في مجال تجربة البلدان العربية فإن دور الدولة قد تميز بنظر البعض بما يأتي :

1. استطاعت العديد من البلدان العربية تحقيق بيئات اقتصادية كلية مستقره، لكن بعض البلدان واجهت صعوبات في موزانة الميزانيات .

2. لم تحقق البلدان العربية النجاح المطلوب في توجيه الاستثمار نحو قطاعات النمو العالي وقطاعات التصدير العالي .

3. اعطت البلدان العربية الاسبقية للامور غير الاقتصادية .

4. لم تستطع الحكومات العربية من تقليل السلوك الساعي لكسب الربح ، ولم تفلح في الحد من البيروقراطية المترهلة .

5. نفذت العديد من البلدان العربية خطط الخصخصة تحت تأثير الضغط والتهديد وليس من واقع متطلبات التنمية المدروسة .

وهكذا يلاحظ البعض بأن اداء الحكومات العربية ودورها في مجال التنمية محدود ولا يداني اداء حكومات بلدان شرق اسيا . ان التحدي الحقيقي كما يشير البعض هو التوصل الى دور جديد للدولة وليس الانسحاب من المجال الاجتماعي والاقتصادي . ويجري التاكيد هنا بأنه طالما كانت للبلدان النامية اسواق متخلفة ومعلومات ناقصة واسواق راسمالية غير كاملة وشركات صغيرة وغير متطورة، وما دامت التنمية تتطلب الحصول على تكنولوجيا جديدة واجهزة بيروقراطية

مستندة الى الكفاءة والى تأمين فرص التدريب والقروض والاعانات فإنه لا يمكن الاعتماد على آليات السوق لوحدها لتوجيه التنمية الاقتصادية أو حتى تحفيزها. واخيراً فإن الاستنتاج النهائي الذي يظهر من هذه التحليلات هو ان دور الدولة مهم وما يزال ضرورياً، والمسألة الاساسية هي تلك المرتبطة بطبيعة دورها وليس ان كان ضرورياً أو غير ضروري [21] .

4.10 دور المنظم (الريادي) في التنمية الاقتصادية [22]

(The Role of Entrepreneur in Economic Development)

يعتبر المنظم أو الريادي في مجال الاقتصاد بمثابة القائد الإقتصاي الذي يمتلك القدرة على تحديد الفرص الناجحة في تقديم السلع الجديدة والتقنيات الجديدة والموارد الجديدة لغرض توفير العرض من السلع ولتجميع المصنع والمكائن والادارة وقوة العمل وتنظيمها في منشأة اقتصادية[23] . ففي الحضارة الغربية الصناعية فان المنظمين كانوا هم الاشخاص الذين إتخذواالقرارات الرئيسية. والمنظمون ينظر اليهم (Schumpeter) على أنهم نوع من الاشخاص لهم سايكولوجية خاصة، لكن اهمية الخصائص السايكولوجية للمنظمين الناجحين تتحدد بشكل كبير بالبيئة الاقتصادية والاجتماعية .

إن لمعظم المنظمين خصائص مشتركة وهي الرغبة في تشخيص واقتناص الفرص للربح ، ولديهم تطلعات على احتمالات المنتجات الجديدة، والمواد الخام غير المستغلة، والاسواق غير المفتوحة بعد، والرغبة لاتخاذ المخاطر الكبيرة، والرؤية والاندفاع والمبادرة[24] .

ومهما كان شكل النظام السياسي في البلد فإن المنظم يعتبر ضرورياً للتنمية الاقتصادية . ولقد تغيرت وظائف المنظم مرات عديدة على يد الاقتصاديين ، وطبقاً الى بعض الاقتصاديين فان وظيفة المنظم هي تنسيق الموارد الانتاجية . أما بالنسبة

الى (Schumpeter) فان وظيفة المنظم هي الابتكارات (Innovations) وللبعض الآخر ربما تقتصر الوظيفة على تقديم راس المال .

وقد يكون المنظم متمتعاً بمستوى عالي من التعليم والمهنية والمهارة أو قد يكون شخصاً غير متعلم لكنه يمتلك مهارة في الاعمال (Business) لا يمتلكها الآخرون. وطبقاً الى (Fritz Redlick) فإن دور المنظم يمكن ان يقسم الى: رأسمالي ومدير ومنظم. وفي الشركات الحديثة فإن وظيفة التنظيم توجد عند مختلف الاشخاص . فأصحاب الاسهم في الشركات هم الرأسماليون . أما الوظائف الإدارية التنفيذية فيقوم بها عدد من الاشخاص الذين هم متخصصون في بعض الحقول مثل مدير المبيعات ومدير المشتريات ومدير الانتاج ومدير الأفراد وهكذا. أما الوظيفة التنظيمية (الريادية) فيقوم بها رئيس مجلس الإدارة . واضافة الى ذلك فهناك منشآت انتاجية عامة في البلدان النامية التي تدار من قبل الدولة .

ويواجه التنظيم معوقات من خلال النظام الاجتماعي الذي يمنع ويعرقل تزايد العرض من القدرات الخلاقة . ففي البلدان النامية فإن الاوضاع التقليدية لا تشجع الاستغلال الكامل للموارد . فالروح الفردية غائبة ، والافراد يفضلون المهن التقليدية والحرف اكثر من تفضيلهم للمجازفة في مهن جديدة . كما أن منظومة القيم السائدة في المجتمعات المتخلفة تقلل من أهمية المحفزات الإقتصادية، والعائدات المالية، والاستقلالية، والحسابات العقلانية، وانها تعرقل مهمة تطوير وقبول الافكار الجديدة والاهداف الجديدة .

كما ان الهيكل الاقتصادي للعديد من البلدان المتخلفة يميل الى عرقلة نمو القدرات التنظيمية الخاصة. والمنشآت الانتاجية الاجنبية هي الاخرى تساهم في منع ظهور المنظمين المحليين في هذه البلدان، وذلك بما لديها من خبرة وموارد رخيصة من رأسمال بالمقارنة مع المنظمين المحليين ، لهذا فانها تملك ميزة تنافسية ويمكنها الحصول على الفرص المربحة في البلدان المذكورة .

ولهذا فان المنشآت المحلية في افريقيا في مجال الصناعات التحويلية والحرفية تواجه منافسه حادة عند تأسيسها في اسواق تسيطر عليها المنشآت الاجنبية واستيراد السلع . ان مثل هذه الاوضاع تدفع المنظمين في البلدان النامية الى حقول لا تساهم كثيراً بعملية التصنيع ، بل تتجه الى صناعات الخدمات وكذلك للصناعات الصغيرة والمتوسطة (25) .

وفي الإقتصادات المتخلفة فإن الاشخاص الذين يقفون على قمة هرم الدخل لا يشكلون اكثر من 3-5 بالمائة من السكان ، والذين يدخرون ، (وهؤلاء معظمهم من التجار وملاك الاراضي) لا يفضلون تحمل المخاطر في اعمال جديدة، لكنهم يستثمرون في قنوات غير انتاجية مثل شراء الذهب والمجوهرات والاراضي والسلع الكمالية الخ . واضافة الى ذلك فهناك عدد قليل من المنظمين الذين يبدأون الصناعات الجديدة والذين نجحوا في تأسيس الامبراطوريات الاقتصادية في الهند .

وعليه فإن مقدار العرض من المنظمين يتحدد بالظروف والاوضاع الاقتصادية والهيكل الاجتماعي والمواقف الاجتماعية تجاه المنظمين في البلدان النامية. وان ندرة المنظمين في البلدان المذكورة يعود الى ندرة تسهيلات البُنى الارتكازية والتي تضيف الى حجم المخاطر وعدم اليقين التي تواجه المنظمين الجدد، وان مثل هذه البلدان تفتقر الى وسائل النقل المتطورة وتفتقر الى الطاقة المنتظمة والرخيصة وعدم توفر المواد الخام الكافية والعمل المدرب والمواصلات واسواق النقد المتطورة ورأس المال. واخيراً فان ما يعرقل ظهور المنظم هوالتخلف التكنولوجي في البلدان النامية ، حيث إنها تعتمد، عادة ، على التقنيات الطبيعية في هذه البلدان ، المستوردة والتي لا تتلائم مع هبات الموارد الطبيعية (Natural Endowments) في هذه البلدان .

كيف نشجع المنظم ؟

ان المنظم بالاساس هو ظاهرة اقتصادية اجتماعية . ففي الماضي ظهر المنظمون من طبقة خاصة . ففي المملكة المتحدة والولايات المتحدة جاء معظم

المنظمين من حقل التجارة ، وفي اليابان جاءوا من فئة الساموراي (Samurai) وهي الطبقة العسكرية في اليابان. وفي دراسة لـ Hoselitz وجد بأن المؤسسين الاوائل للمنشآت الصناعية في انجلترا وفرنسا والمانيا كانوا رجالاً يملكون مهارات ميكانيكية وليست مهارات تجارية أو مالية .(26)

والمطلوب بالنسبة للبلدان النامية هو خلق بيئة ملائمة للمنظم وان ذلك يحتاج الى مؤسسات اجتماعية تمكّن من تنفيذ الوحدات الانتاجية الفردية المستقلة. وتتطلب البيئة الملائمة ايضاً تاسيس مؤسسات مالية لكي تجمع المدخرات وتوجهها نحو النشاطات التنظيمية وفضلاً عن ذلك يتعين على الحكومة ان تتبنى سياسات نقدية ومالية تشجع على تنمية فئة المنظمين . ان ندرة الافراد الماهرين من مختلف الانواع يمثل مشكلة في مسألة نجاح التنظيم في البلدان النامية ، وهذا يجعل من الضروري إقامة المؤسسات العلمية والتقنية والتنفيذية ومؤسسات البحوث والتطوير وهناك ايضاً الحاجة الى تأسيس معهد تطوير التنظيم في كل بلد من البلدان النامية، كما حدث في الهند عام 1983 .

ومن واجب الدولة ايضاً ان تساهم في نشوء وتطوير التقنيات الملائمة في مختلف المجالات الى جانب توفير راس المال الثابت . وفي حالة عدم التمكن من تحقيق ذلك فيجب ان تسعى البلدان النامية للاستفادة من معين المعرفة في مجال التكنولوجيا في البلدان المتقدمة وتحوير هذه التكنولوجيا طبقاً لطاقاتهم الاستيعابية الاقتصادية والاجتماعية والفنية ولحاجاتهم الخاصة .

ان حجم العرض من المنظمين يعتمد ليس فقط على منظومة مؤسسات معينة فحسب بل يعتمد ايضاً على تطوير الشخصية المناسبة والدوافع والتي تقود الى تنمية فئة المنظمين . وقد قدم (McClelland) نظرية تستند على بحوثه التي تؤكد على أن فئة المنظمين تعتمد اساساً على الدوافع (Motivations). وطبقاً له فإن دوافع الانجاز تتجذر في تجارب الطفولة المتوسطة وقد وجد بأن شعور الانجاز مرتفع في الولايات المتحدة قبل 80-90 سنة مضت ، وانه الاقوى في

روسيا والصين وانه يرتفع في دول نامية مثل المكسيك ونايجيريا. ويعزو (McClelland) الشعور العالي بالانجاز والذي يطلق عليه (n-achievement) في هذه البلدان الى فرضية الاصلاح الايديولوجي الذي جاءت به البروتستانتيه في اوروبا وامريكا ، وكذلك إلى الايديولوجيه الشيوعية المتحمسه في روسيا والصين والى الروح القومية في البلدان النامية

.

وعليه فإن الدوافع والقابليات والبيئة المناسبة كلها مجتمعة تعمل على تشجيع وتحفيز فئة المنظمين. ولهذا من الضروري العمل لجعل البيئة السياسية والاجتماعية والاقتصادية مناسبة لغرض تنمية فئة المنظمين في البلدان النامية .

هوامش الفصل العاشر

1- Yujiro Hayami., Development Economics , 2nd Edition, Oxford University Press , 2000, pp 221-222 .

2- Ibid.,

3- A.P.Thirwall., op. cit ., p 220 .

4. ان مفهوم فشل السوق هو عندما يحصل اختلاف في توازن السوق عن نقطة تعظيم صافي المنفعة (المارشاليه) أو الإختلاف عن أمثلية باريتو (Pareto Optimality) والذي يستدعي تدخل الدولة لتصحيح هذا الفشل .

انظر : .Yujro Hayami ., op. cit., p 224

5. A.P.Thirwall., op.cit ., p 220 .
6. Y.Hayami., op.cit., pp 224-225 .
7. N.Kumar and R.Mittal., op.cit ., pp 9-10 .
8. للمزيد من التفاصيل راجع : د. عاطف قبرصي ،اعادةالنظر في دور الدولة في التنمية الاجتماعية -الاقتصادية، مجلة المستقبل العربي -العدد 8 سنة 2000.
9. د. عاطف قبرصي ، المرجع نفسه ن ص 59 .
10. Kumar and Mittal, op. cit., p 10.
11. M.L.Jhingan, op.cit., p414.
12. Ibid., pp 415-425 .
13. M.Todaro, op.cit., pp 639-640 .
14. Ibid., p 642 .
15. N.Kayfitz and R. Dorman, the Market Economy Is The Best but Net the Easiest (mimeograph, 1991) M.Todaro, op., cit., pp 642-643.
16. Wall Street Journal Sep.1998., p A14 .

    نقلاً عن : M. Todaro, op.cit., pp 645-646
17. A.p.Thirwall ., op . cit ., p 223 .
18. Ibid ., p 224.
19. M.Todaro ., op. cit , pp 645-646 .

20. قارن : د. عاطف قبرصي ، مصدر سابق ، ص ص 62-70 .

21. المصدر نفسه ، ص 77 .

22. قارن في ذلك :

- M.L.Jhingan ., op.cit ., pp 407-413
- McGill's et al ., op.cit.,pp 130-132
- Paul Samuelson and William D. Narthous., Economics ., Twelfth
Edition, Internatioal Student Edition, 1985, pp 822-823
- J.Habakkuk., Economic Policy for Development edited by I. Living
Stone ., op .cit ., pp 38-47

   23. M.L.Jhingan., op.cit ., p 407 .

   24. J.Habakkat., op. cit . p 39 .

   25. McGill's et al. op.cit . p 131 .

   26 . M.L.Jhingan., op., cit . p 410 .

الفصل الحادي عشر

موضوعات خاصة في التنمية الاقتصادية

الفصل الحادي عشر

موضوعات خاصة في التنمية الاقتصادية

نتناول في هذا الفصل موضوعين مهمين متصلين بموضوع التنمية الاقتصادية وهما تطور النظريات الاقتصادية للتنمية، والعولمة وآثارها على البلدان النامية.

1.11 تطور النظريات الاقتصادية للتنمية [1]

اكتسب اقتصاد التنمية أهمية خاصة ، خارج اوروبا والولايات المتحدة، من خلال المضمون السياسي لانهاء الكولينياليه، والحرب الباردة، والمنافسة لكسب البلدان النامية نحو الرأسمالية أو الشيوعية . ان أقتصاد التنمية ، كحقل متخصص ناقدٌ لبعض جوانب النظرية الكلاسيكية، ويعتبر ان الاقتصاد التقليدي (Traditional Economics) كان ذا طبيعة تجريدية بشكل كبير، وان اقتصاد التنمية يتفق مع طروحات (Keynes) بخصوص تدخل الدولة بعملية النمو. اما الإقتصاد الكلاسيكي المحدث (Neoclassical) فقد افترض بأن العمل السلس لنظام السوق والآلية الفعالة للاسعار من شأنها ان تنظم كل الاقتصادات بشكل كفء. ان مثل هذا المفهوم العالمي للعلم والذي يسمى الاقتصاد الاحادي(Monoeconomics) قد نافسه الاسلوب الهيكلي للتنمية، الذي أكد على خصوصية اقتصادات العالم الثالث، وقد شمل هذا الاختلاف مجالين هما نظرية التجارة واسباب التضخم النقدي.

ففي امريكا اللاتينية فان استراتيجيات التنمية الاولى قد فضلت النموذج المتوجه الى الخارج (Outward Oriented) ، حيث تجهز البلدان المذكورة، السلع

الاولية مثل القهوة والنحاس الى السوق الاوروبي والامريكي ، لكن الكساد العظيم أظهر ضعف هذا التوجه . وبعد الحرب العالمية الثانية تبلورت سياسة تنمويه جديدة في المجلس الاقتصادي لبلدان امريكا اللاتينية (ECLA) حيث وجدت بأن النظرية الكلاسيكية والنيوكلاسيكية وخاصة في مجال التجارة الخارجية وبالتحديد نظرية الميزة النسبية قد فضلت مصلحة البلدان الصناعية، التي تسمى ببلدان المركز (Center) في نظام عالمي على مصلحة البلدان الزراعية التي تسمى بلدان الاطراف (Perefery) من العالم. ولهذا فقد استنتجت هذه البلدان بان النظرية التقليدية كانت غير كافية للعالم النامي . كما اكدت بلدان (ECLA) بأنه من اجل تحليل واستشراف الاطار التاريخي لهذه البلدان يتطلب وجهة نظر هيكيلية جديدة New Structuralist Perspective .

ويرى (R.Prebisch) بان العالم ليس عالماً احادياً بل ينقسم الى منطقتين: المركز ، الذي يمثل القوة الاقتصادية ويشمل اوروبا وامريكا ، والاطراف وتشمل البلدان الضعيفة في امريكا اللاتينية وافريقيا واسيا . والنظرية الاقتصادية التقليدية (مثل نظرية الميزة النسبية) تقول بأن تبادل السلع الصناعية من المركز الى الاطراف في مقابل السلع الاولية يعمل لصالح الاطراف . فالتقدم التقني في المركز يقود الى انخفاض الاسعار للصادرات الصناعية بحيث ان وحدة من السلع الاولية سوف تشتري وحدات اكثر من المستوردات الصناعية ، أي أنه في المدى الطويل فإن التقدم التقني سوف يحدث للاطراف دون الحاجة الى ان تكون هي نفسها مصنعة.

وبالمقابل يؤكد (Prebisch) بان الصادرات من السلع الاولية في امريكا اللاتينية هي سبب عدم تقدم البلدان المذكورة ، وذلك بسبب الاتجاه الانخفاضي طويل الامد في شروط التبادل التجاري (Terms of Trade) . وبما ان شروط التبادل التجاري لبريطانيا قد تحسنت فان هذا يعني بان شروط التبادل التجاري

لبلدان الاطراف قد تدهورت . وعليه فان التقدم التكنولوجي قد أفاد المركز فقط وليس كل العالم ، وان هذا ليس ظاهرة مؤقته بل ظاهرة هيكلية للنظام العالمي .

وعليه فقد فشلت النظرية الاقتصادية التقليدية لسببين :

الأول ، ان الاسواق في بلدان المركز تسودها حالة منافسة غير تامة ، وبالتالي فان تأثير تخفيض الاسعار يمكن تجنبه ، بينما ان المنافسه فيما بين منتجي السلع الاولية قد عملت على تخفيض الاسعار لسلعهم .

والثاني ، ان مرونة الطلب الدخلية هي أعلى للسلع الصناعية من مثيلاتها للسلع الاولية، لهذا فان شروط التبادل التجاري لبلدان الاطراف تميل الى الانخفاض من جانب الطلب .

واستنتج (Prebisch) بأن تخلف امريكا اللاتينية يعود الى تمسكها بتصدير السلع الاولية، وان الحل يكمن في التغير الهيكلي، اي التصنيع باستخدام استراتيجية التعويض عن الاستيراد ، وباستخدام الدخل الناجم عن تصدير السلع الاولية لتغطية الاستيرادات من السلع الرأسمالية ورقابة الدولة للتصنيع والاستعانة بالشركات الاجنبية لمساعدة البلدان على إقامة الوحدات الانتاجية. وقد طبق هذا الاسلوب، بشكل واسع في امريكا اللاتينية وفي مناطق اخرى من العالم . وفي البداية ظهرت نتائج جيدة ، حيث نمت الصناعة بمعدلات عالية ولكنه مع الوقت اقترن التعويض عن الاستيراد بارتفاع التكاليف ورداءة النوعية واهمال الزراعة وتمركز رأس المال الاجنبي.

وخلال الأربعينات والخمسينات والستينات شهدت العديد من بلدان امريكا اللاتينية معدلات مرتفعة من التضخم النقدي ، بحدود 80-100 بالمائة سنوياً . وقد أكد الاقتصاديون النقديون (Monetarist) بأن التضخم تسبب من الزيادة الكبيرة في عرض النقد . وبهذا فإن استقرار الاسعار يمكن تحقيقه من وجهة نظر النقديين بتقليص عرض النقد . أما الاقتصاديون الهيكليون (Structuralist) فيؤكدون عكس ذلك بأن العرض والطلب عمل بشكل مختلف في امريكا اللاتينية، حيث ان العرض

غير مرن (يحتاج الى تغيرات سعرية كبيرة ليحقق تغيرات صغيرة في كميات السلع) وذلك بسبب خصائص هيكلية مثل سيطرة الاقطاعات الكبيرة على الزراعة والتي لا تعمل على وفق مباديء السوق . ويؤكدون كذلك بأن مشكلة التضخم يمكن حلها فقط بالتغيرات الهيكلية مثل الاصلاح الزراعي والتصنيع المعوض عن الاستيراد وزيادة فرص التعليم وتحسين النظام المالي .

وبشكل عام فإن إقتصاد التنمية الهيكلي يحدد قيوداً معينة وفواصل زمنية (Time Lags) وخصائص اخرى لهيكل الاقتصادات النامية التي تؤثر على التكيف الاقتصادي وعلى خيارات سياسات التنمية .

وقد انتقد (Dudley Seers) الاقتصاد الكينزي من وجهة النظر الهيكلية، حيث فضل درجة اكبر من الاعتماد على الذات واستراتيجية تنمويه تتبناها كتل اقليمية . إن الفكر الاقتصادي يؤكد على ان البلدان النامية لها صفات تفرقها عن غيرها وهذه الصفات تشمل مستوى عالي من التخلف الزراعي ومستوى متدني من التصنيع، وعوائق امام الصناعة ومزايا سلبية في التجارة الدولية. فالاقتصاد الهيكلي في الخمسينات والستينات حاول معالجة هذه المشكلات من خلال إزالة الحواجز التي تواجه النمو في البلدان الصغيرة. وبينما نجد ان متغيرات التكنولوجيا والمؤسسات والتنظيم هي متغيرات خارجية في الاقتصاد النيوكلاسيكي فانها متغيرات داخلية بالنسبة لاقتصاد التنمية .

ان من بين المواضيع الرئيسية لاقتصاد التنمية هي الآتية :

1) ازدواجية الاقتصاد 2) تحريك الموارد المحلية 3) تحريك الموارد الخارجية 4) استراتيجية التصنيع الهادفة للإنتاج بطرق كثيفة العمل وموفرة لرأس المال ومنتجة للسلع التي يحتاجها القرويون 5) الاستراتيجية الزراعية 6) استراتيجية التجارة 7) تطوير الموارد البشرية 8) تقييم المشروعات 9) وتخطيط التنمية ورسم السياسات.

الثورة المضادة في اقتصاد التنمية

ان الثورة المضادة في نظرية اقتصاد التنمية هي جزء من الليبرالية الجديدة (New Libralism) ، أو الافكار المضادة المحافظة والمعارضة للكينزية وللهيكلية وللنظريات الراديكالية مثل نظرية التبعية، وذلك باسم اعادة التجديد والايمان بالكلاسيكسة أو الاقتصاد الكلاسيكي لـ (Adam Smith). وقد بدأت الثورة المضادة عندما انتقد (Harry Johnson) الاقتصاد الكينزي. في بداية السبعينات حيث قال بأن سر نجاح الكينزية يكمن في وعدها بإنهاء البطالة. وبالنسبة الى (Johnson) فان الكساد نتج عن تصادف وتزامن عدد من المشكلات. فالسياسة المستندة الى الافكار الكينزية اظهرت ضعف الثقة في الرأسمالية. وبالنسبة إلى (Johnson) فإن اقتصادي التنمية قد أخطأوا في تبنيهم التصنيع ،والاعتماد على الذات كسياسة ، والتخطيط الاقتصادي كوسيلة تنموية، وهذا ما قاد الى استثمارات غير منتجة في البلدان النامية ، وخاصة بعد مرحلة الاستقلال في افريقيا، مما شجع على الفساد والانحياز نحو التعويض عن الاستيراد ، وقاد الى مشكلات في ميزان المرفوعات ، وقاد الى التدخل غير الرشيد في الحياة الاقتصادية في مسعاهم لتحقيق العدالة الاجتماعية .

وقد وسَّع (Johnson) انتقاده فيما بعد ليشمل نموذج هارود- دومار الذي ركز على الاستثمار في رأس المال الثابت كمحرك اقتصادي رئيسي للنمو .

اليبرالية المحدثة (Neolibralism)

في نهاية الستينات ظهر توجه اقتصادي جديد معارض للكينزية والهيكلية واقتصاد التنمية وبدأ يتمتع بإهتمام كبير وتأييد خاص في بريطانيا وامريكا. فالاقتصاد الليبرالي المحدث جاء من ثلاثة مصادر مترابطة هي :

1. الاقتصاد النقدي ورائده الاقتصاد الامريكي (Milton Friedman) والذي عرف فيما بعد بمدرسة شيكاغو ، ومؤسسة القضايا الاقتصادية في بريطانيا ،والتي تؤكد بان المشكلات الاقتصادية الكلية مثل التضخم

والمديونية الخ . نتجت عن الانفاق الحكومي المفرط الذي يوسع من عرض النقد في التداول .

2. الليبرالية لدى الكلاسيكية الجديدة لاقتصاديين مثل (Hayek) والذي قال بأن اتباع الافكار الاشتراكية سوف يقود الى كارثة، ويتعين بدلاً من ذلك الاعتماد على افكار (Smith) و (Ricardo) .

3. الافكار المحافظة، الاقتصادية والسياسية، التي تمجد حرية التجارة وعدم التدخل والفردية التي اكتسبت اهتماماً كبيراً .

ان انهيار اتفاقية (Bretton Woods) ، الاتفاقية التي اسست لسياسة نقدية دولية بعد الحرب العالمية الثانية ، في عام 1971 وارتفاع اسعار النفط بسرعة خلال الفترة 1973-1974 وكذلك في 1979 ، والموجات الجديدة من التضخم، كل ذلك دفع العديد من الأقتصاديين للقول بان الاقتصاد الكنيزي قد انتهى، وان اسلوب التخطيط اصبح لا يفي بالغرض. وظهرت افكار ليبرالية جديدة من قبل ادارة الرئيس الامريكي الاسبق (Ronald Regan) المحافظة وادارة (Margaret Thatcher) في انجلترا في بداية الثمانينات. وقد تم تطوير الافكار المضادة من قبل الاقتصادي الهندي (Deepak Lal) وكذلك (Bela Balassa). وقد قال (Lal) بان سقوط اقتصاد التنمية سوف يعزز العافية الاقتصادية لاقتصادات البلدان النامية، وبان اقتصاد التنمية قد شوه المباديء الاقتصادية المعروفة مثل كفاءة آلية السعر أو التجارة الحرة ، على اعتبار ان البلدان النامية هي حالات خاصة وليس أمثلة على السلوك الرشيد العالمي .

وقد قام (Balassa) بتكملة افكار (LaL) حول السياسة التجارية في البلدان النامية. فبالنسبة الى (Balassa) فان حرية التجارة لا تعني غياب التدخل الحكومي الكامل ولا القبول الكامل لنمط الانتاج الذي تفرضه قوى اسواق العالم الحرة. وهناك لدى Balassa حدود مقبولة لتدخل الدولة مثل حالة حماية الصناعة الناشئة. ان الحفاظ على معدلات عالية من النمو يفرض مرحلة ثانية من التعويض عن

الاستيراد او التصدير . فالمرحلة الثانية من التعويض عن الاستيراد وهي استبدال استيرادات السلع الوسيطة (البتروكيماويات والحديد) والسلع الانتاجية والسلع الاستهلاكية المعمرة (السيارات) بالانتاج المحلي، قد تم تطبيقها بعد الحرب العالمية الثانية من قبل امريكا اللاتينية. إن مشكلات مثل صغر حجم السوق والصناعات التي تتميز بوفورات الحجم قد قادت الى اللجوء الى الحماية . وقد وجد Balassa بأن النمو الاقتصادي قد تشوه من خلال مناخ محمي من المنافسة الاجنبية وان الزراعة عانت وان البلدان التي اتبعت هذه الاستراتيجية قد تأخرت .

ان سياسة ترويج الصادرات، التي تنحاز بإقل قدر ممكن عن الحالة المحايدة لسياسة عدم التدخل قد تم تبنيها من قبل اليابان وكوريا الجنوبية وسنغافوره وتايوان وبلدان امريكا اللاتينية، وكلها طبقت انظمة التجارة الحرة وعملت على توسيع الصادرات الصناعية بسرعة في بداية الستينات . وان بلدان امريكا اللاتينية التي قامت بإصلاح انظمتها للحوافز قد شهدت معدلات أدنى من الزيادة في الصادرات وفي التشغيل (العمالة) . لكن البلدان التي حافظت على لاستراتيجيات المتوجهة للداخل مثل الهند والصين والاورغواي بقيت في ادنى مستوى . وبالنسبة الى (Balassa) فان البلدان التي طبقت استراتيجيات التنمية الموجهة للخارج قد حققت انجازاً اعلى بالنسبة للصادرات والنمو الاقتصادي والتشغيل .

ان الفكرة الرئيسية التي ظهرت من البلدان الصناعية الجديدة (Newly Industrializing Countries) هي بمثابة نماذج لبقية البلدان النامية لكي يتبعوها. ففي منتصف الثمانينات جرت موجه جديدة من التصنيع في اندونيسيا وماليزيا وتايلنده وبعدها الصين ، وان هذه الموجه بدأت تؤيد نظرية (Balassa) أو الدائرة الموسعة كحالة النمو المحرك من التصنيع .

وقد اشارت النظريات الليبرالية الجديدة للتنمية إلى ان نجاح البلدان الصناعية الجديدة قد أكد فكرتهم بان السياسات التنموية الرشيده يمكن ان تستند على المباديء الاقتصادية النيوكلاسيكية التقليدية. وان النمو والتنمية في البلدان المذكورة

ينظر لها على أنها صفات طبيعية للرأسمالية المفتوحة والتي تلعب فيها قوى السوق بحرية وبقدر قليل من التدخل الحكومي .

سياسة البنك الدولي

نتيجة للمشكلات الاقتصادية العديدة التي واجهت البلدان النامية فقد اقدمت بلدان العالم الثالث وبلدان اوروبا الشرقية على الاقتراض بشكل كبير لتمويل التنمية، مما جعلهم تحت سيطرة الصندوق والبنك الدوليين . ومن أجل ايجاد حلول لمشكلات ديون البلدان المذكورة اقترح البنك الدولي إجراء اصلاحات في ثلاثة مجالات هي التجارة (لتبني استراتيجية تجارية متوجهة للخارج) وسياسات كلية (لتقليل عجز الموازنة العامة) وتخفيض معدلات التضخم وتأمين اسعار صرف منافسة ومناخ تنافسي داخلي، أي انهاء السيطرة على الاسعار وترشيد التوجهات الاستثمارية واصلاح سياسات سوق العمل .

والوسيلة الاساسية لوضع هذه الاصلاحات موضع التنفيذ ، في رأي البنك الدولي، هي برامج التصحيح الهيكلي (Structural Adjustment Programs) وسياسات التثبيت (Stabilization Policies) والتي فرضت على البلدان التي اقترضت من صندوق النقد والبنك الدوليين . ان برامج التصحيح الهيكلي هي أما متوسطة أوطويلة الامد (3-5) سنوات ، وتتضمن ثلاث وسائل : (1) تقليل الانفاق بهدف تحسين الميزان التجاري بواسطة تقليل الطلب و (2) تقليل الاستيراد و (3) زيادة الصادرات. ويتم تطبيق هذه الوسائل من خلال القيود على الإئتمان وعلى الاجور، وتقليص عرض النقد، وتقليل الانفاق العام، وتحويل الانفاق بهدف تقليص الاستهلاك وزيادة الادخار والاستثمار، وتخفيض قيمة العملة، وزيادة ضرائب الدخل واصلاح المؤسسات وتحرير الاسواق والخصخصة .

أما برامج التثبيت فهي وسائل قصيرة الامد (1-2) سنة وتتضمن سياسات مالية ونقدية مصممة لتصحيح ميزان المدفوعات ومشكلات التضخم . وبالمقابل فان التكيف الهيكلي يعني تغيير الهيكل الاقتصادي ليعكس النموذج التنافسي في التجربة

الغربية . ويعني كل ذلك بشكل اساسي تصحيح الاسعار لكي يعمل السوق على توزيع الموارد بكفاءة .

وفي نهاية الثمانينات وبداية التسعينات لوحظ بان البنك الدولي قد تحول نحو نموذج الليبرالية، حيث بدأ يؤكد على التدخل الحكومي الملائم للسوق (Market Friendly) وحاكميه جيدة (Good Governance) والتعددية السياسية والمحاسبة (Accountability) وسيادة القانون، وهي الظروف الموجودة عادة في بلدان شرق اسيا (اقتصادات المعجزة).

نظريات التنمية الماركسية والماركسيه الجديدة

أن الماركسيه هي فلسفة مادية للوجود الاجتماعي ونظرية ديالكتيكية (جدليه) للتطور البشري. وطبقاً لمبدأ الديالكتيك فان التغير يحدث عندما تصل التناقضات الى نقطة التحول .

وبالنسبة للإقتصاد الماركسي فان قيمة السلعة تتحدد بالعمل الاجتماعي الضروري لانتاج السلع (اي العمل المبذول تحت الظروف الاعتيادية) بمتوسط مستوى المهارة ومعدل درجة الشدة، وان النقود مقياس لقيمة السلعة، وان قوة العمل هي مصدر فائض القيمة ، وان فائض القيمة هو مصدر الربح . وتشكل علاقات الانتاج الهيكل الاقتصادي للمجتمع والاساس الحقيقي الذي يُبنى عليه البناء الفوقي (Super Structure) القانوني والسياسي. وهناك علاقات هيكلية بين القاعدة الاقتصادية للمجتمع وبنائها الفوقي الثقافي والسياسي .

ان النظرية الماركسية للتنمية تأتي من مصدرين هما :-

الأول، افكار مدرسة الماركسيين الجدد في الولايات المتحدة الامريكية والتي تمثلت في المجلة الاشتراكية (Monthly Review) والتي طورت نظرية الرأسمالية الاحتكارية من خلال كتابات (Paul Baran) و (Paul Sweezy). ويقول هؤلاء بانه يمكن تحقيق التنمية الحقيقية من خلال الانسحاب من النظام الرأسمالي الاحتكاري واعادة بناء الاقتصاد والمجتمع على اساس اشتراكي .

والثاني ، مدرسة التبعية الدولية (International Dependence) والتي يمثلها ناقدون وراديكاليون من امريكا اللاتينية مثل Furtado و Santos والذي نقل

افكارهم الى الانجليزية هو (Andre Gunder Frank) . فقد أكد (Frank) بأن الاحتكار الخارجي أدى الى انتزاع جزء كبير من الفائض في امريكا اللاتينية. وهذا هو سبب التخلف في نظرهم . واكد ايضاً بأن دول الاطراف شهدت اكبر تنمية عندما كانت الروابط بين بلدان المركز وبلدان الاطراف ضعيفة، وخاصة اثناء الحروب .

ولكن ماذا عن الفلاحين الذين يملكون اراضيهم وينتجون محاصيل تسوق الى بلدان المركز ؟ يقول (Emanuel) بأن التجارة الدولية جعلت الفقراء افقر والاغنياء اكثر غنى وان التقسيم الدولي للعمل ونظام التجارة لم يحقق منافع لكل المشاركين، كما تؤكد على ذلك نظرية التجارة النيوكلاسيكية . ان بلدان الاطراف تصدر المنتجات الزراعية، التي احتوت على كميات كبيرة من العمل الرخيص وتستورد السلع الصناعية، التي احتوت على كميات قليلة من العمل غالي الثمن . وان بلدان الاطراف مُنعت من تحقيق التنمية لانها تبيع سلعاً بأسعار تفوق قيمتها. فالتبادل غير المتكافيء بالنسبة لـ (Emanuel) هو آلية مخفية لانتزاع الفائض وسبب رئيسي للركود الاقتصادي في الاطراف . واخيراً ان نظرية التبعية قد أكدت على الأسباب الخارجية للتخلف أكثر من الأسباب الداخلية لدى بلدان الأطراف.

2.11 العولمة وآثارها على البلدان النامية

ما هي العولمة ؟

تفاوتت وجهات النظر حول ماهية العولمة (Globalization) وحول آثارها على اقتصادات وتنمية البلدان النامية. ففي الوقت الذي يرى البعض بأن العولمة تعني الاستغراب (Westernization)،أي انتشار التكنولوجيا الغربية والمؤسسات

السياسية والقيم (Values) الغربية. فبينما يتم تتويج السوق باعتبارها الوسيلة الأساسية لتنظيم الحياة الاقتصادية، فان سلطة الدولة تتضاءل، وهذا يضع رفاهية الأغلبية الشعبية في العالم في مخاطر [2].

والبعض الآخر يرى بأن العولمة في جوهرها وحقيقتها ما هي الا أمركة العالم، أي سيطرة الولايات المتحدة الامريكية على العالم. ويراها آخرون بأنها تشير الى الأهمية المتزايدة للسوق العالمي، حيث تعني العولمة اندماج اسواق العالم في حقول التجارة والاستثمارات المباشرة وانتقال الاموال والقوى العاملة والثقافات والتكنولوجيا العالمية مما يؤدي الى اختزال الحدود القومية والى الانحسار الكبير في سيادة الدولة. ويضفي بعض الباحثين على مفهوم العولمة طابعاً ايديولوجيا حينما يصفونها بأنها تجسيد لواقع ثقافي معين الا وهو انتصار قيم السوق والليبرالية السياسية. وعليه يمكن النظر الى مفهوم العولمة بإعتبارها مفهوماً مركباً يشتمل على أبعاد اقتصادية وسياسية وثقافية واجتماعية متعددة.

ومن الناحية الاقتصادية فان العولمة تعني نظاماً تجارياً عالمياً مفتوحاً تزول فيه العوائق امام حركة السلع والخدمات وعوامل الانتاج وخاصة منها راس المال عبر الحدود الدولية، وتغدو فيه التجارة الدولية الحرة والمتعددة الاطراف هي القاعدة، فتنتهي بذلك الى تكامل اقتصادي عالمي متزايد في اسواق السلع والخدمات وراس المال [3]. وتتحول فيها قوى السوق العاتية الى نظام اقتصادي عالمي، تفرض فيه الشركات متعددة الجنسية والمنظمات العالمية الحاكمة مثل البنك الدولي وصندوق النقد الدولي انسجاماً بل تطابقاً بين جميع الافكار، مهما كانت مواقفها وتفضيلاتها [4].

وينعكس مضمون العولمة في السياسة الليبرالية الجديدة، والتي تركز على الحرية المطلقة لحركة انتقال السلع ورؤوس الاموال عبر الحدود وتعويم اسعار الصرف وازالة القيود والضوابط المفروضة على القطاع المصرفي وانهاء اي نوع من تدخل الجهاز الحكومي في الحياة الاقتصادية وخصخصة القطاع العام.

وباختصار تتبنى كل ما هو في صالح رأس المال وبما ينطوي على نزع مكتسبات العمال والطبقة الوسطى التي تحققت في اعقاب الحرب العالمية في اطار السياسات الكينزية .

ويعرف البعض العولمة ايضاً بأنها وصول نمط الانتاج الرأسمالي، عند منتصف القرن العشرين الى نقطة انتقال من عالمية دائرة التبادل والتوزيع والسوق والتجارة الى عالمية دائرة الانتاج واعادة الانتاج ذاتها. ولهذا ربما تكون العولمة، وبحدود معينة ، أداة تقسيم العالم على وفق مبدأ الاقوى ، لكن لبوسها اقتصادية وتكنولوجية واتصالية، فالعولمة مرتبطة إذن بالنظام الرأسمالي وتمثل أقصى مرحلة وتقود الى هيمنة اقتصادية وسياسية وثقافية [5] .

تأثيرات العولمة

والسؤال الذي يثور في اوساط العالم النامي هو ما تأثير استراتيجية الهيمنة والتهميش التي ينطوي عليها مفهوم العولمة على مسيرة البلدان النامية التنموية ؟ وهنا يشير البعض بأن نظام الشمال والجنوب يتألف من فاعلين مختلفين في معرفتهم الاقتصادية والسياسية النسبية ، ويتميزون بعدم المساواة مع بلدان الشمال في معدلات دخولهم الفردية . وتتمثل المشكلة الرئيسية التي تتعرض لها البلدان التي يتألف منها هذا النظام في اعتماد هؤلاء أو بتبعيتهم للفاعلين الاقوياء في نظام الشمال. ويؤكد هؤلاء بأن البلدان النامية ستخضع في ظل العولمة الى قرارات سياسية اكثر منها اقتصادية تتخذها مؤسسات دولية ليس لهذه البلدان سلطة أو تأثيراً عليها ، مثل البنك الدولي وصندوق النقد الدولي وحجم التجارة العالمية .

والعولمة، في مثل هذه الحالة تتضمن تلاشي التمايز بين الاسواق المحلية والاسواق العالمية وتزداد المنافسة الخارجية في اسواق البلدان النامية نفسها، وستكون الهيمنة في صناعات المستقبل لانواع من التكنولوجيا المعتمدة على الالكترونيات والمواد الجديدة وعلى المعرفة. وعندها لن يعود في وسع البلدان الاعتماد على وفرة المواد الخام ووفرة اليد العاملة ورخصها. وسوف تخضع

العولمة المنتجين في البلدان الصغيرة الى منافسة دولية غير متكافأة مما سيؤدي الى اضعاف قدرة حكوماتها على تنظيم اقتصاداتها الخاصة فضلاً عن إدارة انظمتها المالية [6].

كما ان التخلي عن مبدأ الدولة الاكثر رعاية ومنح الاجانب المعاملة نفسها الممنوحة للمواطنين ، وتحويل القيود غير الجمركية الى قيود جمركية مع تخفيض الاخيرة وبالتالي الغاء دعم الانتاج المحلي ، كل ذلك سيزيد من المنافسة الدولية في ظل اوضاع اقتصادية غير متكافأة . كما ستتعرض الاسواق والمؤسسات المالية خاصة الاجهزة المصرفية في البلدان النامية الى منافسة شديدة نتيجة انضمامها الى الاتفاقية العالمية لتجارة الخدمات . واذا اضيف الى ذلك حجم الديون الاجنبية الهائل فإن حرية راس المال، خاصة منه القصير الاجل، ستزيد من الاعباء المالية ومخاطر عدم الاستقرار الاقتصادي المحلي فيها. ونتيجة لذلك ستبقى البلدان النامية الفقيرة ومنها البلدان العربية ، اكثر تعرضاً للاحداث والسياسات الاقتصادية في البلدان الغنية في ظل تزايد ديونها وتنامي الشح في الموارد المالية المتاحة لديها والتقلبات الكبيرة في اسعار الطاقة وصعوبة التكهن بها ومستقبل قدرتها على رسم سياسة اقتصادية وتنموية مستقلة، وتصبح استراتيجيات الادراة الاقتصادية المحلية محدودة الفعالية عمليا [7] .

ملامح العولمة والهيمنة عربياً

وضمن هذا الاطار ينظر العرب الى مفهوم العولمة بكثير من الشك والريبة وعدم الارتياح ويرون انها تنطوي على تهميش بلدان الجنوب، ومن بينها البلدان العربية، وكما يقول الدكتور كلوفيس مقصود بان النظام العالمي الجديد تم تحديده بالاساس من قبل الجزء الغربي من المعمورة .

لقد برزت بعض ملامح الهيمنة على العرب من خلال :

1. ظهور الدور الامريكي المهيمن في النظام العربي .

2. تراجع قضايا الديمقراطية وحقوق الانسان في الوطن العربي ، وهذه تمثل في نظر البعض ، ابرز تناقضات العولمة السياسية وما تبشر به من قيم التعددية السياسية وحقوق الانسان قدر تعلق الامر بالوضع العربي، مما يعكس ازدواجية المعايير لدى الغرب .

3. تزايد دورالقوى الاقليمية غيرالعربية في النظام العربي .

4. تعميق أزمة النظام الاقليمي العربي وعدم استقراره .

وقد سعت قوى العولمة الى فرض شروط على النظم السياسية العربية في سياق منظومة برامج التكييف الهيكلي وهي :

أ. المزيد من الخصخصة ،   ب- حرية الاسواق الداخلية ،   ج- انتشار وتعميق ثقافة السوق .

والجدير بالذكر ان حرية التجارة بين اطراف غير متكافأة فيما بين البلدان الاوروبية المتقدمة والبلدان العربية الاقل تقدماً سوف تؤدي الى تكريس التخلف والتبعية العربية . ومن ناحية اخرى ارتبطت العولمة بإحياء نزعات التطرف والعنف والانتماءات الاولية بما يمهد بتفكك البلدان القومية داخلياً .

مخاطر العولمة :

ولعل من ابرز مخاطر العولمة ما يتعلق بآليات الهيمنة على النظام العربي لاعادة رسم الخريطة الاستراتيجية للوطن العربي بما يفضي الى تمزيقه الى اقاليم مع عزل وتهميش بعض البلدان العربية . وفي الوقت الذي يسير فيه العالم باتجاه التكتلات الاقتصادية ، منذ بداية أزمة الرأسمالية العالمية في السبعينات ، نجد ان العمل الاقتصادي العربي هو دون المستوى المطلوب . ويلاحظ العديد من الكتاب وقوف الغرب والصهيونية ضد أي تقارب عربي اقتصادي أو سياسي أو عسكري مما اضعف النظام العربي الاقليمي .

وفيما يخص البلدان النامية، التي كانت اشتراكية سابقاً، فقد تولى صندوق النقد الدولي والبنك الدولي مهمة اجبارها على اتباع برامج التثبيت الاقتصادي

والتكيف الهيكلي. وقد لوحظ بأن من بين نتائج هذه البرامج هي ارتفاع نسبة البطالة، وانخفاض عوائد العمل، وتفاقم التبعية الغذائية، وتدهور النظم الصحية والتعليمية وتفكك نظم انتاجية في العديد من البلدان، الى جانب استمرار تزايد عبء الديون الخارجية.

ويلاحظ بأن الليبرالية التي يتبناها الغرب لم تمنع من حصول التدهور الاقتصادي. فبينما يقوم اقتصاد السوق على المنافسة الكاملة فإن هذه الحالة يستحيل تحقيقها في ظل سعي راس المال الى تحقيق اعلى نسبة ربح مما يؤدي الى الاحتكار وليس المنافسة الكاملة. وقد قاد منطق الاحتكار الى عدم التكافؤ وعدم المساواة على الصعيد الداخلي للبلدان الرأسمالية. وقد اثبتت الوقائع، وخاصة ما جرى في بلدان جنوب شرق اسيا، بان الفرص والامكانات التي أوجدتها سياسة الليبرالية امام فوائض رأس المال لا تزال محدودة وقد اتجهت بصورة خاصة الى اعمال البورصة والمضاربات وشراء مؤسسات القطاع العام في اطار الخصخصة دون ان يصاحب ذلك توسع في خلق الطاقات الانتاجية وان الاستثمارات الاجنبية المباشرة وغير المباشرة لا تزال هزيلة جداً.

وعلى المستوى السياسي تكاد البلدان تسلم وظيفتها السياسية الى صندوق النقد الدولي والبنك الدولي اللذان يقرران سياسات معده سلفاً لتنفذ دون نقاش.

واخيراً من الضروري الاشارة الى ان نظام العولمة يقتضي تساوي البلدان كلها من حيث التصويت والقدرات الاستراتيجية لكوادرها في قدراتها التنافسية وامكاناتها البحثية والعلمية ومعرفتها بالاسواق ومخزونها من الموارد وهذا غير صحيح عموماً وخاصة عند المقارنة بين البلدان النامية والبلدان المتقدمة [8].

الأقطار العربية ومواجهة مخاطر العولمة.

إن من جملة الآثار السلبية للعولمة ما يأتي:

1. إن الإنضمام الى منظمة التجارة العالمية سيؤدي، بطبيعة الحال، الى تعميم شرط الدولة الاولى بالرعاية مما يمنح الاجانب المعاملة نفسها الممنوحة

للمواطنين ، من حيث شروط الاستثمار والتجارة ، ويتم تخفيض ومن ثم الغاء الحماية، الامر الذي سيزيد من المنافسة الدولية للانتاج المحلي العربي في ظل عدم التكافؤ بين البلدان العربية والبلدان المتقدمة. وسيؤدي الغاء شرط الدولة الاولى بالرعاية الى فقدان البلدان العربية للعديد من اسواق التصدير الاجنبية ، علماً بأن اكثر من 50% من الصادرات العربية الكلية وحوالي 60% من استيراداتها من السلع والخدمات تجري مع كل من الاتحاد الاوروبي والولايات المتحدة الامريكية واليابان .

2. والاثر الاكبر على الاقتصادات العربية من خلال تطبيق النظام الجديد للتجارة العالمية هو ارتفاع اسعار المنتجات الزراعية (وخاصة الغذائية منها) نتيجة لالغاء الدعم الزراعي الذي تقدمه الولايات المتحدة الامريكية وبلدان اوروبا الغربية للمزارعين، وارتفاع تكلفة استيراد التكنولوجيا والمنافسة غير المتكافأة .

3. الحد من قدرة البلدان العربية ، والنامية بشكل عام ، على تصميم سياساتها التنموية على وفق ظروفها الخاصة وأهدافها الوطنية .

4. وبالمقابل قد تكون هناك آثار ايجابية من الانضمام الى منظمة التجارة العالمية وذلك من خلال الفرص الواسعة أمام صادرات البلاد العربية، وتكفل لها فرصاً افضل بحماية حقوقها التجارية، والاحتراز من اجراءات الدعم وسياسات الاغراق من جانب البلدان الاخرى . كما تكفل الاتفاقات الاخرى معاملة تمييزية للبلدان النامية في الكثير من الحالات مثل حماية الصناعة الوطنية والتنفيذ التدريجي للالتزامات التي تفرضها الاتفاقات [9] .

الا انه يلاحظ البعض بأن الآثار السلبية المذكورة اعلاه هي مؤكده الوقوع في حين تمثل الاثار الايجابية مجرد فرص محتملة يعتمد تحققها على السلوك العملي للبلدان الصناعية المتقدمة في مجال تطبيقها لاتفاقية التجارة العالمية والالتزام بشروطها[10] .

وتأتي مخاطر العولمة من ناحيتين رئيسيتين :

الأولى ، التحرير المالي والاستثمارات الاجنبية وحركة رأس المال القصير الاجل بوجه خاص .

الثانية ، التحرير التجاري والذي يضاف اليهما خطر آخر هو المواجهة القطرية الانفرادية لتلك المخاطر .

وتتمثل مخاطر التحرير المالي والاستثمار الاجنبي وحركة رأس المال قصير الاجل في تضخيم الاصول المالية على مستوى العالم ككل وعلى مستوى البلدان الرأسمالية المتقدمة وبلدان جنوب شرق اسيا ، وهذا يجعلهم يتخطون في نشاطهم السلطة السياسية لأي بلد يعملون به ونظراً لصغر حجم الأسواق المالية العربية فإن التكامل بينها وبين الاسواق العملاقة للبلدان الكبرى يصبح غير متكافيء . لهذا هناك حاجة لاصلاحات على مستوى الاسواق المالية العربية تتمثل في إخضاعها لانضباط اكبر وتخفيض القيود عليها تدريجيا وعدم فتحها كلياً مرة واحدة امام البنوك الاجنبية الضخمة لانه سيعرض البنوك المحلية لمخاطر وضغوط شديدة . وهناك حاجة ايضاً الى تنظيم اكثر فاعلية لاسواق المال العربية قبل فتحها للمنافسة الخارجية اضافة الى رفع مستوى تقنيات البنوك ومعارفها الفنية .

وبالنسبة للاستثمارات الاجنبية فإن التدفقات المالية غالباً ما تسعى الى الربح السريع والاتجاه نحو مشروعات استثمارية مربحة فحسب ، وهذا ما قد يجلب مخاطر الى بعض البلدان. وبسبب امتلاك البلدان العربية اسواقاً مالية صغيرة وغير متطورة فإنها ستواجه مخاطر كبيرة نتيجة لعملية الانفتاح الاقتصادي ولا سيما امام رؤوس الاموال الاجنبية، اذ يحتمل ان تخرج هذه الاموال بالسرعة نفسها التي دخلت بها . فالمطلوب هو ربط اسواق البلدان العربية ودمج البنوك العربية العاملة داخل البلدان العربية .

وبالنسبة الى مخاطر التحرير التجاري فعلى البلدان العربية ان تعمل على التخفيف من آثارها من خلال دراسة لاتفاقيات الغات للتعرف على الجوانب

الايجابية فيها للاستفادة منها من خلال الاستثناءات أو المعاملة التفضيلية . اضافة الى ذلك يتعين العمل على رفع مستوى الكفاءة الانتاجية في مختلف قطاعات الانتاج العربية والاهتمام بقضايا البحث والتطوير من قبل المشروعات الانتاجية العربية بغية زيادة القدرة التنافسية [11] .

هوامش الفصل الحادي عشر

1. استند هذا التحليل التاريخي للنظريات الاقتصادية للتنمية بتصرف على المرجع
   الآتي :

Richard Peet with Elaine Hartwick, Theories of Development, The
Guildford Press, 1999, pp (41-111).

2. Ghosh, op.cit., p 211 .

3. International Monetary Fund (IMF), no.26 September 1994:

نقلاً عن عبدالمنعم السيد علي :

العرب في مواجهة العولمة الاقتصادية بين التبعية والاحتواء والتكامل الاقتصادي
العربي ، مجلة المستقبل العربي ص ص 42-54 .

4. William K.Tabb, Globalization is an Issue, the Power of Capital
   is the Issue, Monthly Review, Vol. 49, no.2, June 1997, p 20.

نقلاً عن : عبدالمنعم السيد علي ، مرجع سابق ص 43 .

5. د. عبدالمنعم السيد علي ، مرجع سابق ، ص 42 .

6. نفس المرجع ، ص ص 44-45 .

7. نفس المرجع ، ص 45 .

8. د. برهان دجاني ، البعد المالي وتأثيراته على الاقتصاد العالمي ، اوراق اقتصادية ،
   العدد 14 شباط ، فبراير 1999 ، ص ص 7-8 ، نقلاً عن د. عبدالمنعم السيد
   علي، مرجع سابق ، ص 46 .

9. د. عبدالمنعم السيد علي ، مرجع سابق ، ص ص 48-50 .

10. ابراهيم العيسوي ؛ الغات وأخواتها : النظام الجديد للتجارة العالمية ومستقبل
    التنمية العربية، بيروت ، مركز دراسات الوحدة العربية ، 1995 ، ص 128-130 .

11. ابراهيم العيسوي ، نفس المرجع ، ص ص 137-140 .

المراجــع

أولاً : المراجع باللغة العربية

1. الحبيب ، فايز ابراهيم، التنمية الاقتصادية بين النظرية وواقع الدول النامية، جامعة الملك سعود ، 1985 .

2. القريشي ، د. مدحت كاظم راضي ، استراتيجية التصنيع في البلدان النامية، ورقة مقدمة لمؤتمر واقع النمو الصناعي في منطقة الخليج العربي، وعلاقته بمستقبل التكامل الاقتصادي العربي، اتحاد الصناعات العراقي، وعلاقته بمستقبل التكامل الاقتصادي العربي، اتحاد الصناعات العراقي، والاتحاد العام للغرف التجارية والصناعية والزراعية العربية، بغداد 26-1979/5/29 .

3. النجار ، د. يحيى غني ، ود. آمال شلاش ، التنمية الاقتصادية، وزارة التعليم العالي والبحث العلمي ، جامعة بغداد ، 1991 .

4. النجفي ، د. سالم توفيق ود. محمد صالح تركي القريشي، مقدمة في اقتصاد التنمية ، جامعة الموصل ، 1988 .

5. العيسوي، ابراهيم، الغات واخواتها: النظام الجديد للتجارة العالمية ومستقبل التنمية العربية ، بيروت ، مركز دراسات الوحدة العربية ، 1995 ، ص ص 120- 135 .

6. دجاني ، د. برهان ، البعد العالمي وتاثيراته على علم الاقتصاد العالمي، اوراق اقتصادية ، العدد 14 شباط / فبراير 1999 ، ص 7-8 .

7. زكي ، د. رمزي ، فكر الازمة، دراسة في علم الاقتصاد الراسمالي والفكر التنموي العربي، مطبوعات مكتبة مدبولي، الطبعة الاولى، اغسطس 1987.

8. سويفي ، د. عبدالهادي عبدالقادر ، سياسات التنمية والتخطيط الاقتصادي، اسيوط، 2002 .

9. عجميه، د. محمد عبدالعزيز ، ود. ايمان عطيه ناصف، التنمية الاقتصادية، دراسات نظرية وتطبيقية ، 2000 ، جامعة الاسكندرية .

10. علي ، د.عبدالمنعم السيد، العرب في مواجهة العولمة الاقتصادية بين التبعية والاحتواء والتكامل الاقتصادي العربي، مجلة المستقبل العربي، ص ص 42-54 .

11. قبرصي، د. عاطف، اعادة نظر في دور الدولة في التنمية الاجتماعية الاقتصادية، مجلة المستقبل العربي ، العدد 8 ، 2000 ، ص ص 53-.78

12. مرسي ، د. فؤاد ، التخلف والتنمية ، دار الوحدة ، بيروت ، 1982 .

13. معروف، د. هوشيار ، التكنولوجيا والتحول الاقتصادي ، المجلس الاعلى للعلوم والتكنولوجيا ، عمان ، الاردن ، 2003 .

ثانياً : المراجع باللغة الانجليزية

1. Agrawal., A.N., Economics of Development and Planning, Kundan lal , Second Edition 1993 .

2. Gills, Malcoln et al, Economics of development., W.W.Norton, Company , New York , London , 1983 .

3. Ghosh., B.N.(ed) Contemporary Issues in Development Economics, Routledge London, NewYork, 2001 .

4. Habakkuk J.The Entrepreneur and Economic Development in Economic Policy for Development edited by I. Livingstone, Penguin modern economics Readings, 1971. PP37-54.

5. Hayami Yujiro, Development Economics, Second Edition, Oxford University Press, 2000.

6. Jhingan, M.L. The Economics of Development and Planning, Vrinda Publications (P) Ltd, 32, Revised and Enlarged Edition, 1999.

7. Kayfitz N.and R.Derfman. The Market Economy Is the Best but Not the Easiest (mimeograph , 1991) .

8. Kumar, N . And R.Mittal Economic Development and Planning, Annual Publications, PVT , Ltd , New Delhi , 2002 .

9. Owen Edgar, The Future of Freedom in the Developing World: Economic Development, and Political Reform (New York: Pergamon Press , 1987) .

10. Peet, Richard with Elain Hardwick, Theories of Development, The Guildford Press , 1999 .

11. Samuelson , Paul and William D.Nordhaus, Economics, Twelfth Edition , International Student Edition , 1985 .

12. Seers, Dudly, The Role of Industrialisation, Some Fallacies, in Economic Policy for Development, edited by I. Livingstone, penguin modern economics, Readings, 1971.

13. Sen R.P.Develompent Theories and Growth Models , S.Chand and Co ., 1995 .

14. Sutcliffe R.B.Industry and Underdevelopment, Addison –Wesley Publishing Company , 19971 .

15. Tabb , William K, Globalization is an Issue, the Power of Capital is the Issue , Monthly Review , Vol. 49, no .2, July 1997, p20 .

16. Thirwall A.P., Growth and Development, Sixth Edition, 1999, Macmillan Press Ltd .

17. Todaro, Michael , Economic Development , Seventh Edition, Addison , Wesley , London , Inc.2000 .

18. Wall Street Journal, September , 1998 , p A14 .

قائمة بالمصطلحات الاقتصادية
حسب ورودها في الكتاب

Development Economics	اقتصاد التنمية
Economic Development	التنمية الاقتصادية
Neoclassical	الكلاسيكي المحدث
Structural School	المدرسة الهيكلية
Unctad	مؤتمر الامم المتحدة للتجارة والتنمية
Economic Backwardness	التخلف الاقتصادي
Advanced	متقدم
Backward	متخلف
Modern	حديث
Traditional	تقليدي
Underdeveloped	غير متطور ، متخلف
Developed	متقدم، متطور
More developed	الاكثر تطوراً
Developing	نامي
Social indicators	مؤشرات اجتماعية
Physical quality of Life	نوعية الحياة المادية
Basic Needs	الحاجات الاساسية
Distorted	مشوّه
Primary Products	المنتجات الاولية
Extracting	الاستخراجية
Rent	الريع
Capital Formation	تكوين رأس المال
Dual Economy	ازدواجية الاقتصاد

Entrepreneurship	التنظيم
Vicious Circle of Poverty	حلقة الفقر المفرغة
Entrepreneur	منظم
Market imperfection	عدم اكتمال السوق
International Division of Labour	التقسيم الدولي للعمل
Brain Drain	هجرة العقول أو استنزاف العقول
Full Employment	الاستخدام الكامل
Micro Economic Analysis	التحليل الاقتصادي الجزئي
Division of Labour	تقسيم العمل
External Economies	الوفورات الاقتصادية الخارجية
Capital Accumulation	تراكم رأس المال
Invisible hand	اليد الخفية
Stationary	الركود أو الثبات
Surplus Labour	فائض العمل
Calssical Theory of Growth	نظرية النمو الكلاسيكية
Neoclassical Theory	النظرية الكلاسيكية المحدثة
Marginalist School	المدرسة الحدية
Substitution	الاحلال
Marginal Productivity of Capital	الانتاجية الحدية لرأس المال
Exogenous	خارجي
Convergence	تلاقي، الحركة باتجاه واحد
Innovator	المبتكر، المجدد
Autonomous	التلقائي
Induced	المستحث، المحفز
Effective Demand	الطلب الفعال
Marginal Propensity to Save	الميل الحدي للادخار
Capital Output Ratio	معامل رأس المال / الناتج
Incremental Capital Output Ratio	المعامل الحدي لرأس المال / الناتج

New Growth Theory	نظرية النمو الجديدة
Zero Growth	توقف النمو
Solow Residual	متبقي سولو
Divergence	التشتت ، التباعد
Imperfect	غير كامل ، غير تام
Peoples Attitudes	مواقف الناس
Big Push Theory	نظرية الدفعة القوية
Social Overhead Capital	رأس المال الفوقي الاجتماعي
Indivisible	غير قابل للتجزأة
Social Profit	الربحية الاجتماعية
Private Profit	الربحية الخاصة
Direct Productive Capital	رأس المال الانتاجي المباشر
Gestation Period	فترة النضج
Balanced Growth Theory	نظرية النمو المتوازن
Indivisiblities	عدم القابلية على التجزأة
Lumpiness of Capital	تكتل رأس المال، رأس المال المكتل
Final Stage Industries	صناعات اللمسات الأخيرة
Keynesien Underemployment	البطالة الكينزية
Bottlenecks	الاختناقات
Unbalanced Growth Theory	نظرية النمو غير المتوازن
Leading Sectors	القطاعات القائدة
Direct Productive Capital	رأس المال الانتاجي المباشر
Final Touches	اللمسات الأخيرة
Forward & Backward Linkages	الارتباطات الامامية والخلفية
Resistance	مقاومة
Growth Poles Theory	نظرية اقطاب النمو

Structural Change Theory and Development Patterns	نظرية التغيرات الهيكلية وانماط التنمية
More Modern	اكثر حداثة
The Lewis Theory and Development	نظرية لويس للتنمية
Employment	الاستخدام، التوظف، التشغيل
Labour Saving	موفرة للعمل
Regression Analysis	تحليلات الانحدار
Stages Theory of Growth	نظرية المراحل في النمو
The Stages of Economic Growth	مراحل النمو الاقتصادي
Take off	الاقلاع
Unique	فريد، لا مثيل له
Dependance Theory	نظرية التبعية
Rigidity	جمود
Center	مركز
Terms of Trade	شروط التبادل التجاري، نسب التبادل التجاري
Self-Sustaining	مدفوع ذاتياً
Development of Underdevelopment	تنمية التخلف
Economic Development Concept	مفهوم التنمية الاقتصادية
Capabilities	القدرات الامكانيات
Entitlements	المستحقات
World Development Report	تقرير التنمية الدولية
Redistribution with Growth	النمو مع اعادة التوزيع
Basic Needs Strategy	استراتيجية الحاجات الاساسية
Human Development Concept	مفهوم التنمية البشرية
Sustainable Development	التنمية المستدامة
Independent Development	التنمية المستقلة
Comprehensive Development	التنمية الشاملة

Dimentions of Development	أبعاد التنمية
Material Dimentions of Development	البعد المادي للتنمية
Social Dimentions of Development	البعد الاجتماعي للتنمية
Modernization	التحديث
Political Dimention of Development	البعد السياسي للتنمية
GATT	الاتفاقية العامة للتجارة والتعرفة الجمركية
Civilised Dimention of Development	البعد الحضاري للتنمية
Real Savings	الادخارات الحقيقية
Investment	الاستثمار
Infrastructure Investment	الاستثمار في البنية التحتية
R & D	البحوث والتطوير
Real	الحقيقي ، المادي
Fixed Capital	رأس المال الثابت
Circulating Capital	رأس المال المتداول
Capital Deepening	تعميق رأس المال
Human Resources	الموارد البشرية
Natural Resources	الموارد الطبيعية
Final Goods	السلع النهائية
Footloose Industries	صناعات حرة غير مرتبطة بموقع المواد الخام
Rooted Industries	صناعات مرتبطة بموقع المواد الخام
Technology & Technical Progress	التكنولوجيا والتقدم التكنولوجي
Scientific Knowledge	المعرفة العلمية
Embodied	متضمنة
Disembodied	غير متضمنة
Know-how	معرفة الاداء
Production Possibility	منحنى امكانات الانتاج

Scarcity	الندرة
Neutral Technical Progress	التقدم التكنولوجي المحايد
Capital Saving	موفر لرأس المال
Capital Augmenting	موسع لرأس المال
Upgraded	رفع مستوى المهارة
Choice of Technique	اختيار الاسلوب التكنولوجي
Obstacles to Development	عقبات التنمية
Motivations for Development	دوافع التنمية
Trade offs	مقايضات
Stages for Economic Development	مراحل التنمية الاقتصادية
International Labour Organisation	منظمة العمل الدولية
Count, Cost and Deliver	حساب وتكاليف وتسليم
Stabilization & Structural Adjustment Programes	برامج التثبيت والتصحيح الهيكلي
Privatization	الخصخصة
Libralization	تحرير
Sustainable Human Development Strategy	استراتيجية التنمية البشرية المستدامة
Human Capabilities	القدرات البشرية
Human Development Report	تقرير التنمية البشرية
Globalization	العولمة
Financing Development	تمويل التنمية
Deficit Financing	التمويل بالعجز
Wage Goods	السلع الاجرية (الاساسية)
Foreign Direct Investment	الاستثمار الاجنبي المباشر
Commercial Lending	القروض التجارية
Package	حزمة
Equity Financing	تمويل الملكية

Loan Finance	التمويل بالقروض
Management Expertise	الخبرة الادارية
Tax Holidays	الاعفاءات الضريبية
Performance Requirements	متطلبات الانجاز (الاداء)
Joint Ventures	المشروعات المشتركة
Saturation Laws	قوانين التشبع
Equities	شراء الأسهم، الملكية
Bonds	السندات
Brokers	الوسطاء
Commerical Bank Lending	القروض المصرفية التجارية
Eurocurency Market	سوق العملات الاوروبية
Eurodollar	الدولار الاوروبي
Euromark	المارك الاوروبي
Libor	سعر الاقراض في بنوك لندن
Premium	علاوة
Export Gredids	ائتمانات التصدير
Official Development Assistance	المساعدات الانمائية الرسمية
Concessionary Flows	التدفقات التفضيلية
Nonconcessionary Flows	التدفقات غير التفضيلية
U.S. Agency for International Development	الوكلة الامريكية للتنمية الدولية
Overseas Development Ministry	وزارة التنمية الخارجية البريطانية
Programes Loans	قروض البرامج
Soft Loans	قروض ميسرة
Direct Private Foreign Investment	الاستثمار الاجنبي الخاص المباشر
Multinational Assistance Flows	التدفقات متعددة الاطراف
World Bank for Reconstruction and Development (IBRD)	البنك الدولي للاعمار والتنمية
International Finance Corporation	وكالة التمويل الدولية

Commission for European Communities	مجلس المجتمعات الاوروبية
Economic Policies	السياسات الاقتصادية
Monetary Policy	السياسة النقدية
Cheap Monetary Policy	سياسة النقود الرخيصة
Speculation	المضاربة
Taxes	الضرائب
Direct Taxes	الضرائب المباشرة
Indirect Taxes	الضرائب غير المباشرة
Public Experditure	الانفاق العام
Theoretical Construct	بناء نظري
Trade Concessions	تنازلات تجارية
Uruguay Round	جولة اورجواي التجارية
Selective	انتقائية
Trade Policies	السياسات التجارية
Export Promotion	ترويج الصادرات
Import Substitution	التقويض عن الاستيراد
Tariff Protection	الحماية الجمركية
Import Quotas	حصص الاستيراد
Learning by Doing	التعلم بالعمل
Simultaneously	في آن واحد
Sequentially	بالتتابع
Multifiber Arrangement	ترتيبات الالياف المتعددة
Royalties	الاتاوات
Governance	الحاكمية
Market Failure	فشل السوق

Public goods	السلع العامة
Mercantalists	التجاريون
Traditional Economics	الاقتصاد التقليدي
Monoeconomices	الاقتصاد الاحادي
Outward Oriented	متوجه للخارج
Perefery	الاطراف
New Structuralist Perspective	نظرة هكيلية جديدة
Structuralists	الهيكليون
Time Lag	فاصل زمني
Neolibralism	الليبرالية المحدثة
Newly Industrialising Countries	البلدان الصناعية الجديدة
Structural Adjustment	التصحيح الهيكلي
Stablization Policies	سياسات التثبيت
Super Structure	البناء الفوقي
International Dependance	التبعية الدولية

Economic Development

(Theories and Policies)

Dr. Medhat Al Quraishi

Associate Professor of Industrial Economics

Al Balqa' Applied University

Sult – Jordan

B.Sc.Economics, University of Swansea (U.K) 1968.

M.A.Development Economics , University of East Anglia (U.K) 1972.

PH.D Economics, University of Surrey (U.K) 1977.